罗荣渠文集之二

美洲史论

罗荣渠 著

商务印书馆
2009年·北京

图书在版编目(CIP)数据

美洲史论/罗荣渠著.—北京:商务印书馆,2009
(罗荣渠文集;2)
ISBN 978-7-100-05978-7

Ⅰ.美…　Ⅱ.罗…　Ⅲ.美洲—历史—文集　Ⅳ.K700.7-53

中国版本图书馆 CIP 数据核字(2008)第 141992 号

美洲史论
罗荣渠　著

商务印书馆出版
(北京王府井大街36号　邮政编码 100710)
商务印书馆发行
北京瑞古冠中印刷厂印刷
ISBN 978-7-100-05978-7

2009年5月第1版　　开本 850×1168　1/32
2009年5月北京第1次印刷　　印张 11½

定价:23.00元

罗荣渠自述
（代引言）

我出生在一个充满忧患与动荡的时代。出生那年(1927)正是中国大革命的危急关头。满10岁那年(1937)抗日战争爆发。20岁(1947)那年解放战争打响。30岁(1957)赶上反右斗争。40岁(1967)正好是那场史无前例的大浩劫进入高潮。50岁那年(1977)“文革”宣告“正式结束”,形势才开始发生重大变化。这就是说,过了大半辈子,我才有可能真正安下心来从事教学和科研工作。了解我们这一代人生活的历史背景,才能理解作为一个中国社会科学工作者所经历的艰辛心路历程。

我最大的幸运是年轻时代是在中国的名牌学校里学习的。初中在成都县中,高中在成都树德中学,都是第一流的中学。老师的教学质量很高,特别在文史方面给我打下了较好的基础。这对我后来的志趣发生了很大影响。我爱读课外书籍,进大学以前,已经浏览了胡适、钱穆、萧一山、冯友兰、朱光潜、罗素等人的著作,有志于探讨中国文化的出路问题。1945年,我非常幸运以同等学力的资格考入昆明西南联大,一年后学校复员,转入北京大学史学系。这对我的一生发生了决定性的影响。我第一次呼吸到民主自由的学术空气,聆听到学术大师们的讲课。在学术方面对我影响最大的是中西交通史专家向达先生。我的毕业论文的选题是“明清之际西学东渐时期中西文化的冲突”。但我并没有完全因袭洋汉学的老路,而是重视理论的引导与对历史发展的宏观把握。

大学毕业那年,平津战役拉开战幕。在兵临城下的形势下,北大的50周年校庆也未能很好庆祝。胡适校长等人离校南下。1949年初,北大学生在东交民巷敲锣打鼓,迎接解放军入城。当时哪里还有心思写毕业论文。在革命浪潮的冲击下,我们匆匆进入了毕业生学习团,很快我就走上了革命工作岗位——北京中苏友好协会总会。在那里一干就是七年,当时并未对抛弃专业感到可惜。因为听说是“已经坐上了新民主主义的火车”,心里甚是兴奋。

到1956年,一度出现了某种新形势。当时响起了“向科学进军”的号召。于是我才想起了自己的专业,想回北大念中国近代史的“副博士”研究生。结果却是调回历史系当世界现代史教员。在解放以前,我国的西洋史研究的底子很薄,完全受英美的影响。我的西洋史根底也很差。但我有一个特点,喜欢博览群书,动脑筋,钻研不舍。自己一边学,一边教。我先后讲授过世界现代史、世界近代史、拉丁美洲史、美国史、殖民主义史、第二次世界大战史和中共党史等通史或专题课。涉猎的面很广,杂七杂八,但也打下了宽广的基础,使我最后走上了开拓宏观历史研究的道路。

从20世纪50年代到70年代,中国的世界史教学与研究是在自我封闭的条件下进行的,受到苏联的教条主义很大影响。一直到70年代末,改革开放的新路线才给中国的世界史研究带来了新的生机。我很幸运,在80年代初就获得机会跨出国门,睁眼看世界。我刻了一方图章:“求知识于世界。”这是日本明治维新的口号。我在美国密歇根大学历史系做了一年半的访问学者,并利用机会到各地访问,探寻美国兴盛发达的历史活力之所在。美利坚人在短短三四百年时间中在北美荒原上建立了一个富饶而美丽的国家，给我留下了深刻印象。1989 年我又第二次出国，在英国萨塞克斯大学发展研究所做了半年的研究工作。加上其他一些零星的出国访问，使我对世界史的研究从封闭走向开放，这对我的现代世界意识的形成和新的历史发展观的形成发生了决定性的影响。

从美国归来后，我本来是准备从中国人的视角写一部新的美国史——《美国的历史与文明》，做一个美国史专家的，但中国社会主义现代化的大潮使我改变了主意。在美国期间，我读到布莱克教授的《现代化的动力》一书，后来又在普林斯顿大学与他本人和研究中国现代化的课题组成员见了面，这给我以新的启示。我年轻时即有志于中国文化出路的探索。中国搞了一百多年的现代化运动却没有自己的现代化理论，备尝“摸着石头过河”的艰辛。我认为从世界各国现代化进程的比较研究着手去探索中国的现代化历程，是当前中国史学界面临的一个具有重大现实意义的研究课题。历史学必须与时代同呼吸共命运。于是我毅然中断了美国史的写作，开始踏入了现代化研究这个新园地。1986 年，我申报的选题列入了“七五”国家社科基金的重点项目。

长期以来，现代化一直被视为“资产阶级理论”。我以近花甲之年去搞这个新课题，是要冒一些风险的。我坚信要研究新理论，首先必须自己的思想跟上时代，努力更新自己的知识结构，并且要站在“巨人的肩膀上”去进行思考。我把自己的书房题名为“上下求索书屋”，取“路漫漫其修远兮，吾将上下而求索”之意，活到老，学到老。这些年，我带着新课题重新学习了马克思主义理论，学习社会科学新课程，可说是重新上了一次自修大学。

几年来，我从基本理论入手，根据马克思逝世一个世纪以来世界发展进程的丰富经验，按马克思本来的构思，提出了一元多线历史发展观，初步形成了建立马克思主义现代化理论的中国学派的基本架构;运用新的发展观,探索了两个世纪以来现代化的全球发展趋势;特别是把中国现代化的进程放在世界大变革的背景中进行了新的研究,对旧的理论、方法与结论都有所突破。对我自己来说,也完全突破年轻时代为中国文化寻找出路的幼稚想法,认识到现代生产力的大发展才是现代中国发展的根本性问题。

目　录

第三编 拉丁美洲史论

第一编

中国人发现美洲之谜

《中国人发现美洲之谜》自序

1492 年哥伦布发现美洲是世界历史上划时代的伟大事件之一。但在哥伦布以前是否有人从旧大陆到过美洲(指有史时期从亚洲移殖美洲),却是一个“世界之谜”,众说纷纭。爱猜谜似乎是人们常有的一种思维乐趣,不分老幼皆如此。数百年来,爱好历史探索之谜的人,不少人喜欢去猜哥伦布以前有谁到过美洲这个谜,而谜底却多得难以想象。中国人最先发现美洲说,即是谜底之一,而被认为最先发现美洲的中国人,又有许多不同的说法。

我被这个问题所吸引,是在 20 世纪 60 年代初。当时偶然从《知识就是力量》这本杂志上读到一则译自俄文的小材料:《比哥伦布早一千年》。后又读到马南邨在《北京晚报》上“燕山夜话”栏连载的几篇短文,对中国人最早发现美洲作了新考证。文章虽短,影响很大,是意料中事。因为中国人发现美洲的重大意义虽比不上哥伦布的“发现”,但在时间上早一千年,的确是可使中国人引以自豪的。于是我开始研读有关资料,很想进一步论证,找出地理发现史上的中国哥伦布。但对前人在这个问题上列举的论证稍加探索,就发现问题很多,难以立论。结果反而迫使我去做与原来意图相反的工作,即证伪的工作。这就是我的第一篇论文《论所谓中国人发现美洲的问题》(原载《北京大学学报》1962 年第 4 期)产生的过程。

当代西方科学哲学非常重视证伪的工作,认为是科学理论所必需。任何一种科学理论不经过严格的批判的验证，都只能算是一种假说和猜想。自不待言，我所做的证伪的文章不是一般报刊感兴趣的。80年代初，海外传来美国加州海岸外水下发现“石锚”的消息，有人认为这可能是公元前一两千年中国沉船的遗物，可作为中国人最先到达美洲的新物证。“石锚”的新闻不胫而走。一个未经任何证实的假说却引起报刊的极大兴趣。一时对外广播、科普读物甚至历史著作中都广为引述。就连一位喜爱中国文化但不懂中文的外国人对《山海经·大荒东经》的臆说，也引起不少人的兴趣。据说有家外国电影商想来中国拍摄一部以中国人发现美洲为主题的电影。只是在这种情况下，我才重新参加了有关问题的讨论，写出了第二篇论文《扶桑国猜想与美洲的发现》(《历史研究》1983年第2期)。

第二篇文章提出的论点引起了史学界朋友与读者的注意。后来该文获得《历史研究》第一届优秀论文奖。这说明，所讨论的问题确是学术界所关心的。当然，不同意的文章和观点也是不少的。这是学术讨论的正常现象。我并不认为这些初步的探索可以解答这个复杂的历史难题，但却可以帮助我去学会论证一个重大历史问题的科学方法，锻炼自己的科学思维的能力。果然，这次锻炼使我得到一些提高。中国人发现美洲说的主要论据是《梁书》上有关扶桑国的一段传闻史料。这是研究问题的关键。我的看法是，这段史料疑点甚多，即使当成可信的史料使用，估计扶桑国的地理位置也不致超出东北亚包括日本列岛在内的范围，绝不可能在美洲。在第二篇论文中我补充一新的推测，认为扶桑国也可能在从印度经西域到中国内陆的广大地区的某处，意在把探索扶桑国的范围扩大一些。不料这一立论受到了著名考古学家夏鼐同志来信提出批评，认为是“画蛇添足”。经过思考与讨论，我接受了这一批评，在修订稿中删掉了有关第二种推测的全段论述。由此表明，在试图反对某种不严谨的说法的论证中又可能引出新的不严谨的说法，从而可能使问题节外生枝，可见贯彻科学的分析与推理实在不易。

大凡被称为是什么“世界之谜”一类的问题，总是在研究者和读者中具有经久不衰的魔力的。中国人发现美洲的问题也是如此。这个问题最早并不是由中国人提出来的，而是由一位法国汉学家提出来的。但这个问题从20世纪初传到中国以后，就一直引起人们的很大兴趣。大致平均每隔20年就要引起一次讨论：20年代初有人在《地学杂志》上提出《美洲为古蟠木地说》，40年代初朱谦之教授出版《扶桑国考证》；60年代初马南邨引起“谁最早发现美洲?”的新讨论；到80年代初，由于美国加州“石锚”的出水，在我国学术界可说是引起了一次讨论美洲发现问题的小小的热潮。从知识社会学的角度来看，这不足为怪。因为大约每隔20年总会有些“新发现”出土，也总会有一批新生力量投入我们的学术界，他们对于过去的人们所研究过而没有解决的问题抱有新的探索兴趣，因此旧问题必然会一次又一次地重新提出，重新讨论。编选这本小册子的主要目的，就是为了保存一些材料，好让后来的研究者了解在这样一个问题上有过一些什么争论，从哪些方面进行过探索，取得了哪些成果，还存在些什么难题。这样，就可以避免去做一些重复劳动，有利于在已有的研究基础上进行新的探索。

在本书的附录里，收入了曾在报刊上发表过的几篇具有代表性的观点不同的文章，供读者对照参考。马南邨的文章收入《燕山夜话》，此书发行量大，故不再收入。夏鼐同志与作者讨论扶桑国问题的几封通信是第一次发表，有必要略加说明。夏鼐是我国著名考古学家，属于我的老师一辈，但我在北大念书时，他还未在历史系任教，因此我从未见过他。这些通信最初是这位学术前辈出于对后学的关怀，主动写信给我，指出拙文的一些缺点错误。于是我开始用通信方式向夏鼐同志请教。他尽管工作非常忙，每次总是迅速亲笔作复。记得在有一次通信中，我寄去《扶桑国猜想与美洲的发现》一文的修订打印稿，只请他将修改的段落过目。不料在寄来的回信中，除了提出中肯的评论外，还附有他亲自校订该稿的一份勘误表。这种一丝不苟的精神使我深受感动。他的来信长短不一，多是在百忙中草成，写得亲切坦率，观点鲜明，言必有据，使我获益良多。我曾几次想到夏鼐同志的工作地点去当面求教，都因故推迟下来，后来因忙于别的研究项目而把拜访的事长期后推。一直拖到在报上读到他逝世的消息，我才深自恨晚，感到是无可补偿的憾事。现在把他与我的学术通信公之于众，是为了让广大读者了解夏鼐同志在中国人发现美洲问题上的基本观点，也是为了对这位未曾见过面的学术前辈表示深切悼念之意。

收入本书的论文中有两篇是论述哥伦布以后时期即 16 世纪到 19 世纪中国与拉丁美洲之间的历史联系的。这是真正有记录可查的越太平洋联系。过去治中西交通史的学者，几乎都是偏重于研究中国与欧亚各国间的交往关系，很少有人研究太平洋上的海外交通与越洋联系。19 世纪的华工即苦力移民问题，过去国外有人做过一些研究，但一般研究的范围都很狭窄，研究的方法也较单调。近年来，国内史学界从华侨史的角度对中美和中拉关系的研究日益重视。由陈翰笙同志主编的《华工出国史料汇编》(中华书局)已基本出齐，书中公布的一部分我国历史档案资料是初次发表，将有助于推动我们的研究工作。我们呼吁今后能有更多的档案史料整理公布于世。随着太平洋地区的国际重要性日益增加，对这个地区的研究(其中包括历史交往的研究)，必然会逐步加强。

但对这个新的研究领域的开拓，单靠我国史学工作者的努力还是不够的。在这方面，加强国际学术界的联系与合作，是必不可少的。

中国与美国的历史联系是中国与美洲关系的一个组成部分，因这方面的问题拟另行讨论，本书中未收入有关文章。特此说明。

科学研究需要百家争鸣，而百家争鸣又必须以科学研究为基础。科学研究愈充分，百家争鸣才愈加深入，愈接近探索的真理。这个集子只是个人探索的粗浅尝试，许多问题还有待于进行深入的研究，有待于考古学特别是海洋考古学的新进展。这个集子中所提出的这样那样的观点很可能在不久的将来被推倒，但只要这些论证所坚持的实事求是的探索态度得到肯定，严谨的科学的历史方法引起重视，这些探索的主要目的就算达到了。

1986 年于北京大学中关园上下求索书屋

（罗荣渠著《中国人发现美洲之谜——中国与美洲历史联系论集》，重庆出版社 1988 年版）

论所谓中国人发现美洲的问题

旧问题的新提出

早在二百多年前，1761 年，法国汉学家德·吉涅(J. de Guignes)在向法国文史学院提出的研究报告《中国人沿美洲海岸航行及居住亚洲极东部的几个民族的研究》中，最先提出了新奇的“中国人最早发现美洲说”。到 19 世纪中，曾引起西方汉学家的广泛兴趣和热烈讨论。1831 年，德国东方学家克拉卜洛特(H. J. Klaproth)发表《关于中国文献中所载扶桑国被误认为美洲的一部分的说法的研究》，第一个反驳了德·吉涅的论点，认为扶桑国应在日本或萨哈林岛(库页岛)。此后，支持德·吉涅论点的学者和反对他的论点的学者，分为两派，反复论辩。许多在中国的外国传教士参加了讨论。据我们所知，有关这一问题的重要论文和专著，即有三十余种之多。① 其中，赞成派方面最著名的巨著，当推 1885 年艾·文宁(E. P. Vining)所写的《无名的哥伦布；或慧深与来自阿富汗斯坦的佛教僧团于 5 世纪发现美洲的证据》一书，长达七百余页，旁征博引，断定扶桑国即古代墨西哥。在反对派

① 参阅 H. Cordier:《西人论中国书目》(*Bibliotheca Sinica*, Vol. IV, pp. 2653—2658, 3217; Vol. V, p. 4247)，1928 年北京文殿阁书庄影印本。

方面，最有力的著作当推希勒格（G. Schlegel）的《扶桑国考证》，他认为扶桑国在库页岛。虽然经过长期的争论，但对这个问题迄今未闻有什么一致的结论，近几十年来这个问题在国外很少有人提到了。

中国人最早发现美洲的问题，在解放前也曾引起过我国学术界的注意和兴趣，论者不但都同意德·吉涅和文宁的说法，而且还根据中国史籍，把中国人前往美洲的时间提前了几世纪，甚至推到远古。例如，章太炎就提出法显发现西半球的新说。他根据《佛国记》所记法显在南海航行遇风漂至耶婆提国的史实，认为耶婆提即南美的耶科陀尔（厄瓜多尔）。[①] 此说把中国到达美洲的时间从5世纪末提到5世纪初。1920年，又有人提出"美洲为古蟠木地说"[②]，作者据《史记·五帝本纪》言帝颛顼高阳"东至于蟠木"，断言蟠木即扶木，即扶桑之地。这样，就进一步把中国和美洲的历史联系上溯到纪元前若干世纪。后来，更有人把殷民族东迁、窦宪征北匈奴等事迹，也和美洲发现硬拉在一起，穿凿附会，极尽其能事。[③] 到1940年，朱谦之先生著《扶桑国考证》一书，根据中外史籍材料进行了新的考证，结论是中国僧人发现美洲"绝无可疑"。[④] 这是国内研究扶桑国问题的最详尽的一本著作。

解放后，一直到1961年9月《北京晚报》上发表了马南邨同志的《谁最早发现美洲》等三篇短文，再次提出这一问题，才使这冷落

---

① 《法显发现西半球说》，见《章氏丛书》别录卷三，上海右文社印本，第24册，第108—111页。按："厄瓜多尔"系西班牙殖民者征服美洲后才有之新名，故此说早被完全驳倒。

② 陈汉章：《美洲为古蟠木地说》，《北大月刊》第1卷第9号，1922年2月。按：此说日本学者白鸟库吉在《论扶桑国》（日文《地学杂志》1907年9月号）一文中即已提出。

③ 陈志良：《中国人最先移殖美洲说》，《说文月刊》第1卷，1940年。

④ 朱谦之：《扶桑国考证》，香港：商务印书馆，1941年，第121页。

了许多年的老问题重新引起学术界的兴趣。①

关于中国人发现美洲的问题从提出到现在,讨论时间甚长,参加讨论的人也甚多且广,结论莫衷一是。就扶桑国的位置来说,最早德·吉涅推定在新墨西哥和加利福尼亚地方;而他的附和者如诺曼(C. F. Neumann)等人却多指为现在的墨西哥地方(古代阿兹特克文化的发祥地);但是在更后的论证者中,则不仅大量引用中美洲尤卡坦地区的玛雅文化的材料,而且把南美的印加文化的某些遗迹与扶桑国或中国文化联系起来。② 在反对扶桑国在美洲的论者中,有人推测扶桑在库页岛,也有人推测在日本的东南。至于最早前往美洲的亚洲人是哪国人,多数人都说是中国僧人,但也有人说是印度人、日本人;也有人不论其国籍而称之为"佛教徒"。至于亚洲人发现美洲的时间,也是众说纷纭。

为什么关于扶桑国问题的讨论中各种意见的分歧如此之大、争论如此之久呢?除了由于"文献不足征"所造成的困难外,主要是在于研究者缺乏严谨的实事求是的科学态度,往往从主观臆测和假想立论,穿凿附会,各执一端,因而带有很大的片面性和主观随意性。在研究方法上,是孤立地将一条一条的史料进行生硬的比附;同时对于史料的选择也很不谨严,将可靠的史料与不可靠的史料甚至神奇志怪之书混淆不分。这种研究方法在 18 世纪和 19 世纪西方资产阶级学术研究中占据统治地位,因而在早期的西洋汉学研究中也充分地反映出来。

---

① 马南邨的这些短文均收在《燕山夜话》二集(北京出版社 1962 年版)。朱谦之最近重申了自己原来的论点,参看《文汇报》1962 年 5 月 25 日发表的访问记《谁最早发现美洲?》和《人民日报》1962 年 6 月 3 日报道。

② Charles G. Leland:《扶桑或美洲的发现》(*Fusang or the Discovery of America*),伦敦:1875 年。

列宁说："诡辩家抓住'论据'之中的一个，但是黑格尔说得很对，人们完全可以替宇宙万物找出'论据'。辩证法要求从发展中去全面研究某个社会现象。"①列宁的这一重要论断对于历史科学的研究方法具有极为重要的意义。因此，既然今天把扶桑国的问题重新提出来进行讨论，就不能把这个讨论仍局限在18、19世纪西方资产阶级汉学家们的"研究"基础之上，而必须运用马克思列宁主义的观点和方法，"从发展中去全面研究"，对西洋汉学家们的全部"研究"，从方法论到史料考证，从其科学性到其目的性，重新加以批判和估价，才有可能真正弄清楚所谓扶桑国问题究竟是一个什么问题，从而有助于在新的基础上来进行研究和讨论。

驳所谓扶桑即墨西哥说

中国正史中关于扶桑国的记载，最早见于《梁书·诸夷传》(卷五四、列传四八)。以后正史中的记载，如《南史·夷貊传》(卷七九)、《通典·东夷》(卷一八六)、《通志·四夷传》(卷一九四)、《文献通考·四裔考》(卷三二七)所记之扶桑，均本《梁书》。因此，《梁书·诸夷传》可说是研究扶桑国问题最早的原始材料。其他野史记载，都是神话、传奇之类，荒诞不经，不足为据(它们和《梁书·诸夷传》的关系，将在下节论述)。

为便于研究，兹将《梁书·诸夷传》有关扶桑国的记载，全文录下，并加标点符号和个别校订。

> 扶桑国在昔未闻也。普通中有道人称自彼而至，其言元本尤悉，故并录焉……

① 《列宁全集》第21卷，人民出版社，1959年，第194页。

扶桑国者：齐永元元年，其国有沙门慧深，来至荆州，说云：扶桑国在大汉国东二万余里，地在中国之东。其土多扶桑木，故以为名。扶桑叶似铜（《南史》作“桐”），而初生如笋。国人食之。实如梨而赤，绩其皮为布，以为衣，亦以为绵。作板屋，无城郭。有文字，以扶桑皮为纸。无兵甲，不攻战。其国法有南北狱，若犯轻者入南狱，重罪者入北狱；有赦则赦南狱不赦北狱者。男女相配，生男八岁为奴，生女九岁为婢。犯罪之身，至死不出。贵人有罪，国乃大会，坐罪人于坑，对之饮宴，分诀若死别焉。以灰绕之，其一重则一身屏退，二重则及子孙，三重则及七世。国王为乙祁，贵人第一者为大对卢，第二者为小对卢，第三者为纳吐沙。国王行，有鼓角导从，其衣色随年改易：甲乙年青，丙丁年赤，戊己年黄，庚辛年白，壬癸年黑。有牛，角长，以角载物至胜二十斛。车有马车、牛车、鹿车。国人养鹿，如中国畜牛，以乳为酪。有桑梨（《南史》作“赤梨”），经年不坏。多蒲桃。其地无铁，有铜，不贵金银。市无租估。其婚姻，婿往女家门外作屋，晨夕洒扫。经年而女不悦，即驱之；相悦乃成婚。婚礼大抵与中国同。亲丧七日不食，祖父母丧五日不食；兄弟伯叔姑姊妹三日不食。设灵为神像，朝夕拜奠，不制缞绖。嗣王立，三年不视国事。其俗旧无佛法。宋大明二年，罽宾国尝有比丘五人，游行至其国，流通佛法经像，教令出家，风俗遂改。①

历来认为扶桑国在古代墨西哥或反对这一说法的人，都是根据上述这段史料作为研究和考证的中心的。现在我们也根据上述史

① 《梁书》，缩印百衲本二十四史，第7册，第8072[454]—8073[455]页，商务印书馆1958年影印本。

料所述内容，分为五个方面来进行考察，并评述前人提出的说法。

地理位置　按《梁书·诸夷传》所记之东方国家，排列顺序为：高句骊、百济、新罗、倭、文身国、大汉国、扶桑国等国。《梁书》对各国所在的地理方位有明确记载："文身国在倭国东北七千余里"；"大汉国在文身国东五千余里"；而据慧深之言，"扶桑国在大汉国东二万余里"。德·吉涅等人据此从倭国（即日本）向东北和东方推算，考证出文身国即日本东北之虾夷所住地方，大汉国即今堪察加地方（文宁认为文身国在阿留申群岛，大汉国在阿拉斯加地方），从而推测扶桑国的地理位置应在今美洲墨西哥太平洋岸地区。

从地理位置上论断扶桑国应在墨西哥，是主张中国人发现美洲说者所持之最有力的论据之一。表面上看来，似乎言之成理，持之有故。但是如果我们仔细研究一下《梁书·诸夷传》的地理记载的准确性和全面地考虑一下当时的交通条件，就很难认为上述论点站得住脚了。

中国古籍中的交通里程计算，特别是方域之外而尤其是海域之外的地理计程数字，其科学性是很可怀疑的。这可说是一个常识。不说别的史籍，即以《梁书·诸夷传》关于倭国的地理位置的记述为例，这个记述是相当详细的：

> 倭者……去带方万二千余里，大抵在会稽之东，相去绝远。从带方至倭循海水行，历韩国，乍东乍南七千余里，始度一海，海阔千余里，名瀚海。至一支国，又渡一海，千余里，名未卢国。又东南陆行五百里，至伊都国，又东南行百余里至奴国。又东行百里至不弥国。又南水行二十日至投马国。又南水行十日，陆行一月日至邪马台国，即倭王所居。

据上述可见，《梁书》所述的倭国的地理方位是大致正确的，但所记的里程却很不可信。中日两国相距海距不超过 600 海里（约合 2200 多里），而《梁书》却称相距“万二千里”，“相去绝远”。即使绕道朝鲜兜一个大圈子到日本，也还是差不了这么多。据《梁书》所记录的海陆行程来推算，非数月不能至。设若读者不知倭国即日本，而按德·吉涅等人的推算方法，倭国岂不也该在美洲或至少在太平洋上遥远之处吗？《梁书》对于临近我国并与南朝交往至少有八次之多的倭国之地理记述，尚夸大失实至此，其所记扶桑国的地理方位和里程，当然更不足征信。这种计算的失实和夸大是可以理解的。在 5、6 世纪之时，我国和西域方面的陆路交通虽然已相当频繁，对当时世界的地理知识也日益扩大，但我国东境界临大海，当时航海技术还很低，海上交通很少，因而航海计程的方法也很幼稚，往往以船只漂流的日月计算。正因为如此，我国各民族的早期活动往往是“东至于海”。晋人张华《博物志》云：“汉使张骞渡西海至大秦……东海广漫，未闻有渡者。”①从而关于东海之外的记述，大都是海客谈瀛，多推测和传闻之词。

了解《梁书》关于我国东邻诸国地理计程之不可靠，可以肯定，如按《梁书》所记中日两国的距离的同一尺度来推算扶桑国的地理位置，绝不可能远在美洲。即按德·吉涅和克拉卜洛特等人的说法，大汉国的位置大致可划定在库页岛到堪察加半岛的范围内，依此推算，扶桑国的位置最远也很难超过从堪察加半岛到阿留申群岛的范围。希勒格等人考证扶桑国在库页岛②，其说多穿凿附会，但就他所指扶桑国的地理位置在亚洲东部一点来说，较之指为美洲墨西哥，实更合理一些。

只是根据《梁书》的里程记载，孤立地来推断扶桑国的位置，当

---

① 张华：《博物志》卷一，聚瀛堂印本。

② 《中国史乘中未详诸国考证》，冯承钧译，商务印书馆，1928 年，第 38—39 页。

然还不能解决问题。还必须认真考虑一下5世纪时我国海上交通的实际状况和航渡太平洋的实际可能性。主张扶桑即墨西哥说者认为，虽然中国和墨西哥远隔重洋，相去绝远，但从白令海峡东渡是完全可能的。利用北太平洋的海流走向（所谓"kurosuvo"暖流），似乎乘坐小船也有可能漂流到美洲。① 根据北太平洋航行的历史记载来看，从亚洲东北岸漂流到美洲极西北岸的这种偶然性，的确是存在的。但是问题在于《梁书》所记的扶桑国与中国的交通，根本不属这一类情况。《梁书》云：

宋大明二年（公元458年）："罽宾国尝有比丘五人，游行至其国。"

齐永元元年（公元499年）："其国（按：指扶桑国）有沙门慧深，来至荆州。"

梁普通中（公元520—526年）："有道人称自彼而至……"

由此可见，在5世纪下半叶到6世纪初的半个多世纪中，中国史上"在昔未闻"并远在大汉国东二万余里之扶桑国，和亚洲的交通有记录可查者即有三次之多。而且自来说者都不认为慧深是扶桑国人，而认为是从中国或亚洲某处前往扶桑国然后再返回中国的。如果扶桑国真的在墨西哥地方，在5世纪时中国和美洲的交通即达到如此便利的往返自如的程度，可"游行至其国"，这当然不是什么偶然的大洋漂流者的遭遇可比，而必须掌握相当高度的航海技术，而且在这些航行之前必还有多次试航的记录。但是这些问题，不仅在史籍上找不到任何证据，而且在科学上也找不到任何根据。此其不可解者一。

其次，既然在5世纪时扶桑和中国有这样频繁的交通，较扶桑

① C. G. Leland，前引书，第74页。

国更近的大汉国、文身国和中国的交往当然应该更加频繁。可是《梁书》虽著录了这两个国家之名，却语焉不详，而且未提到它们和中国有任何的联系和交往。此其不可解者二。

再次，就现在所知，古代美洲大陆上各民族不知道用畜力作交通工具。各地区交通很不方便，从而严重地阻碍了美洲大陆各地区之间的联系，限制了各族印第安人的活动范围。现在单是北美印第安人就有几十个独立语系和两千种独立语言和方言。[①] 这一现象就反映了过去美洲大陆上交通困难和地方闭塞性的严重程度。在美洲大陆交通如此阻塞的情况下，慧深等人竟能沿美洲西北海岸南下，一直游历到墨西哥，往返无阻者数次。此其不可解者三。

可见，不论从《梁书》关于扶桑国的地理位置来推测，还是从古代北太平洋航行的条件和古代美洲大陆上的交通条件来考察，认为扶桑国在墨西哥地方的论断，都是漏洞百出、不能自圆其说的。

物产　自然界和物质生产工具，是人类社会的客观存在。即使历史过去了数千年至万年，这些客观的物质存在的遗迹也还是很难磨灭，从而为考古学者和古生物者研究当时的自然界与社会生活，提供了科学的根据。因此，根据《梁书》关于扶桑国的物产和社会生产的某些记述，来寻找扶桑国，无疑是最科学的方法。

据《梁书》所载：扶桑国的植物有扶桑木和蒲桃；动物有长角的牛、马和鹿，而且还有马车、牛车和鹿车。“国人养鹿，如中国畜牛”，可见养畜业相当发达。在矿业方面，“其地无铁，有铜，不贵金银”，可见金银甚丰。此外，还“作板屋，无城郭”，“以扶桑皮为纸”等云云。

---

① 苏联科学院米克鲁霍—马克来民族学研究所著：《美洲印第安人》，三联书店，1960年，第12—28页。

把扶桑国的这些物产和生产状况与墨西哥加以比较，人们找到了一些相似之处。例如，墨西哥特产一种植物名龙舌兰，可以饮用，其纤维可织布，说者认为龙舌兰即《梁书》所说的扶桑木。蒲桃本来是西班牙人从欧洲输入美洲的，但是据说在此以前，美洲确曾生长过一种野葡萄。又据说，古代墨西哥栖息有一种角很大的野牛。特别是不贵金银，有铜无铁，和墨西哥的矿产很相似。[①] 这样，似乎找到了扶桑国在墨西哥的物证了。

但是，这种比附是经不起认真推敲的。从龙古兰这种植物的功用上来看，和扶桑木确很相似。但如果看看龙舌兰的形状，却和扶桑木迥然有别了。扶桑的“叶似桐”，“初生如笋”，“实如梨而赤”。而龙舌兰则是“叶多肉，长形而尖，有针尖之锯齿”。[②] 布列席耐德(E. Bretschneider)早在 1870 年即已著文加以反驳，指出龙舌兰之形状和中国生长之任何一种桐类植物都不相似，此处无需再加赘述。[③] 龙舌兰也没有什么“实如梨而赤”，这又是一大区别。而文宁等人为自圆其说，却硬说可能是慧深把仙人球一类植物的果实误为龙舌兰。真可说是煞费苦心！

我们知道，在欧洲殖民者到达美洲之前，美洲印第安人所种植的植物有玉米、马铃薯、木薯、番茄等，特别是玉米种植，是西半球经济生活的基础。这些植物，除西半球外，当时在亚洲、欧洲和非洲都没有种植，而且也不知道有这些作物。这是西半球和旧大陆的植物界的最突出的差异之一，早为世界学者所公认。摩尔根和恩格斯对西半球人类的这一物质生活方式的特点，有过

① 参见朱谦之:《扶桑国考证》，第 17—21 页。

② 《植物学大辞典》，商务印务馆，1923 年，第 1412 页。

③ E. Bretschneider，“Fu-sang, or Who Discovered America”，*Chinese Recorder and Missionary Journal*，1870 年 10 月号。

重要的论述。① 任何最初从旧大陆到西半球的人不发现美洲土著生活方式的这一特异之点，是很难想象的。而在《梁书》慧深叙述的扶桑国的自然界中，却找不出任何一点有关西半球物质文化的这类特征的描述和暗示。

例如，以美洲的动物界来说，在西班牙人殖民美洲以前，墨西哥人"不知道有马、牛、羊、猪。没有负重的兽类，所以一切工作都要人做。他们从来不曾发明过车轮或犁"。② 这已成为历史学界的定论。而扶桑国不仅有马、牛和鹿，而且还有马车、牛车和鹿车。两处的情况是根本相反，不能拉扯在一起的。人类学家认为，美洲印第安人在西方殖民者征服之前，只知道饲养狗一种牲畜；在安第斯山区域（南美），是唯一的畜养骆马和羊驼的地区。③ 马、牛及其饲养，车轮的使用，都是殖民者传入的。在远古时代，美洲确有一种马类动物，但早已绝迹。如果硬说慧深不识牛马，而可能把别种动物误为牛马，那也未免太藐视这个足迹遍及亚、美两大陆的旅行家了吧。

至于鹿类的动物，有一种驯鹿，美洲是有的。但据美国考古学家佛·波亚士的研究，美洲土著只以驯鹿作为狩猎的对象，而从不知道饲养驯鹿。④ 可见，即使这一动物的情况，也和《梁书》的记载不符。

因此，从各种物证来看，扶桑国不仅和美洲的墨西哥很不一样，而且在主要方面可说是恰恰相反。正是由于古代美洲的土著

---

① 摩尔根：《古代社会》，三联书店，1957年，第2章。恩格斯：《家庭、私有制和国家的起源》，"有史以前的诸文化阶段"一节，人民出版社，1954年。

② 派克斯：《墨西哥史》，瞿菊农译，三联书店，1957年，第4页。

③ 《美洲印第安人》，第6—7、257页；George C. Vaillant, *Aztecs of Mexico: Origin, Rise and Fall of the Aztec Nation*, Doubledag Doran, 1941, p. 8.

④ F. Boas, "Migration of Asiatic Races and Cultures to North America", *The Scientific Monthly*, Feb. 1929.

民族长期不知道饲养家畜，不知道畜力运输，没有发明过车轮等物，加之其他一些原因，限制了印第安人的财富的累积速度，新的社会关系发展极为迟缓，从而影响西半球各民族"循着自己独特的道路发展"，在被欧洲殖民者征服之前，西半球文化发展水平一般都没有越过野蛮时代的中级阶段。① 如果说，古代墨西哥早在公元5世纪时，即已有马、牛、鹿等各种家畜，又有各种畜力交通工具，则不但整个西半球文化的独特发展道路不能理解，而且可以肯定西半球文化之发展速度将大大加速，而不至于如此缓慢迟滞。主张扶桑即墨西哥说者只是孤立地对比一条一条的材料，而没有全面地思考一下新旧大陆文化的这些关键性的差别，结果钻进了牛角尖。他们提出的各种物证，与其说用以证明扶桑在墨西哥地方，不如说正好提供了扶桑非墨西哥而且也不在美洲的反证。

兹试将《梁书》所记扶桑国的物产，与古代亚洲和美洲的物产作一比较如下：

	古代亚洲情况	古代美洲情况
扶桑木	其形状和功用都和中国出产之楮（Broussonetia papyrifera）相似。[1]	其功用和墨西哥的龙舌兰相似，但形状迥异。
马、牛	亚洲各地均有。	欧洲殖民者输入。
鹿	亚洲各地均有。	有驯鹿一种。
葡萄	由亚洲西部传到亚洲东部；在日本、朝鲜古时即有野生葡萄。[2]	欧洲殖民者输入；据说古时也有一种野生葡萄。[3]
铁	古代亚洲的落后民族均不知冶铁技术。	没有发现任何地方会炼铁。
金、银、铜	中国早在殷代即已进入青铜时代，冶金业在战国时已盛行。	古代秘鲁是冶炼金、银、铜的发源地，但估计在10世纪以后冶金术才经中美传入墨西哥。[4]

① 恩格斯：《家庭、私有制和国家的起源》，第23—24页。

续表

	古代亚洲情况	古代美洲情况
养畜业	从很早以来养畜业即很发达。	除狗以外，一般不知道饲养家畜。
车　轮	相传中国黄帝时即已使用车轮。	欧洲殖民者输入。

[1]参阅 E. Bretschneider，"Fusang：or Who Discovered America?"见前引《中国史乘中未详诸国考证》，第 19 页。

[2]参阅 B. Laufer：*Sino-Iranica*（《中国—伊朗篇》），1940 年北京影印，第 220、243 页。

[3]参阅朱谦之：《扶桑国考证》，第 21 页。

[4]参阅 G. C. Vaillant，*Aztecs of Mexico*，第 148 页。

从上表可以看出，慧深所述的扶桑国的物产器物等，和亚洲的情况有密切联系，而和美洲的情况却极少相似。这可说是定而不移的物证，是不能抹杀的客观存在。

社会组织和风俗　根据慧深的记述，扶桑国"生男八岁为奴，生女九岁为婢"；再结合该国的法律等情况来推断，扶桑国似乎已发展到奴隶制社会的阶段。扶桑的刑法也有贵庶之分，可见阶级等级相当森严。扶桑国还有文字，有扶桑皮纸。"不贵金银"，可见金银的开采量似乎也相当丰富。所有这些记载，都表明扶桑国是一个社会发展和生产发展水平相当高的国家。支持扶桑即墨西哥说的学者认为，从扶桑国的地理位置和社会发展水平相当高等情况来考虑，在中国以东、日本以外之东北太平洋区域中，似乎只有古代墨西哥最为相似。因为古代墨西哥的阿兹特克文化，是太平洋沿岸这一地区中较高的一个文化中心，其他地区和岛屿一般都处在野蛮时代低级阶段和原始公社制社会状态，而且都没有文字可言。这样，从社会组织的角度来看，似乎扶桑国在墨西哥又多一佐证。

关于西班牙人征服以前的古代墨西哥的历史，迄无文字记载。

现在所知的有关古代墨西哥的最原始的史料,是早期殖民者遗留下来的记载。近几百年来的历史研究,特别是最近五六十年来考古发掘的材料和玛雅文字的研究,对这一段史前的“空白”时期逐渐填入了一些知识。但是关于古代墨西哥的历史还远没有整理出一个科学的系统来。对于早期殖民者所写的关于征服时期以前的墨西哥的记述,摩尔根早就提出过严正的批判。他说:

> 西班牙领美洲的各种历史,凡关联于西班牙人的行动、印第安人的行动及其个人的特性,以及关联于印第安人的武器、器械、工具、纺织品、食物、衣类与其他同性质的东西,在这一范围以内大体上都是可以信赖的。但是,关于印第安人的社会组织和政体,以及印第安人的社会关系和生活上的样式等方面,差不多是完全没有价值的……①

摩尔根的批评是针对欧洲人把阿兹特克人社会组织中的军事首长误解为欧洲当时的君主制的错误论点而提出的。这段话对我们研究有关扶桑国的社会组织等方面的记述材料时,也是很有启发性的。社会制度不像山川物产那样具有较大的客观性和固定性,它在具有不同的世界观和阅历的观察者的眼中,往往有不同的反映。对于生疏的崭新环境中的新事物,观察者往往是根据自己因袭的旧观点去加以理解的。因此,我们在引用《梁书》上慧深关于扶桑国的社会组织和风俗的言谈来进行研究和比较时,必须特别小心。

慧深在这方面所谈不多。但我们愈仔细地研究他所提供的关于扶桑国的社会组织和风俗的材料,愈觉得摩尔根的论断的正确。从慧深口中所述扶桑国的社会组织和风俗,几乎到处都可以找到

---

① 摩尔根:《古代社会》,第207页。

脱胎于中国和朝鲜等处的社会组织和风俗的痕迹。试举几个例子：

扶桑国称贵人为“大对卢”、“小对卢”。这是高句丽的官名，见《南史》(卷七九)和《旧唐书》(列传一九九)。《后汉书》上也提到此官职。

扶桑国王的衣服分青、赤、黄、白、黑五色，这种服制和道家五行之说很容易联系起来。

扶桑国的婚礼，慧深明确指出“大抵与中国同”。

扶桑国的丧礼，慧深虽未明言和中国同，但他所述的情况：“亲丧七日不食，祖父母丧五日不食；兄弟伯叔姑姊妹三日不食。设灵为神像，朝夕拜奠，不制缞绖。嗣王立，三年不视国事。”这分明是一套中国式的丧礼，毫无疑义。

把扶桑国的这一套社会组织和风俗与古代墨西哥的社会组织加以比较，可以说是风马牛不相及。恩格斯说：“到发现美洲的时候，全部北美洲的印第安人，都是基于母权制而组成为氏族。”[①]摩尔根认为，古代墨西哥的阿兹特克人的社会组织是氏族联盟性质的，而不是政治性质的。[②] 根据苏联学者的最新的研究，到 16 世纪西班牙殖民者征服美洲之时，中美洲玛雅人已由氏族社会进入阶级社会，建立了城市国家。墨西哥的纳华各部落的社会制度则很不一致，有的还保存氏族制，而阿兹特克人则已形成了国家。[③]至于 5 世纪时墨西哥以及美洲其他地区的社会发展水平和社会制度，现在还没有任何可靠材料。但根据美洲文化发展速度的迟缓

① 恩格斯：《家庭、私有制和国家的起源》，第 84 页。

② 摩尔根：《古代社会》，第 240 页。

③ 叶菲莫夫：《美洲各族人民》，1959 年俄文版，第 61、82 页。

和16世纪美洲大发现时墨西哥文化的发展水平来估计，上溯一千年时间，其社会发展水平肯定要更加原始和落后得多。在社会风俗方面，古代墨西哥社会中有一整套的僧侣系统和原始的宗教习俗，它对氏族成员的婚丧和日常生活都起着支配作用。古代墨西哥的这一套社会形态和慧深所说的扶桑国的东方式（中国式）的社会形态，可说是根本不同，简直无法进行比较。

佛教和慧深　在《梁书》扶桑国的材料中，对沙门慧深和佛教的传布言之确凿，应是考证扶桑国的带有关键性的问题。《梁书》的有关记载如下：

> “齐永元元年，其国有沙门慧深，来至荆州……”
>
> “梁普通中，有道人称自彼而至……”
>
> “其俗旧无佛法，宋大明二年，罽宾国尝有比丘五人，游行至其国，流通佛法经像，教令出家，风俗遂改。”

这里有几点是说得很明确的：(1)最早到扶桑国的是西域的佛教发达的罽宾国，即唐玄奘《西游记》上的迦湿弥罗，在今克什米尔(Kashmir)地方。该国有佛教徒五人在公元458年到了扶桑国。(2)罽宾国人在扶桑国传布了佛教，于是扶桑国佛教流行。(3)慧深是扶桑国人，他在公元499年前来中国。(4)西域人最早到扶桑国，扶桑国人也两次到过中国，而却没有中国人到过扶桑的任何记载。《梁书》上明确说明，正是因为齐永元元年和梁普通中有扶桑国人两次来中国，谈到扶桑国事情，所以才把这个“在昔未闻”的新国家，著于史册。可见，慧深等人到中国的可靠性是绝无可疑的。

但是，文宁等人为了要证明扶桑即墨西哥，却曲解了《梁书》的记载，提出一系列缺乏根据的假设。一个假设是，慧深不是扶桑国人，而是公元458年从罽宾国到扶桑去的比丘之一。四十年后他又从扶桑回到亚洲，世人不察，故误为是扶桑国人。第二个假设是古代墨西哥有过佛教，而且把古代墨西哥神话传说中的著名神圭查尔柯脱尔（Quetzalcoatl），说成是可能与佛教有关系的东方之神，甚至可能就是罽宾国的五比丘之一。[①]

这里只想就古代墨西哥的原始宗教信仰略谈几句。关于15、16世纪时墨西哥纳华族的原始宗教信仰，最近学者已逐渐作了一些专门研究。[②] 这些研究表明纳华族有其独特的神话系统和宗教思想，但却看不出有受佛教思想影响或东方的宗教思想影响的任何痕迹。关于圭查尔柯脱尔神，在古代纳华族各氏族中，是一个流传很广受人崇拜的带羽翼的蛇神，一说是风神，也是文明和知识的象征。有关它的传说很多，很不一致。同时，圭查尔柯脱尔也被当作托尔梯克族的最高的宗教职务人的称号。在早期西班牙人的记载中，有关于这个神来自东方（指西半球的东方）的传说，因而这个神话和欧洲民族的活动可能有一些踪迹可寻，但和亚洲民族却找不到有任何联系的踪迹。[③]

历史告诉我们，西班牙殖民者强迫改变美洲印第安人的原始宗教信仰的侵略活动，遭到印第安人的誓死反抗。西班牙传教士征服这些“野蛮的异教徒”并强迫他们信仰天主教的历史，是一部血和泪的历史。至于佛教在中国和亚洲东部地区的传播，则完全是另外一种情况，它是以长时期的政治、经济联系和文化交流为前提条件。既没有进行征服和殖民活动，又没有任何历史联系和文化思想交流，远在亚洲中部的罽宾国的五个僧人，竟能横渡太平洋

---

① 朱谦之：《扶桑国考证》，第23、92—97页。

② 参见墨西哥学者M. Leon-Portilla所著《纳华族的哲学》（*La Filosofia Nahuatl*），1959年，墨西哥。该书有俄文译本：*Философия Нагуа*，1961年莫斯科版。

③ 参见派克斯：《墨西哥史》，第12—13页；G. C. Vaillant, *Aztecs of Mexico*，第10章，“Religion”。

到美洲中部墨西哥地区，并且能在那里传扬佛教，这岂不是《天方夜谭》一类的神话吗？

至于慧深，《梁书》明明白白地说他是扶桑国的沙门，无论如何至少可以肯定是外国僧人。但持扶桑即墨西哥说的学者，却认为慧深是中国人。例如，最近马南邨同志在《由慧深的国籍说起》一文中，甚至还考证出沙门慧深即《高僧传》所载宋文帝时高僧慧基的著名弟子慧深。[①] 按马南邨同志的说法，慧深在成为慧基的弟子之后才远游美洲的，过了四十多年的光阴，"等他回到荆州，刘宋的天下已经变成萧齐的天下"，所以人们把他误认为扶桑国人。但既然慧深来中国时连史家都不知道他是中国人，那么《高僧传》的作者怎么会知道慧基在四十多年前收过这么一个弟子呢？慧深来中国时，慧基已死了三年之久，人们居然能不忘他在四十多年前曾一度为慧基弟子，而对他远游美洲宣传佛教的伟大功绩竟不赞一词，能说得过去吗？

总之，佛教问题是考证扶桑国的一个关键性问题。不解决这一问题或避开这一问题，都不能使任何考证具有充分的说服力。希勒格考证扶桑国在库页岛（桦太），即避开了这个问题，因而不堪其论敌之一击。

考古学和人类学的材料 主张扶桑在墨西哥的学者还举出一些零星的考古发现材料，作为科学上的旁证。根据人类学家的研究，美洲印第安人是史前时期经白令海峡从亚洲前往美洲大陆的蒙古利亚种人。这说明古代亚洲和美洲确曾有过联系，白令海峡曾作为人类分布的一个桥梁。这似乎可以作为 5 世纪中国僧人前

---

① 《燕山夜话》（二集），第 8—10 页。朱谦之教授不但同意这一论点，而且还给慧深编了一个"年谱"，参见《文汇报》1962 年 5 月 25 日。

往美洲的一个有力旁证。

对上述考古发现方面的材料,因手中未掌握有关的第一手材料,同时连论者本人也是引自解放前报刊上的零星消息报导,①没有任何专门研究和鉴定作根据。因此,此处很难根据这种传闻来加以论述。这里只想作几点一般性的说明。

关于美洲印第安人的人种来源,在19世纪以前,由于美洲考古发掘的资料很少,很长时期不能得到科学的解释。学者们提出有美洲土著来自欧洲、亚洲、澳洲或土生土长等各种不同的假说,莫衷一是。但近数十年来的古代人类遗骸发掘材料和人类学家研究的结果,已基本上一致同意美洲的史前人类主要来自亚洲大陆,时间大约在25000年以前,从白令海峡来到美洲,而且估计这些蒙古利亚种人移居美洲的运动不止一次。因此,在远古时期,白令海峡地区的狭窄地带,确曾作过人类分布的桥梁。美国人类学家波亚斯所率领的"杰苏普北太平洋考察团"在北太平洋沿岸地区进行过专门科学考察,研究这一地区亚、美两洲的文化联系。据波亚斯的报告,肯定在北太平洋、西伯利亚极东部和美洲极西北部地区居住的各民族,在人种学、语言联系和文化特点上,都可以找到许多共同点,证明他们之间有过联系。②

根据这些研究,可以肯定在欧洲殖民者到美洲之前,美洲西北部太平洋沿岸地区受到过亚洲文化的某些影响。但从美洲文化的发展特点来看,这种影响只是偶然性的。甚至也可能受到过中国文化(亚洲文化的最大中心)的影响,但这些影响是间接的,通过亚

---

① 参见朱谦之:《扶桑国考证》,第102—114页。

② F. Boas, "Migrations of Asiatic Races and Cultures to North America", *The Scientific Monthly*, Feb. 1929.

洲东北部各民族的辗转传播而到达美洲西北部，再由美洲西北部沿太平洋岸而南下。对于这一问题，目前的研究还很不够，但相信随着考古学和人类学研究的发展，一定可以使我们获得更多的知识。

但是，人类一万多年前从亚洲移到美洲是一回事，公元 5 世纪中国僧人发现美洲又是一回事。亚洲极东部地区和美洲极西部地区的文化联系是一回事，西域僧人到墨西哥传布佛教又是一回事。把这些历史现象按主观意愿随意连在一起，是没有根据的。派克斯的《墨西哥史》对文化传播学派的论点作过这样的评述："近代主张文化交流说的学者又坚决主张他们（按：指玛雅人）必定是越过太平洋从亚洲来的。墨西哥印第安人与某些亚洲人之间是可以找出一些相同之点的，例如用"卍"字形之类。而且在一处玛雅坛庙里有一雕刻——至少在摹本上——有点像一只象的地方。但是墨西哥文化特有的性质却更为显著。假令真有渡越太平洋这一次假设的行程，则这些航海者带到美洲来的当不止仅仅是雕刻象的形状的能力，亦必带来车轮的知识与应用金属的知识，在民间的传说里亦必相当保存他们远程的回忆。而且最近的考察又表示玛雅文化的兴起，并不如从前所假定的那样快。"①这是比较公允的论断。

至于在美洲发现的中国古物，即令这些都是事实，如果没有其他文化联系的痕迹遗留下来，也很难证明是公元 5 世纪时或其前后时期亚、美两洲文化交流的遗物。考西班牙和葡萄牙殖民者之通中国，和他们发现与征服美洲处在同一时期。最早抵中国海岸的葡萄牙人在 1514 年，最早从美洲横渡太平洋抵中国海岸的西班

① 派克斯：《墨西哥史》，第 10 页。

牙人在 1575 年。① 此后西、葡两国殖民者、商人、传教士同时在美洲和亚洲进行殖民和贸易活动。因此,中西文化的交流和亚、美两洲的接触,与欧洲、美洲之接触和新旧大陆的文化交流,实相互交织在一起。中国文化在美洲殖民的早期即已开始传入美洲。早在 16 世纪,在美洲大陆的太平洋沿岸就有西、葡殖民者从菲律宾群岛掠去之少数马来亚人和蒙古利亚种人。据说当时在墨西哥城中即已有所谓"唐人街"。② 在这种情况下,中国的文物也必然很早就被带来了美洲。因此,如果没有古物出土地层情况的证据或其他旁证,是很难根据一些风闻之词就肯定这些古物是在欧洲殖民者到美洲之前即已传到美洲去的。

中国史籍中的扶桑国史料的重新估价

为了彻底弄清楚所谓扶桑国的问题,还必须从史料考证入手,以穷根追源,使问题深入一步。

《梁书・诸夷传》关于扶桑国的记载,是我国正史系统中关于扶桑国的史料来源的唯一根据,历来学者研究这个问题时,都对《梁书》的史料可靠性深信不疑。《梁书》是封建王朝时代的官修史书,一般来说它的史料价值还是比较大的,但在使用这些史料时必须具体分析。《梁书・诸夷传》有关扶桑国的史料价值,就有重新估价的必要。

细读《梁书・诸夷传》,它的结构是分海南之国、东夷之国和西

---

① 张星烺:《中西交通史料汇编》第 2 册,第 385 页。

② C. H. Haring, *The Spanish Empire in America*, 1947, New York: Oxford University Press, p. 210.

北诸戎三大部分；每一部分之前有一简短的总叙，概论该部分诸国。例如，在东夷之国前概述如下：

> 东夷之国，朝鲜为大，得箕子之化，其器物犹有礼乐云。魏时朝鲜以东，马韩辰韩之属世通中国。自晋过江，泛海东使有高句骊、百济，而宋、齐间常通职贡。梁兴又有加焉。扶桑国在昔未闻也。普通中有道人称自彼而至，其言元本尤悉，故并录焉。（着重点是引者加的）

以下依次记叙的东夷之国有：高句骊、百济、新罗、倭国、朱儒国、黑齿国、裸国、文身国、大汉国、扶桑国、女国。其中朱儒国、黑齿国、裸国附于倭国之后。文身、大汉两国均寥寥数语，极为简略。女国附于扶桑国后。因此，该书关于东夷之国主要记叙了高句骊、百济、新罗、倭国、扶桑国五个国家。但《梁书》作者对扶桑国的记述方法却显然不同于其他四国。第一，作者在文前的总叙中特别说明扶桑国是我国历史上"在昔未闻"的新国家，关于这个国家的情况和材料，是得自来自该国的沙门和道人之口，故作者"并录焉"，这就向读者交代了史料的来源是间接的。第二，在体例上，对其他国家（包括海南诸国和西北诸戎）都是按一般史书撰写体例，直接记叙，而独有对扶桑国则采用间接叙述法，即从头到尾都是引用沙门慧深的谈话，作者自己没有加一句意见。这一叙述法是十分特别的。第三，东夷之国中高句骊、百济、新罗、倭国四国是早已通中国的国家，《梁书》不仅记载了它们和中国的历史联系，而且明确记载了它们的地理位置。对朱儒、黑齿、裸、海人、文身、大汉诸国，未有历史联系，因而都是根据传闻的记载，写得非常简略，但是对它们的地理位置也作了交代。例如："大汉国在文身国东五千余里，无兵戈，不攻战，风俗并与文身国同而言语异。"唯独对扶桑国不同，不仅关于该国情况的介绍完全是转引慧深的谈话，而且连介绍一个国家时首先应介绍的地理位置,也是转引慧深之言,《梁书》作者没有直接说明它在何处。

根据这些情况,我们有充分理由对《梁书》所记扶桑国的史料重新加以估价。这段史料显然是来自当时人的传闻之谈。《梁书》作者在写书时并没有掌握第一手的可靠材料,无法断定这一传闻的虚实,所以才不得不全部转录慧深的话,附于东夷诸国之后,又在前面加了按语,似有"立此存照"之意。但是,这一点,后来运用和研究这一段史料的人,似乎都根本忽略了。只有清末地理学家丁谦注意到了。他在《梁书夷貊传地理考证》中指出:"揆其说所由来,皆出于游僧慧深之口,一时士夫为其所愚,遂行传播……而修史者竟采以入传,不其陋欤。"①这是有理由的责备。

我们说扶桑国的材料是传闻之词,从《梁书·诸夷传》海南诸国中也可找到证据。

> 吴孙权时,遣宣化从事朱应、中郎康泰,其所经及传闻则有百数十国,因立记。通中国者盖甚少,故不载史官。及宋、齐至者有十余国,始为之传。自梁革运,其奉正朔,脩贡职,航海岁至,逾于前代矣。今采其风俗著者缀为海南传云。(着重点是引者加的)

这里作者说明在写海南诸国时,很多材料是根据当时朱应、康泰出使外国带回来的记载和传闻(这些书现已失传)。传闻总是间接的材料,有可靠的,有不可靠的,或不甚可靠的。像诸夷传中所记的"头长三尺、自古不死"的毗骞国国王的传闻,慧深在扶桑国之后所说的关于女国的传闻,晋安人漂至所谓狗国的传闻,显然都是荒诞不经的。而姚察父子在修史时居然均采以入传,丁谦责其"不

---

① 《浙江图书馆丛书》第一集,1915年印行。

其陋欤”，的确是不无根据的。但是后人对这些荒诞之传闻不加批判地当成信史材料来使用，岂不更其陋欤吗？至于18、19世纪的西方汉学家在研究扶桑国材料时，主要是依据《文献通考》中四裔考的法译本和在华的传教士们提供的一些材料，就更是不识庐山真面目了。

如果说，扶桑国只是5世纪末6世纪初外国僧人带来的一种传闻，那么，这种传闻是从何产生的呢？为何这个传闻像昙花一现地出现在梁代呢？要解释这一问题，有必要对中国史籍中有关扶桑的传说，作一历史的考察。

扶桑国虽最早见于《梁书》，但扶桑之名却很早就出现在我国古籍之中。《史记》五章本纪所称“东至蟠木”的问题姑存而不论。扶桑之名，最早在《楚辞》中即已出现。《离骚》云：“饮余马于咸池兮，揔余辔乎扶桑。折若木以拂日兮，聊消途以相羊。”《九歌》云：“照吾槛兮扶桑。”

《淮南子·时则训》：

东方之极，自褐石山过朝鲜，贯大人之国，东至日出之次搏扶木之地，青土树木之野，大皞句芒所司，万二千里。

日出于旸谷，浴于咸池，拂于扶桑，是谓晨明。

《山海经》卷九《海外东经》：

下有汤谷，汤谷上有扶桑，十日所浴。

《山海经》卷十四《大荒东经》：

大荒之中有山名曰孽摇頵羝，上有扶木，柱三百里，其叶如芥。有谷曰温源谷。汤谷上有扶木。

许慎《说文》：

榑桑神木，日所出也。

从以上可以看出，在汉以前，中国古籍中所谓的扶桑是古代神话传说中的一种神木,这种神木生长在日所出的东方。但是逐渐的,扶桑一名就演变为神话传说中的东方的美妙仙境。这一演变可能始于东方朔的《十洲记》。该书云:

扶桑国在东海之东岸一万里,东复有碧海,海广狭浩瀚,与东海等大。碧水既不咸苦,正作碧色。扶桑在碧海之中,地方万里,土有太帝皇,大真东王父所治之处也,多林木,叶皆如桑。

此外,在《汉武帝内传》和《元中记》等书中也都提到过扶桑之名。这些书相传是汉人所著小说,但据鲁迅考证,都是六朝时文人方士所著,他并提出这些书"大抵言荒外之事",其"大旨不离乎言神仙"。①

到正式题为六朝人所作的小说和方士的著述中,扶桑的神话得到进一步的发展,仿佛真有其人其事了。

葛洪的《枕中书》云:"扶桑大帝,住在碧海之中,宅地四面并方三百里,上有太真宫……"这显然和《十洲记》所言是同一个神话体系的发展。

在王嘉的《拾遗记》中,关于扶桑的记载就更多了:

前汉孝惠帝二年,四方咸称车书同文轨,天下太平,干戈偃息,远国殊乡,重译来聘……时有东极,出扶桑之外,有泥离之国来朝。(卷五)

宣帝地节元年,乐浪之东,有背明之国,来贡其方物。言其乡在扶桑之东,见日出于西方,其国昏昏常暗,宜种百谷,名曰融泽。(卷六)

扶桑东五百里有磅礴山,上有桃树百围。(卷三)

---

① 《中国小说史略》。见《鲁迅全集》第8卷,人民文学出版社,1957年,第22页。

瀛洲有扶桑，万岁一枯，其人视之如旦暮也。（卷七）

《拾遗记》原题晋人王嘉所著，但据胡应麟考证，认为是梁朝人萧绮著而托王嘉之名。[①] 在此书中，除最后一条材料和前述神话传说有关外，其他三条材料都是新发展，而且俨然从文学神话传说演变为一种历史故事传说。扶桑国的地理位置及其与中国的关系，都逐渐明确而具体。这一演变到《梁四公记》达到了高峰。该书所记扶桑之事多而且详：

杰公尝与诸儒语及方域，云东至扶桑，扶桑之蚕长七尺。围七寸。色如金。四时不死……赍卵至句丽国。蚕变小。如中国蚕耳……俄而扶桑国使贡方物。有黄丝三百斤。即扶桑蚕所吐。扶桑灰汁所煮之丝也。帝有金炉。重五十斤。系六丝以悬炉。丝有余力。又贡观日玉。大如镜。方圆尺余。明彻如琉璃。映日以观。见日中宫殿。皎然分明。帝令杰公与使者论其风俗土地物产。城邑山川。并访往昔存亡。又识使者祖父伯父叔兄弟。使者流涕拜首。具言情实。[②]

《梁四公记》有人说是唐人张说撰，当不可信。但可肯定是梁以后的人写的。《太平广记》将该书列入异人类，但所记之四公实系"周游六合、出入百代"的神仙一类人物。这些神话中值得注意的地方是：扶桑已经演变成东方的一个国家，而且在梁天监中（公元502—519年）曾遣使向梁武帝贡献方物——扶桑蚕等。扶桑蚕，可能是从扶桑之"桑"字演变而来。希勒格把《梁四公记》作为信史材料，在考证扶桑国时引为根据，正如朱谦之先生的反驳，是完全错误的。但是，它也给了我们一个旁证，梁朝之时，朝野间关

① 《中国小说史略》。见《鲁迅全集》第8卷，第44页。

② 《梁四公记》，《太平广记》卷八一，中华书局，1961年，第2册，第519、521页。

于扶桑国的传闻之谈的确甚为流行。

扶桑的传说一直到唐朝还有所发展。在段成式的《酉阳杂俎》中，就有一段“大定[①]初有士人随新罗使风吹至长须国，地曰扶桑州”的记载。故事中说这个士人拜了长须国的驸马，后来还谒见海龙王和遇见虾精云云。此外，在唐人王维送秘书晁监还日本国的诗中，徐凝送日本国使还诗等诗中，都引扶桑为典，但已明确地把扶桑与日本视为一地。从此以后，扶桑在我国人诗文中即往往指日本而言了。

从以上所述可以看出，关于扶桑一名的演变虽然很杂乱，但可以理出一个基本线索来。《离骚》和《山海经》是扶桑神话的渊源，到魏晋以后，在文人学士的诗文中还沿袭着这个神话典故。但在道家方士的著作和六朝人的笔记小说中，就发展为神仙境地。到梁朝以后，神话愈来愈具体化，变为历史故事。唐以后，由于中国和日本往来渐频，日本意为日出处，因而关于扶桑的传说就统一在日本地方了。各时期的扶桑地方虽然记载各异，但有几点大致上是一致的：(1)扶桑在我国东海之外，而且往往和乐浪、朝鲜、新罗、高句丽之名有联系；(2)扶桑有神木——扶桑木；(3)除文人学士诗文中引用扶桑作典故之外，把扶桑神话发展为神仙怪异之说者，几乎都是道家方士和与佛教有密切关系的人。从东方朔(假托之名)到段成式，均可为证。因为和佛门子弟有联系，扶桑这个东方国家也开始和西域有了瓜葛(从《梁四公记》可看出)。

扶桑传说的这一发展和演变，是有其历史社会背景的。鲁迅对中国古代神话小说的起源有精辟的见解。他说：“中国本信巫，秦汉以来，神仙之说盛行，汉末又大畅巫风，而鬼道愈炽；会小乘佛

---

① 后梁年号，公元 555—561 年。

教亦入中土,渐见流传。凡此,皆张皇鬼神,称道灵异,故自晋迄隋,特多鬼神志怪之书。其书有出于文人者,有出于教徒者。文人之作,虽非如释道二家,意在自神其教,然亦非有意为小说,盖当时以为幽明虽殊涂,而人鬼乃皆实有,故其叙述异事,与记载人间常事,自视固无诚妄之别矣。”①鲁迅特别指出当时许多小说中的奇谈志怪,是外国传来的。他说:“此种思想,不是中国所固有的,乃完全受了印度思想的影响。就此也可知六朝的志怪小说,和印度怎样相关的大概了。但须知六朝人之志怪,却大抵如今日之记新闻,在当时并非有意做小说。”②

自汉魏以来,中国和外域(西域、海南诸国)的交通往来日益频繁,世界地理的知识和见闻日广。到南北朝,汉族疆土缩小,北方各民族占有广大北部中国。中国传统文化和外族文化的融合大大加速。同时,中国和东北边境的各民族及东海外临近国家的接触也增加。因而,关于西域、南海和东海之外的传闻和神话之说也逐渐增多起来。这些传闻和神话往往是结合我国古代遗留下来的《山海经》等书的传说在新的基础上的发展。梁代是我国佛教的全盛时期,当时到中国来的西域僧人络绎不绝。扶桑国的传闻就是当时外国僧人带来的海外传闻。这个传闻说得有凭有据,不似神话那样的夸张和怪诞,在社会上一时成为新闻。而且这个新闻不止一次地被外国僧人谈到过。姚察是当时代的人,当然是听说过的。他当时就发现这一传闻和我国神话中的扶桑传说,不是一地。故在《梁书》上记载此事时加了“在昔未闻也”的按语。

外国僧人所带来的扶桑国的传闻,大概只在梁陈之时昙花一

---

① 《中国小说史略》。见《鲁迅全集》第 8 卷,第 31 页。

② 《中国小说的历史的变迁》。见《鲁迅全集》第 8 卷,第 321 页。

现地出现过。这有什么根据呢？慧深来至荆州是齐永元元年的事，但萧子显的《南齐书》上没有记载。该书卷五八《蛮·东南夷》列传中，也没有扶桑国。只是在最后的赞语中云："赞曰：司雍分壃，荆及衡阳。参错州部，地有蛮方。东夷海外，碣石扶桑。南域憬远，极泛溟沧。非要乃贡，竝亦来王。"赞语中提到扶桑，但看来不似一个肯定的国家。这说明慧深带来的扶桑国传闻虽然可能已为当时社会所知，但影响还不很大。到梁普通中又有外国僧人谈论扶桑国，可能才引起当时人们的较大注意。在梁陈以后，扶桑国的传闻就愈来愈淡漠了。赵翼的《廿二史札记》说："南史增梁书，事迹最多。李延寿专以博采见长……而于正史所无者，凡琐言碎事新奇可喜之迹，无不补缀入卷。"①但是，《南史·夷貊传》虽然较《梁书》、《陈书》增加了许多新国家和新材料，可是对扶桑国的材料却全部照原样录自《梁书》，而没有任何增补删削。这说明在梁以后，有关扶桑国的传闻可能就不再有人散布了。

由于文献不足的限制，有关扶桑国的史料考证，目前只能做到这一步为止。根据以上分析，我认为，《梁书》所记齐梁时外国僧人所谈的扶桑国是这些僧人为炫耀自己远游四海而编造的经历。这些僧人可能到过我国东部边境之外的某个地方，然后假托中国相传已久的扶桑神话，称之为扶桑国；而为自神其说，他们又把扶桑的里程加以夸大，把扶桑国的风土人情加以渲染，编成了这个耸人听闻的东游记。慧深所讲的女国就显然是海外奇谈，和《拾遗记》、《梁四公记》上的神话没有区别（按《梁四公记》上说女国有 6 个之多）。这个游僧既然可以把关于女国的海外奇闻讲得天花乱坠，来迎合六朝玄谈的时尚，他的扶桑国记闻的真实性自然也大大地值

① 《廿二史札记》卷十，《丛书集成初编》，商务印书馆，1936 年，第 194 页。

得怀疑。

扶桑国何在?

一定有人会问:如此说来,这些外国游僧称之为扶桑国的某个地方究竟在何处呢?对这个问题目前只能这样回答:它不可能距离中国太远,更绝不可能远在美洲。不可能远在美洲的理由已如前述,现将不可能距离中国太远的理由加以说明。

(一)任何神话或传说的编造,都要受时代的思想范畴、地理知识等各种条件的限制。

慧深所编造的扶桑国记闻,尽管有许多新奇事物,但是它的风土人情、动植物界等各方面的情况,都找不到属于古代美洲文化特征的任何成分。相反,这些情况完全是亚洲式或东方式的,而且在扶桑的官职中还有"对卢"这样的高丽官制名,这就露出来一个很大的马脚。这说明编造扶桑国游记的人可能了解高丽的某些情况,或到过这一带地方。

(二)从慧深言首先到扶桑国的是西域罽宾国僧人和他本人"来至荆州"情况来看,扶桑国也不可能远在美洲。

我们知道,从西域的罽宾国(克什米尔)到扶桑国,如果按持扶桑即墨西哥说的学者的推算方法,至少有56000里。① 罽宾国和扶桑国相距如此之远,冰川大洋重重阻隔,五个比丘居然能"游行至其国",这是根本不能想象的。因此必须另外寻求合理的解释。希勒格认为,慧深所说的大汉国不应是文身国东之大汉国,而应是

---

① 罽宾至中国(长安)为12200里(《前汉书》卷九六),中国至倭国1200里,倭国至文身国7000里,文身国至大汉国5000里,大汉国至扶桑国2万里,总计行程56200里。

另一个大汉国。据《新唐书》卷二一七《回鹘列传》:“大汉者,处鞠之北,饶羊马,人物颀大,故以为名。与鞠俱邻于黠戛斯,剑海之滨。此皆古所未宾者。当贞观永徽,奉貂马入朝。或一再至。”他认为这个大汉国在西伯利亚的贝加尔湖地区,应是慧深所说的大汉国。[①] 希勒格虽然没有举出何以应是另一个大汉国的任何理由,同时他所考证的这个贝加尔湖地区的大汉国也未必就是慧深所指的大汉国,但是,他认为不应是文身国以东的大汉国的意见,是可以同意的。因为细读《梁书》本传,慧深的谈话只提到罽宾、大汉、荆州、中国几个地名,对大汉国情况无任何交代,也根本没有提起大汉国之西还有文身国云云。可见慧深所说的大汉国的确未必就是文身国以东之大汉国。《梁书》作者把慧深的扶桑国传闻抄录在上述大汉国之后,可能是一种偶合,也可能是当时作者也认为是同一个大汉国。但是,看来《梁书》作者对这个问题并不是确有把握的。否则,按照《梁书》的笔法和文章的逻辑,显然应写成如下格式:“扶桑国在大汉国东二万余里。齐永元元年,其国有沙门慧深来至荆州,说云……”

总之,慧深所说的大汉国已不可考。但它作为西域和扶桑之间的一个重要的中途站来说,估计是不会距离西域太远的。

其次,扶桑国的沙门慧深到中国时“来至荆州”这一点,也很值得注意。如果扶桑国远在东海之外甚至在太平洋彼岸,那么慧深前来中国一般地说应该在胶州一带或长江口岸一带登岸(即沿日本通我国的交通路线),来到南朝的政治中心首都建康或江东一带。但是,慧深却来到荆州,即当时西域佛教从西北路通往中国的终点重镇。这不能不引起人怀疑。据汤用彤的《汉魏两晋南北朝

---

① 《中国史乘中未详诸国考证》,第39页。

佛教史》云:“在东晋南北朝时,东来者常由凉州南经巴蜀,东下江陵,以达江东。而南朝之西去者,亦有取此道者(如法献)。”①由此推测,扶桑国不但很难远在美洲,而且自称来自扶桑国的沙门慧深也很可能是来自西域的僧人。这一推测和慧深所言西域罽宾国比丘曾到过扶桑国的情况联系起来,也可找到一点蛛丝马迹。

(三)扶桑国有佛教,这是寻找扶桑国的一个重要线索。

考佛教传布的历史,在 5 世纪时,佛教东传最远不过到达新罗、百济、高句骊等国,日本的佛教最初也是通过这些国家传入的。要寻求 5 世纪时佛教传布的影响所及的地域,无论如何超不出亚洲大陆东部沿海地区很远的地方。

(四)从慧深所述扶桑国的物产和风土情况来看,找不出具有寒带或亚寒带地区的征候(甚至以扶桑皮织布为衣、作板屋等等),因此从地理科学的角度来看,扶桑国不会在地球纬度很高的区域,也就是不可能远在堪察加和白令海峡地区,而应在纬度较低、距离中国较近的地区。

总括以上几点来看,如果说外国僧人果真到过中国以东的某个扶桑国,那么,估计这个国家的地理方位大致是在北界不超过库页岛、东界不超过日本、西界不超过贝加尔湖这个地区范围之内。但是,也可能这些外国游僧根本没有到过什么扶桑国,而是根据他们的游历经历编造出来的海外奇谈而已。

洋汉学中的殖民主义毒素必须批判

自 18 世纪中德·吉涅提出扶桑即墨西哥的臆说以来,在 19

① 《汉魏两晋南北朝佛教史》上册,中华书局,1955 年,第 376 页。

世纪下半叶到20世纪初，各国汉学家议论纷纭。为什么人们对这个问题如此感兴趣呢？这并不是偶然的。自哥伦布发现新大陆以来，人们对世界的概念起了革命性的变化。欧洲殖民者一批批来到了美洲。此后美洲的历史，“就成为一部掠夺并浪费西半球自然资源的漫长而可怖的历史，就成为一部奴役并剥削西半球上各族人民来养肥寄生地主与资本家这一小撮统治阶级的历史”。[①] 当时殖民者在征服和奴役美洲印第安人的过程中，发现了一个他们所不能解答的问题：即为什么和旧世界隔绝而孤立发展的西半球，会建立起像玛雅文化、阿兹特克文化和印加文化这样相当高度发展的古代文明。在欧洲殖民者看来，世界上的一切优秀文明都源于希腊罗马，都创自白种人之手。他们不相信美洲土著人能独创这样光辉的古代文明。在最初，殖民者甚至不承认印第安人是有理性的动物。因此，欧洲的殖民者、传教士和学者们提出种种假说来论证印第安人和他们的文化是外来的。一种说法是欧洲古代传说中的沉失的大西洋洲(Atlantis)的复活，一种说法是印第安人是犹太古代失去的十族的后裔。有的学者发现印第安人和旧大陆的蒙古利亚种人在体态上有好些相似的地方，于是又提出美洲土著人来自亚洲或澳洲的不同说法，[②]等等。利用考古学和人类学对古代美洲的历史、文化和人种进行比较系统的科学研究，还是最近几十年来的事。在此以前的很长时期内，人们对古代美洲文化的起源的知识，都还停留在上述猜测和假说的阶段上。

18世纪中叶，法国汉学家德·吉涅发表了从中国史籍中找到中国僧人较哥伦布早一千年发现美洲的报告之后，这个新奇的问

① 福斯特：《美洲政治史纲》，冯明方译，人民出版社，1956年，第17页。

② 参见W. C. Macleod：《印第安人兴衰史》，吴泽霖译，商务印书馆，1947年。

题自然会引起西方学者首先是汉学家们的注意和兴趣。因为这一新说不但使地理大发现的历史根本改观，而且为美洲印第安人及其文化来自亚洲的假说提供了似乎有力的根据。于是很多汉学家和传教士大做文章，硬把他们的极为贫乏的中国历史文化知识和对还未弄清楚的古代美洲历史文化的知识连在一起，穿凿附会，提出了所谓中国人发现美洲或亚洲人征服美洲的各种说法。但是，这些说法是毫无科学根据的，因此很早就受到一部分汉学家的反驳。只是这些汉学家也往往只限于就事论事地对史料一条一条地进行对比，在方法论上犯了同样的毛病，或者在史料运用上很不谨严，因而他们的反驳缺乏充分的说服力。

我们知道，欧洲殖民者东来接触到伟大而古老的中国文化之后，其惊奇更甚于对美洲文化。从17、18世纪以来，就有过不少的汉学家根据我国的象形文字及其他一些似是而非的证据，硬说中国文化是起源于埃及和巴比伦。这种古代中国文化西来说和上述古代美洲文化起源于中国说，可说是无独有偶了。这两类假说不仅是差不多同一时期（17、18世纪）在欧洲学术界流行，甚至被同一些人所提出。正是这同一个德·吉涅，1759年在巴黎文史学院提出了《论中国人是埃及的殖民》的报告，[①]异想天开地硬说中国人是埃及人的苗裔，甚至还断定埃及人入迁中国的时期在公元前1122年。两年后，他即提出了中国人最早发现美洲从而证明美洲文化来自中国的同样荒谬的学说。这两类臆说在欧洲学术界的同时风行当然不是偶然的。17、18世纪正是西方殖民主义势力大力开始向东方扩张的时期。这种中国文化西来说和美洲文化外来说不仅正好配合了当时殖民主义者的经济和文化侵略，而且反映了

① 参见前引 Cordier 编：《西人论中国书目》第1册，第1章，第571页。

西方殖民主义者对亚洲和美洲历史的狂妄无知。不管中国文化来自埃及、巴比伦也好，还是美洲文化来自亚洲、欧洲也好，总之说明黄种人和印第安人是低等民族，是不可能独立创造高度文明的民族。这一企图，连法国汉学家考狄也直认不讳，他说："欧洲人震于中国立国之悠久，及其在世界史上地位之重要，于是大运神思，力言中国文化渊源于西方，以示西洋人之有功于中国。"①对洋汉学研究中的这些殖民主义观点加以彻底批判并肃清其影响，正是我国历史科学工作者的严肃任务。

我们认为，美洲印第安人文化是勤劳的、优秀的西半球居民自己的伟大创造，而不是什么旧世界的输入。虽然现代考古学研究已基本肯定美洲人类是从亚洲大陆移殖去的，但这是远在一万年以前的事，而不是近一两千年的事。恩格斯指出，从野蛮时代低级阶段起，"由于自然条件上的这种差异，每个半球上的居民，自此以后，便各循着自己独特的道路发展"，对西半球的印第安各族人民来说，正是"西班牙人的征服斩断了他们的任何进一步独立的发展"。② 征服美洲以前的漫长时期中，从亚洲大陆移殖到美洲大陆上的古代美洲人的后裔，适应西半球的特殊的自然条件和取得物质生活资料的方式，创造了光辉的美洲古代文化和著名的文明中心——玛雅文化、阿兹特克文化和印加文化等。在美洲印第安文化形成和发展的过程中，受到过旧大陆文化的某些影响，是完全可能的。今后新的研究资料一定会逐渐地使我们寻找到新旧大陆之间的某些失掉的联系。但是，我们认为，以后的新资料只可能修改

① 转引自何炳松：《中华民族起源之新神话》，《东方杂志》第 26 卷第 2 号(1929 年)。

② 《家庭、私有制和国家的起源》，第 23、24 页。

和丰富今天的个别论点，而不可能改变古代美洲文化是美洲人自己所创造的这一基本论点。

在远古时期，没有任何联系或只有极少联系的各民族独立地创立了自己的文化体系，在这些体系中反映了人类发展的共同的阶段性和某些相似的东西，根据马克思主义的唯物史观看来，这是不足为怪的。对这个问题，被恩格斯称为对原始社会史研究产生了革命性影响的摩尔根，在《古代社会》一书中就已经自发地达到了正确的唯物主义的解释。他根据“人类经验的一致性”和“人类起源的统一性”，指出“人类智能的活动，在人类进步的一切阶段中都是一致的”。① 因此，美洲印第安人也和东半球的其他民族一样，经历了由低级到高级的社会发展阶段，培育了许多好的农作物，发明了文字和复杂的天文历法，建筑了规模超过埃及金字塔的美洲金字塔，学会了冶金技术，为人类古代文明贡献了宝贵的财富。

最后还需说明，我们对西方资产阶级汉学家的研究成果，并不是全盘否定。对于他们的那些确属学术研究的某些部分，用马克思主义的观点和方法加以批判后，其中某些有用的东西当然是可以利用和吸收的。不过像德·吉涅之流的所谓扶桑国的学术研究，在今天看来，不论从方法论、史料考证、科学意义上来说，都毫无价值，而且包含有殖民主义者的思想毒素，应该予以批判。

［本文原载《北京大学学报》1962 年第 4 期］

① 参见摩尔根：《古代社会》，第 7、648—650 页。

扶桑国猜想与美洲的发现

——兼论文化传播问题

我国史籍浩繁，其中涉及许多域外的地名国名，至今不详其所在，甚至真伪难辨。史学工作者或予以考证，或提出假说，本来是学术上常见之事。根据《梁书·诸夷传》上扶桑国史料提出的所谓中国僧人慧深在5世纪时发现美洲的假说，早在两百年前由法国汉学家德·吉涅提出，在西方汉学界进行过争论，迄未获得学术界承认。在西方研究中国的第一流学者中，从希勒格①、劳费尔(B. Laufer)②、考狄(H. Cordier)③到李约瑟(Joseph Needham)④等人，无不对此说持异议。但近年来，由于有人提出新考证和新发现，这个老问题又被提出来。20世纪60年代初，马南邨在《北京晚报》⑤、朱谦之教授在《北京大学学报》⑥上写文章支持这一假说

---

① 希勒格：《扶桑国考证》，见《中国史乘中未详诸国考证》，冯承钧译，商务印书馆，1928年，第1—41页。

② 劳费尔：《哥伦布与中国，美洲对东方学者的意义》(B. Laufer, "Columbus and Cathay, the Meaning of America to the Orientalist", *Journal of the American Oriental Society*, 1931)，第51页。

③ 考狄：《中国通史》(H. Cordier, *Historie Generale de la Chine*, Paris, 1920)，第1卷，第558页。

④ 李约瑟：《中国科学技术史》(J. Needham, *Science and Civilization in China*, Cambridge University Press, 1971)，第4卷，第3分册，第540—553页。

⑤ 马南邨：《燕山夜话》(合集)，北京出版社，1979年，第101—110页。

⑥ 朱谦之：《哥伦布前一千年中国僧人发现美洲考》，《北京大学学报》1962年第4期。

之后，最近又有人在我国报刊、广播、科普读物、历史著作上谈论这个问题，甚至写成国际报道，宣扬为古中华的光荣。

难道国内学术界在这个问题上真有什么新发现和新突破吗？对于这样一个涉及地理发现史的重大问题，不能不加以认真的探讨和严肃的辨析。

一份慧深的假履历表

所谓中国人最早发现美洲的假说，是根据《梁书·诸夷传》有关扶桑国的记载提出的。如何解释这段史料，历来是不同意见争论的焦点。我过去就认为扶桑国传说的真实性十分可疑，曾做过一点辨析。① 近年来，国内外有人对这段史料提出了一些新观点，对《梁书》上讲述扶桑国传说的慧深和尚的国籍和履历作出了新的考证。现在，我们就从这个问题开始讨论，因为如能查明慧深是何许人，虽不能推断扶桑是否就是墨西哥，至少可以使问题的讨论大大推进一步。

《梁书·诸夷传》扶桑国条开宗明义说："扶桑国者：齐永元元年，其国有沙门慧深来至荆州。"(《梁书》卷五四，列传四八)这段话语法简明，确认慧深是扶桑国人，谁也不会误解。但这么一来，中国人发现美洲的假说就从根本上动摇了。可是，马南邨同志写的《燕山夜话》却为此作了新的辩解。作者从《高僧传》查到一位中国国籍的慧深，即南朝著名高僧慧基的弟子"沙门慧深"。两人同名，又都是和尚。于是认定扶桑国的慧深就是慧基的弟子慧深。这样，似乎慧深的国籍就迎刃而解了。然而《梁书》上的"其国有沙门

---

① 参见拙作：《论所谓中国人发现美洲的问题》，《北京大学学报》1962年第4期。

慧深"又如何说得通呢？作者提出了一个大胆设想：慧深远游美洲数十年，回到荆州时"刘宋的天下已经变成萧齐的天下了。人们都说他来自扶桑，这是很自然的"。① 朱谦之教授完全同意这一看法，而且根据同样的考证方法，又从《魏书·释老志》上查到另一个"沙门统惠深"，认定与《高僧传》上的慧深和扶桑国的慧深同是一人。为什么要扯出第三个慧深呢？原来《魏书》上提到元魏兴安元年（452年）时有罽宾国沙门及其同辈五人在京都一事。于是作者又按大胆的假设推理：僧人都是"大游历家"，既然他们可以从罽宾到中国来，也就可以从中国到美洲了。这样就同《梁书》上宋大明二年（458年）罽宾国有比丘五人游行至扶桑国的记载，完全吻合了。然后作者就把三个不同国籍、不同地区、不同事迹的僧人硬捏在一起，编成了《慧深年谱》作为附录。这样，慧深不但是中国人，而且是"证据确凿的""历史上的人物"。

对于《慧深年谱》的虚假性，我国研究佛教史的著名学者汤用彤先生早就撰文作了分析，此处只把他的结论性的意见记录如下：

> 《高僧传》的慧深是在江东，并于496—519年之间的某些年曾任江东僧正（姑假定为510—518年）；而《梁书》的慧深是在齐永元元年（499年）在荆州；《释老志》的慧深是北魏的沙门统，于永平二年（509年）上书立僧尼制。这三个慧深的活动，可以说差不多是同时，而他们所处的地区，距离很远。中国人同时同名，在历史上是常见的，僧人更是如此。如果没有明确的根据，很难说同名同时就是一人。②

① 《燕山夜话》，第109—110页。

② 汤用彤：《关于慧深》，《文汇报》1962年10月14日。

《慧深年谱》对于不懂考据的读者具有很大的迷惑性。仔细一推敲,却是穿凿附会,漏洞百出。《年谱》认定扶桑国的慧深原是宋齐时著名的高僧慧基的弟子,又说他是宋大明二年(458 年)随罽宾国比丘五人游行去扶桑国,而且"当为其向导"。按此推论,慧深在此以前早已到过扶桑国,否则如何能当向导?一出国,就是 40 年,齐永元元年(499 年)回国时,他的老师慧基已去世。《高僧传》称,慧基的弟子慧深后来接掌僧任,既然慧深云游海外四十多年,老师死后三年才回国,而且又被人误认为是外国人,怎么会有可能继老师而接掌僧任呢?既然他在美洲宣扬佛法,立下了佛教史上空前绝后的丰功伟绩,为什么《高僧传》竟然一笔抹杀呢?再说,《年谱》写道:"慧深返国时,刘宋已亡,至是萧齐亦亡,乃北上为元魏宣武帝沙门统。"这就是说,慧深回国后听说老师已圆寂,又弃国他投,奔往元魏宣武帝门下,根本没有去江东接掌老师的僧任。在这里《高僧传》上的慧深与《释老志》的惠深根本对不上号。为了硬要对上号,只好借用《高僧传》证明慧深是中国国籍,找出两人同名就行了。但这种粗心的同名"考证"法虽然很省事,有时却会出一些麻烦。例如《年谱》作者所引证的这个慧深见《高僧传》卷八,同书卷十二《法光传》上还有一个慧深在永明末(491—493 年)为人"起灰塔"。① 这时前一个慧深还在美洲没有回国。如果说这是另一个慧深,那么,为什么那个江东的慧深一定是从扶桑国来的慧深呢?再者,南朝时佛教流行,修《梁书》的姚察自幼喜欢佛教,还受过戒,与佛教人士交往密切。② 怎么能竟毫无根据地说他把一个中国僧人错认为外国人呢?所谓的《慧深年谱》,完全是曲解和割

① 《高僧传》卷十二。见《大正新修大藏经》卷五十,第 405 页。

② 参见《陈书》卷二七,列传二一。

裂史料的产物，予以澄清，很有必要。

一个虚构的美洲扶桑国

近年来有关扶桑国的新考证，在国外以美国人亨利埃特·默茨女士的《淡墨——中国人在美洲探险的两份古代记录》（以下简称《淡墨》）一书①最为著名。该书的前一部分论证《梁书》所记扶桑国即墨西哥。此书一出，有关扶桑国的争论在西方似乎又趋活跃。国内持扶桑即墨西哥说者也常加引用该书。

如果说《年谱》的作者要千方百计在中国史籍中找出慧深其人的确凿证据，那么《淡墨》的作者则是要在墨西哥其地查出慧深活动的全部踪迹。为了寻找扶桑，历来研究者都在扶桑木上下工夫。《梁书》说扶桑国以扶桑木而得名，如能考证出扶桑是何种植物，产于何地，是比考订慧深更为有力的物证。《梁书》对扶桑木的基本特征写得相当清楚：(1)“叶似桐”；(2)“初生如笋”；(3)“实如梨而赤”，“国人食之”；(4)“绩其皮为布，以为衣，亦以为绵”；(5)“以扶桑皮为纸”。这五大特征表明，这种扶桑木与我国古籍中传说的另一种神木扶桑根本是两码事。多年以来，持墨西哥说者都把扶桑木说成是墨西哥的特产龙舌兰。因龙舌兰汁可酿酒，纤维可织布造纸，其他特征也就可以凑合过去。唯龙舌兰果实不能食，是一个难以自圆其说的大漏洞。于是《淡墨》一书提出一种新假说，认为扶桑木是美洲印第安人的基本粮食作物玉米。玉米的果实虽与梨不相似，但其穗确有赤色者，而且是举国食之。默茨是这样解释自

---

① Henriette Mertz, *Pale Ink, Two Ancient Records of Chinese Exploration in America*, Chicago: Swallow Press, 1953, 1972 reved.

己的论点的："慧深把这种作物的生长比作竹子。在美洲植物中再没有别的东西比到处都是的玉蜀黍长得更像细长而高的竹子了。玉蜀黍上生长的玉米棒子吐穗的形状与初生的竹笋十分相似。据说人们吃扶桑的嫩苗，果实保存一年也不会坏……"①这是从扶桑木的形状立论的。显然，作者由于不懂中文而把"竹"与"笋"混为一谈了。《梁书》说"扶桑叶似桐，而初生如笋，国人食之"。这段话语法不严密，可以理解为扶桑叶似桐，初生的叶如笋，叶可食。这样讲，默茨的玉米说就很难成立。也可以理解为扶桑叶似桐，这种植物生时像笋，是一种可食的植物。这样理解，玉米说也很勉强。因为如果扶桑树长得像笋而不像竹，就很难说与玉米形状相似。至于扶桑的其他特征，玉米都不具备。因此，我认为玉米说还不如龙舌兰说较能自圆其说。

默茨提出的扶桑木即玉米说，近来在国内不但有人附和，而且走得更远。甚至说中国可能早在上古时期就开始种植和食用玉米。② 这就把玉米种植起源于美洲的公认的说法也推翻了。但证据所在呢？据说是成都万佛寺六朝石刻上有一种树木是扶桑木，而其叶状看起来正是玉米形象，而且简直逼真到"呼之欲出"的地步。细读这一考证所使用的推论方法，归纳起来大致是这样的：大前提——中国古籍中很早就有关于扶桑木的记载，而目前又发现形状像玉米的扶桑图像；小前提——玉米是一种粮食作物，结论——中国古代早就开始种植并食用玉米了。这种连形式逻辑的原理也不遵循的考证推理，是完全不能服人的。

---

① Mertz：同上书，第55—56页。

② 王家祐、史岩：《玉米的种植与美洲的发现新探》，《社会科学研究》1982年第2期。

不错，如果看图识字，万佛寺石刻上的所谓扶桑树，长着两边分开的长叶，未尝不可看作是象征主义手法的玉米图像。但把这种长叶植物认作是芭蕉、椰子等也无不可。关键的问题是，作者所认定的这种扶桑树的形状，与我国古籍中的扶桑木的叶状恰恰是对不上号的。例如，据《山海经·大荒东经》上记载，扶桑"其叶如芥"；《十洲记》上说，"叶似桑树"；《齐民要术》上说"磐蜿而下屈"，等等，哪种说法都引不出扶桑叶似玉米叶的结论来。长沙马王堆出土的殉葬帛画上的扶桑木图像，正好与古籍上的神木扶桑的形象相近，而与玉米攀不上。如果说中国是世界上最早种植玉米的国家之一，而慧深来时谈到这种植物，人们竟然茫无所知，那未免也太荒唐了。

最近又有人提出一种新说，把扶桑木解释为棉花。[①] 据说，棉花大体符合扶桑木的三个基本特征：(1)叶似桐；(2)实如梨；(3)可为布为衣。仔细审视，就会发现棉花说与玉米说同样偏颇。玉米说主要抓住扶桑"初生如笋"和"国人食之"的特征，置其余特征于不顾。棉花说则主要突出扶桑的叶状及其织布为衣的功能，而置其他的特征，特别是作为食物的特征于不顾。仅就织布而言，也难以自圆其说。《梁书》写明是"绩其皮为布以为衣，亦以为绵"，"以扶桑皮为纸"，讲的都是这种植物树皮的功能，与棉花显然对不上号。可见，棉花说较玉米说还略逊一筹。

除了提出扶桑即玉米的新说外，《淡墨》一书还提出了许多新论点。这些新论点与《慧深年谱》颇有异曲同工之处。《年谱》千方百计要把传说中的慧深在中国变成真人真事，《淡墨》则进一步把他树立成为墨西哥印第安人的真神——圭查尔柯脱尔（Quetzal-

① 景振国：《扶桑新释》，《拉丁美洲丛刊》1981年第4期。

coatl)。她所采用的手法,如作者所说,是“随意挑选出三个词”[①]:慧深(Hwui Shan)、比丘(Pi-k′iu)和释迦(Saka),然后在美国西部和墨西哥的地图上寻找出带有与这三个词音相近的词头词尾的地名,如 Huepac、Huilacatan、Picacho、Zacatecas、Zacapoaxlta……,解释成为当地为怀念这位中国高僧而命名者,从而把慧深在美洲从墨西哥到美国加利福尼亚、亚利桑那等处“漫游”的行踪在地图上连成一条线。作者充分发挥自己的想象力,赞扬慧深把一个国家的信仰都改变过来,凭这点就应“跻身于世界上伟大的宗教大师之列”,“其教导在 1500 年后仍在心地善良的墨西哥人民中留下印记”。[②] 从这些叙述中不难看出,作者完全沉浸在自己编造出来的扶桑国的西洋迷宫之中。事实上,再没有比用佛教这个论据更便于否定扶桑即墨西哥说了。因为佛教与古代墨西哥印第安人信仰的原始宗教和巫术,是两种完全不同的宗教体系。印第安人的宗教在整个古代印第安文明中都处于支配地位,在古代墨西哥生活中打下深刻烙印。慧深在美洲的传教活动既然在地名上都留下了深远的纪念,难道在其他方面仅仅留下什么莲花装饰花纹或所谓象鼻形图案吗?难道在宗教建筑物和雕刻都很盛行并有大量遗物保留下来的墨西哥,只剩下几尊很不像样的所谓佛像吗?

一种并无实现可能的航海可能论

近年来在论证扶桑即墨西哥的文章中,有人提出,考证的价值并不在于一时一事,重要的是要遵循历史唯物主义的观点,要相信

---

① Mertz:前引书,第 77 页。

② 同上书,第 82 页。

中国人的智慧和才能。他们说，在哥伦布到达美洲前，中国就发明了指南针，造船和航海技术也很发达，欧洲人能够做到的事中国人也能做到，为什么不可能在公元 5 世纪横渡太平洋到墨西哥呢？根据这种可能性，有人把中国人发现美洲的年代又远推一千年，说什么“扬帆美洲三千年”。①

既然提到历史唯物主义观点，就有必要来认真探讨这个问题。

首先，从世界科学技术史的角度来看，在哥伦布之前，中国的造船和航海技术的确高于同时代的西方国家。② 但是，这一事实并不能证明扶桑即墨西哥；相反，倒是说明这种说法很难站住脚。

现在我们姑且假定扶桑确是墨西哥。据《梁书》所记，公元 5 世纪前后中国和亚洲与墨西哥之间远洋联系至少有三次：(1)宋大明二年(458 年)，“罽宾国尝有比丘五人游行至其国”(着重点是引者所加)。(2)齐永元元年(499 年)，“其国有沙门慧深来至荆州”。(3)梁普通中(520—526 年)，“有道人自彼而至”。如再加上慧深所言天监六年(507 年)有晋安人渡海漂到女国(“扶桑东千余里”)的故事，则 5 世纪中到 6 世纪初从中国前往美洲的航行确切可考者有四次之多，而且其中至少慧深本人的一次和晋安人漂海到女国的一次应是往返双程航行。此其一。据慧深所言，从远在克什米尔的比丘五人前入美洲是一路悠游而至。可见当时这一旅程畅通无阻，此其二。凭这两点就为当时中国与美洲间的航行定了性：它们不属于偶然的漂洋过海(晋安人的一次除外)。但这样的远洋航行，在当时的航海技术条件下，是根本不可能的。李约瑟曾一针

① 房仲甫：《扬帆美洲三千年——殷人跨越太平洋初探》，《人民日报》1981 年 12 月 5 日。

② 参见李约瑟：前引书，第 4 卷，第 3 分册(*Physics and Physical Technology*, Part Ⅲ, 29, Nautical Technology, 1971)。

见血地指出:“对实际技术及其发展的无知,再一次证明文人描述性历史(指扶桑故事。——引者)的致命要害。”①

在古代航海术还很幼稚的条件下,海上航行基本上是半漂流性的,即航船要借助于自然的海洋流向和风力。我国东海外最近的国家是日本,海程不过五六百海里。由于日本海有向左流动的环流,从朝鲜半岛东南端航行到日本列岛,在古代也不困难,但只能是单向航行,逆流而行则不大可能。② 中国文化在远古时代即已传播到日本,但秦始皇倾国家之财力派人下海探求海外蓬莱都告失败,看来都是和日本海的环流分不开的。一直到隋唐时代,中日海上往来也以沿辽东半岛和朝鲜半岛横渡朝鲜海峡的北路较为安全,而从长江口横渡东海的南线则风险极大,因风浪沉船或漂流不知所终的事件不可胜数。③

5 世纪时,法显从印度经海路回国,船在南海遇风漂流了很长时间才到达广州。《佛国记》对当时海上航行之苦有生动记叙:“大海弥漫无边,不识东西,惟望日月星宿而进。若阴雨时,为逐风去亦无准。但见大浪相搏,晃然火色……”④8 世纪时鉴真东渡日本,五次受挫,一再陷入九死一生境地。至于太平洋上的远洋航行,更是主要借助于洋流和风力。西班牙在 16 世纪初即已实现从美洲横渡太平洋到达摩鹿加岛的探险,当远征舰队奉命返航时,却始终找不到从亚洲返回美洲的航线,一直到 1565 年新的舰队沿日本海北航,风势和洋流才把船只带到加利福尼亚海岸。水手们在航程中被坏血病严重侵染,到达墨西哥阿卡普尔科港时,几乎没有一人

---

① 参见李约瑟:前引书,第 4 卷,第 3 分册,第 547 页。

② 木宫泰彦:《中日文化交流史》,胡锡年译,商务印书馆,1980 年,第 2—3 页。

③ 同上书,第 91—94 页。

④ 法显:《佛国记》,《说郛》卷六六。

能站起来。[1] 航行之所以成功,奥秘就在于太平洋北部沿日本东侧的暖流"黑潮"(Kuroshio Current)加上西风,把船只送到北美沿岸,由北而南的洪堡特洋流(Humboldt Current)再把船带至墨西哥和秘鲁。同样,当时船只之所以能从美洲驶往亚洲,主要是借助南太平洋上的赤道洋流和南风与东风。[2] 挪威学者海尔达尔(Thor Heyerdahl)等人在太平洋上的漂流模拟航行,也再次证实了这一点。[3] 据此,从航海的科学原理来推测,在5世纪时中国船只出海迷航,被大风或黑潮带走,漂流到北美洲沿岸的可能性,是不能排除的,但这些船极少可能再漂流回来;双向旅行是很难想象的。

如果对于航海可能性的探讨仅仅限于问题的技术方面,也还是从单纯技术观点看问题。历史唯物主义要求把讨论的问题提到当时的具体社会经济和政治条件下进行全面考察。如果是这样来考察,我们认为,不但中国人在5世纪时发现美洲不可能,就是在哥伦布时代发现美洲也极少有可能性。有人认为历史上可能有哥伦布式的发现,也可能有"慧深式的发现",并举出北欧人在公元10世纪前后发现美洲一事为例。[4] 但这一说法也是经不起推敲的。

历史上任何形式的远洋航行都需要巨大的财力、物力、人力、

---

① 舒尔茨:《马尼拉大商帆》(William L. Schurz, *The Manila Galleon*, New York: E. P. Dutton Co., 1959),第19—26页。沃谢斯特:《拉丁美洲的成长和文化》(D. F. Worcester, *The Growth and Culture of Latin America*, 1956)。

② 参见 *The University Atlas* (1940, London)第11页所绘世界洋流图;或 Географический Атлас(1950, Москва)第13页太平洋洋流图。

③ 参见海尔达尔:《孤筏重洋》,湖南人民出版社,1981年;《太阳号草船远征记》,地质出版社,1982年。

④ 李春辉:《拉丁美洲史稿》上册,商务印书馆,1983年,第322页。

技术诸方面条件的长期准备。哥伦布之所以能实现其远洋冒险的计划,麦哲伦之所以能绕道非洲发现通往亚洲的新航路,明朝郑和之所以能率领舰队远征印度洋抵达非洲海岸,如此等等,都不是历史的偶然。关于哥伦布发现美洲的历史条件,已有大量的研究成果,此处不赘。关于曾被人遗忘的北欧人的发现,是否也是像漂洋过海那样偶然发生的呢?完全不是。北欧斯堪的纳维亚半岛与冰岛、格陵兰岛距离较近,在地理上占有航行到美洲大陆的有利条件。更重要的是活动在斯堪的纳维亚半岛的北欧人(即维京人,Vikings)不仅早就是欧洲杰出的造船和航海的能手,而且是纵横于北欧、波罗的海,以及东至俄罗斯,南至法国和西班牙海岸的海盗、商人和冒险者。这样一个富于冒险精神的航海民族一度发现了从欧洲通过冰岛、格陵兰岛踏上美洲大陆的路线,虽说带有自发性质,但却不是个别人的活动,不是鲁滨逊式的漂流记。所谓"慧深式的发现"与北欧人的这些活动是完全不能同日而语的。尽管单纯从航海技术条件来看,中国在中世纪时超过欧洲,中国人在本国沿海一带的航行和与海外邻国的交往也有很长久的历史,但中国却几乎从来没有发挥自己的海上优势,更不用说去发展远洋探险活动。阻挠中国发挥自己的航海技术条件的原因不是别的,正是中国特点的封建社会经济制度,牢牢地固着在土地上的小农经济制度,商业活动特别是海外贸易的受限制和被抑制,根深蒂固的安土重迁和儒家孝道思想,长期以来统治阶级的大陆本位政策,等等。中国人守着一个太平洋,望洋兴叹几千年而不去开发和征服它,这一点使西方人惊讶不止①,其原因也就在这里。

如果把封建中国不去做、事实上也很难做、历史上莫须有的事

---

① 李约瑟:前引书,第4卷,第3分册,第551页。

情,强加给几个云游四海的和尚,把他们打扮成伟大的探险家,这岂不是缺乏对历史的严肃态度吗?至于有人把慧深式的发现向上再推溯一千年,提出殷人东渡说,也不是什么创见,还是几十年前的旧话翻新。① 正如张虎生同志的评论文章指出的:"虽启人想象但乖离史实甚远",②就不用作更多的评论了。

一些尚未"水落石出"的"石锚"

近年来,扶桑国猜想又有一个新发展,这是从美国传来加州海岸发现"石锚"的消息引起的。国内外都有人把这些"石锚"即中国的石碇推断为哥伦布以前中国沉船的遗物,声称这是"中国人最先到达美洲的新物证"。③ 我在美国访问时,专门拜访了"石锚"的研究者——加州圣地亚哥大学的莫里亚蒂教授及其助手皮尔逊,他们赠给了我几份有关资料,④我也见到了"石锚"照片。从这些资料得知,加州的"石锚"发现共有两处。一处是,1973 年 11 月,美国地质调查局的一艘打捞船在加利福尼亚南部海岸外巴顿·埃斯卡普门地区(Patton Escarpment)水下 1000—2000 呎深处打捞出一件中间有孔的圆形人工石器,直径 13.5 英寸(34.2 厘米),中央

---

① 陈志良:《中国人最先移殖美洲说》,《说文月刊》1940 年第 1 卷。

② 张虎生:《石锚物证与殷人东渡辨析》,《拉丁美洲丛刊》1982 年第 3 期。

③ 房仲甫:《中国人最先到达美洲的新物证》,《人民日报》1979 年 8 月 19 日。

④ 皮尔逊和莫里亚蒂:《石锚:加州海岸的亚洲沉船》(Larry J. Pierson and James R. Moriarty, "Stone Anchors: Asiatic Shipwrecks off the California Coast", *Quarterly Bulletin of the Anthropological Association of Canada*, Vol. 18, No. 3, 1980)。另见同一作者在 1981 年初提交给同年水下考古学大会的报告:"New Evidence of Asiatic Shipwrecks off the California Coast,"打印稿。Larry J. Pierson, "Pre-Columbian Voyages to the New World", 见 James R. Moriarty ed., *Cabrillo and His Compatrots*, 1977.

的圆孔直径 2.5 英寸(6.2 厘米),圆孔处的厚度为 6.4 英寸(16.2 厘米)。石器表层覆盖有三毫米的锰矿外衣。据有人鉴定,石器属于再结晶的石灰岩(recrystalized dolostone)。另一处是,1975 年初,两位美国潜水员在加州洛杉矶附近帕洛斯·维尔德半岛(Palos Verdes)海外雷洞多海滩(Redondo Beach)附近水下捞出九件人工石器,其中五件被认为是石锚,两件是压舱石,一件是船上吊杆的平衡秤锤,一件看不出是什么东西。这批石器比第一次发现的石器体积大好几倍,表层覆盖有海藻、海绵等水生物和二三毫米厚的钙化海藻等物。据鉴定,属于长石质的砂岩(feldspathic sandstone)。

莫里亚蒂和皮尔逊的看法是,这些石器的石料不是产自加州本地,第一次发现的石器可能是套锚索的秤砣,像是很古老的外国器物,可能来自中国。第二次发现的看来是哥伦布以前时期一艘亚洲大船沉没处,捞出的石器是有孔的大石锚、压舱石、吊杆的平衡秤锤。

如果上述水下考古发现确能证明非美洲产物,作为一般推测,认为是来自太平洋彼岸漂流船只沉海留下的遗物,这种可能性是不能排除的。但如无其他证据,也只能算是推测而已。现在的问题是,据说在石器出水地区发现的这类遗物远不止这些。仅潜水员已发现尚未捞起的就至少有三十多件。至于海水深处还埋藏有多少,分布有多广,更是未知数。在圣塔·巴巴拉(Santa Barbara)海岸外也有人捞起带孔圆形石器。在加州海岸陆上也有出土者。据说在厄瓜多尔海岸也有类似发现。① 数量如此众多,似乎就难以用偶然遇难的沉船遗物来解释。关于这些石器沉水的年代,只

① 见 Larry J. Pierson 和 James R. Moriarty 合写的文章。

报道过第一次发现的“石锚”表面覆盖有三毫米锰矿外衣。按锰积聚率每千年一毫米推断,沉海已两三千年。但锰积聚率的快慢与石器在水下周围的环境有密切关系,这种推断是很不准确的。第二次出水的石器的年代不详,两次发现的东西的年代至今尚难确定。岩质的鉴定看来要容易一些。这些人工石器被认为是石灰岩或长石质的砂岩。它们都是在地球上分布很广的岩石。最近已有人对莫里亚蒂和皮尔逊的论断提出异议。据 1980 年美国加州大学圣塔·巴巴拉分校地质系测定,帕洛斯·维尔德发现的石器是方解石含量很高的页岩。这是“加州南部最常见的岸岩结构之一”。[①] 1980 年,从某些石器上取了五小块岩样标本寄北京大学地质系鉴定。因为岩样太少,又是表层,难以做出确切的科学鉴定。但基本上可以肯定是石灰质岩料,这种岩料分布在包括我国台湾在内的环太平洋带的广大区域,而不在我国大陆,因大陆缺乏海相第三纪灰岩。[②]

从图像上看,这些出水的人工石器都是比较粗糙的人工制品,形状有的像石磨,有的像碌碡,有的像咬缺的“黄瓜”,还有一个像石臼。这些石器中有的体积和重量使人吃惊,有一个石臼约重 500 公斤,一个扁球的石器大约重逾一吨。把这么多石器都解释为沉船遗留下来的石锚、压舱石、引绳石等,恐怕是难以自圆其说的。其中有孔的圆形石磨或石磬,解释为“石锚”,看来还过得去,但是也很难解释为什么要制成环形和在正中穿孔。我国古代的石碇的形状及是否有实物保存下来,因知识浅陋,尚要就教于这方面

① 弗兰克·弗洛斯特:《帕洛斯·维尔德群岛的中国石锚之谜》(Frank J. Frost, “The Palos Verdes Chinese Anchor Mystery”, *Archaeology*, Jan/Feb, 1982)。

② 孙荣圭:《美洲石锚与中国航海》,《地质学史研究会会讯》1982 年第 1 号。

的专家。只是听说最近我国渤海湾的长岛地区水下捞出一块石碇,是秤砣形,长45厘米,直径15厘米,顶上有对穿的孔,重约10公斤,质地是泥质灰岩。这与加州发现的"石锚"形状大不相同。但尽管有此物证,并不能说明中国古时候没有过别的形状的石碇。

弗洛斯特提出一种新的解释,认为这些水下遗物很可能与19世纪华工在加州经营的渔业生产有关,可能是停泊固定船只、控制渔网用的。这个解释也只能视为一种假说。要真正做到水落石出,得出科学的结论,还要做大量的研究工作。①

扶桑国的史料估价和方位探测

不管近年来提出的新论证也好,过去提出的老论证也好,两百

---

① 以上诸节所论,只涉及近年国内报刊常被人提到的一些新论点。关于扶桑国和中国人发现美洲的问题,在台湾、香港以及海外还有种种神奇说法。由于它们在学术界并无重大影响,本文不再一一论列。此处只将所知近年有关这个问题的主要著作列举如下:卫聚贤:《中国古代与美洲交通考》第一、二册,香港说文社1970年初版,该书1975年合成一册在台湾出版,改名《中国人发现美洲初考》。作者自称用了8年时间研究这个问题。书中从殷人逃到美洲开始,到齐桓公去阿拉斯加猎美洲虎豹,孔子"乘桴浮于海"去美洲,李白"东求蓬莱复西归",一直到杨贵妃的"霓裳羽衣舞"是美洲土风舞,等等,都有"考证",笔之所至,有如天马行空。达鉴三:《墨西哥该萨郭等神即中国东晋高僧法显考初稿》,1958年,台北;《法显首先发现美洲考证》,1969年,台北。阜东俊:《扶桑》,所见为复印本,不录出版年月及出版地址,似80年代初出版。卡特(George F. Carter):《扶桑——中国人发现美洲》,美国《海洋》杂志1978年第3期,译文载《历史与文物资料》1980年7月号。作者还有其他论文。Hendon M. Harns, *The Asiatic Fathers of America*。原书英文,自署中文书名《美洲的始祖——亚洲人》,作者何盛顿,台北出版,未注明年月。哈罗德·格拉德温:《来自亚洲的人》(Harold S. Gladwin: *Men Out of Asia*)纽约,1947年。刘敦励从民俗学角度进行的比较研究,论文刊于台北中研院英文版研究所刊,原著尚未见到。《古代中国人与纳华—玛雅族印第安人中的雨神崇拜》("Rain Worship Among the Ancient Chinese and the Nahua-Maya Indians");原文载台北 *Bulletin of the Institute of Ethnology*, *Academia Sinica*, No. 4, 1957。

年来这些论证基本都是围绕《梁书·诸夷传》扶桑国传说这段史料进行的，而这段史料本身有不少可疑或难解之处，研究者却很少注意。在过去的讨论中，我曾经提出过这个问题，本文拟作进一步申述。

扶桑国传说出自《梁书·诸夷传》，列于东夷诸国的最后。在东夷诸国之前的总叙中有一段涉及扶桑国的按语：

扶桑国，在昔未闻也。普通中，有道人称自彼而至，其言元本尤悉，故并录焉。

这段按语非常重要。它说明：(1)扶桑国与我国古籍中有关扶桑的神话传说无关，是一个过去从未听说过的国家；(2)这段史料是根据外国僧道所述，录此存照。在诸夷传所记众多国家中，单单对扶桑国加了一段“在昔未闻”、“故并录焉”的按语，并把扶桑国放在东夷诸国的最后部分，全部是间接引录慧深的谈话。这一写法表明《梁书》作者自己无法断定这一传闻的虚实，才持如此谨慎的态度。

纯粹从史料的角度来看，《梁书》扶桑国是一个难以找到旁证的孤证材料。但这段史料所记的人物、事件、风土人情以及时间、地点都平实近情，没有荒诞的传奇色彩，既不同于《山海经》等古代扶桑传说，也不同于魏晋六朝道家、方士和小说中流传的近期扶桑传说，因此，我们在下面分析这段史料时，尽可能根据正史系统中所能找到的史料来进行比较分析。

地理方位 《梁书·诸夷传》把扶桑国排列在东夷诸国的最后，给人以远在东海之外的印象，但记述中却没有提供有关海上航程的任何信息。这是一个重大的疑点。在海南诸国传和东夷诸国传中，一般都首先注明方位里程，而且说明是海程或陆程。以东夷诸国为例，“自晋过江，泛海东使，有高句骊、百济”；新罗“其地东宾大海”；倭国“从带方至倭，循海水行”，描写很细致；黑齿国、裸国“去倭四千余里，航行可一年一至”。东夷诸国中，唯有文身国、大汉国、扶桑国三国只有里程记载，没有说明与东海有什么联系。正好这三个国家都是不知何所在的国家。再细读慧深关于扶桑国的口述，也找不到扶桑国与海洋有任何联系。慧深在谈到罽宾国有五比丘去扶桑国时，说是“游行至其国”，丝毫也看不出经历千难万险漂洋过海的迹象。

按《梁书·诸夷传》排列次序，东夷诸国是按距离中国的远近排列的，依次为高句骊、百济、新罗、倭(附侏儒国、黑齿国、裸国)、文身国、大汉国、扶桑国(附女国)。按《梁书》所记里程：倭国距带方二千余里，文身国在其东北七千余里，大汉国在文身国东五千余里，扶桑国在大汉国东二万余里。据此推算扶桑国在中国东四万里。《淡墨》特别告诉外国读者，这相当13000英里，扶桑国无疑应在墨西哥。但问题是，既然扶桑国得自传闻，这个排列次序以及里程的推算法是否可靠，是大可怀疑的。

扶桑国的方位是根据大汉国和文身国的方位而来。但这两个国家不见于中国史籍，《梁书》上也未提到它们与中国或其他国家的关系。对大汉国的记载总共只有30个字，且内容空泛。寻找文身国的唯一线索是该国有文身之俗。据《后汉书·东夷列传》，有文身之俗的有马韩、弁辰、倭，特别是倭国“男子皆黥面文身，以其文左右大小别尊卑之差”。① 根据现代民俗学的研究，古代日本列岛特别是北海道、千岛群岛、堪察加以及我国东北的东胡族等，都有这种风俗。《梁书》上的文身国在倭国东北七千余里。倭国大概在北九州(一说在本州)，按此推断，文身国不出日本列岛的范围。希勒格考证为虾夷人，②虽不能确断，但至少没有大方向上的错误。大汉国没有任何线索可查。希勒格认为有两个大汉国，一是

---

① 《后汉书》卷八五，中华书局标点本，第2821页。

② 希勒格：《中国史乘中未详诸国考证》，第43—46页。

《新唐书》卷二一七下斛薛条提到的大汉国,在贝加尔湖地区;一是堪察加,因其地有大河,即大汉(川)之意。① 这两个说法都缺乏佐证。我的看法是,既然大汉国"风俗与文身国同",也很可能有文身之俗,把这个国家的位置限制在东北亚包括日本列岛在内的范围内,估计不会大错。如果文身国和大汉国的方位能大体上确定,那么距离大汉国不太远的扶桑国看来也应该在这个大范围内,而且我认为它似在大陆而不在海上。

对扶桑国地理位置所作的上述推断,马上会遇到人们的责难:与《梁书》记载的方位不符,把东方变成了北方;同时里程的差距也太大。对于这个责难的回答是,不能按现代人的地理观念去阅读中国古代地理文献资料。古代人缺乏准确的地理观念,特别是对域外和海外的国家,材料来源大都是传闻之词,当时人对于数值的处理也是比较粗疏的,因此,记载失实甚至错误在所难免。例如,日本是距离中国不远而且早有交往的国家,《魏志·倭人传》对倭国以及中国去倭国的里程有相当详细的记载。对于这样一个国家到底在日本何处,日本学术界长期争论不休。白鸟库吉早就详细研究过这个问题。例如,从带方郡(临津江口)到狗邪韩国(金海)的海上距离不过二百余里,《魏志》作七千余里,与实际之比差为35∶1;从狗邪韩国到九州末卢国(松浦郡),海上距离是六十余里,《魏志》作三千余里,比差为50∶1;从末卢国到不弥国(太宰府),陆上距离不过30里,《魏志》上写的是700里,比差为23∶1。② 航行日程的记载也相似,动辄是水行数十日,陆行一月,完全难以置信。对于方位的记载,行程以南向为主,那里应是琉球群岛而不是

① 希勒格:《中国史乘中未详诸国考证》,第39、65—66页。

② 汪向荣:《邪马台国》,中国社会科学出版社,1982年,第94—95页。

日本列岛。日本是一个南北长而东西短的国家，但中世纪时中国和朝鲜的记载，长期都写成南北短而东西长。日本学者指出，可能是由于方向错了90度，即以东作南了。[①] 可见，连像日本这样近的国家的记载也如此失实，对于历史上根本无所知的传闻中的国家就更不用说了。《淡墨》一书对于《梁书》和《山海经》的重要误解之一，就是完全用现代人的地理眼光去阅读和测算中国古书，差之毫厘，往往就谬以千里。

明白这一道理，就知道《梁书》上所记扶桑国距离中国二万余里，按同书所记倭国去带方12000余里来测距，也许实际上只有几百里，既然文身国和大汉国在日本列岛或附近不远之处，扶桑国也不会在东北亚很远的地方。

物产和物质生活 《梁书》所记扶桑国的物产和物质生活方面的资料不多，但却很具体：(1)扶桑木，绩其皮为布、衣、绵；(2)有文字，以扶桑皮为纸；(3)作板屋，无城廓；(4)有马车、牛车、鹿车；(5)养鹿，以乳为酪；(6)有桑梨，经年不坏，多蒲桃；(7)无铁，有铜，不贵金银；(8)市无租估。以上八项中的第二、三、四、五项，有力地否定了扶桑国是古代墨西哥的说法。在古代墨西哥，除玛雅文化以外，都不知使用文字，或只有很原始的图画文字，当然也就谈不上纸张(玛雅人以榕树皮、无花果树皮作为书写材料)。古代中美洲印第安人住的是土坯草顶房屋，根本没有什么板屋，这是考古发掘已经证明的。[②] 整个美洲大陆在哥伦布以前时代都没有发明过或使用过车轮，也没有牛和马，即使有一种驯鹿，古代印第安人也

① 汪向荣：前引书，第203—204页。

② 哈谟德：《古代的玛雅》(Norman Hammod, *The Earliest Maya*, *Pre-Columbian Archaeology*, San Francisco, 1980)，第119—120页。

不知饲养这种动物。以上诸点都是古代西半球物质文化的重要特征，早已是学术界的定论，此处无须赘述。第七、八项，似乎表明扶桑国已有青铜，但尚未进入铁器时代。但如果说交换也非常不发达，甚至没有市场和商业活动，则显然与扶桑国在政治社会生活方面达到的水平非常不相称。这又是史料记述的一个可疑之点。

上述诸项中有关扶桑木、扶桑布、扶桑纸、板屋、多蒲桃等项，稍加推敲，不但都带有亚洲的特征，而且与西域文化传播似有不少瓜葛可寻。首先谈扶桑木，从前面讨论时提到它的五大特征来看，我认为在各种植物中以桑树或桑科植物最为接近。桑叶是卵状心脏形，与桐叶相似；桑实是卵圆形如梨，可以食；桑树皮是我国古代造纸的重要原料，故称桑皮纸；唯一的问题是桑树皮似不能绩布为衣，但桑叶饲蚕，故蚕织业有桑麻之称。在六朝时流传的扶桑神话，很多都与桑树有关。[①] 因此，我认为似乎可以把桑树或桑科植物如椿树列为探索扶桑木的第一号对象。再从布帛和纸的线索加以追究，可以找到梧桐树。我国古代没有棉花和棉布，最早的布帛称桐华布(见《后汉书·西南夷传》和《华阳国志》记永昌郡之产物)。研究者认为桐华布的原料是梧桐或橦。梧桐的叶状与扶桑完全相似，其种子炒熟可食，亦可榨油；树皮纤维可织布造纸，与扶桑木特征基本符合，似可列为探索扶桑木的第二号对象。还可以找到木棉。我国古代的另一种布帛名白叠、都布、古贝布等，来自西南，研究者认为其原料是木棉树。木棉叶长椭圆形，据李时珍《本草纲目》的说法，可以"纺如丝棉，染为斑布"[②]，似可列为第三

---

① 参见东方朔《海内十州记》和《神异经》、葛洪《枕中记》、王嘉《拾遗记》、张说《梁四公记》等记载。

② 参见日本学者藤田丰八：《古代华人关于棉花棉布之知识》，见《中国南海古代交通参考》，商务印书馆，1936年。

号对象。[①] 还有一点值得注意的是,棉布和纸是中国与西域之间文化交流的重要项目。纸是通过西域传往欧洲的。棉花、棉布也是通过西域传到中国来的,时间大体上正好在六朝时代。《梁书·诸夷传》首次提到林邑国出产吉贝树,可织成白布和斑布;又说西域高昌国产一种名叫白叠子的植物,“国人多取织以为布”。唐代玄应著《一切经音义》卷一注《大方等大集经》提到“高昌名㲲”“劫贝”,特注明产于“罽宾以南,大者成树”[②]。这本经书的译者昙无谶,正是罽宾国人,因而将西域植物的知识带到了中国。以上几种海南和西域的植物是否与扶桑木的传说有直接联系,因史料不足,不敢肯定,但似乎很难否定当时流传的这些异域植物传说不是透露了在六朝时中国与西域之间文化交流的重要信息。扶桑国还出产桑梨和蒲桃两种水果。桑梨不知确指何物,但蒲桃即葡萄是确定无疑的。据说在中国、日本、朝鲜有一种野生葡萄,但家养的葡萄是从西域输入的。《史记》提到汉使自大宛取蒲桃,《汉书》提到罽宾以葡萄而闻名。[③]《魏书》上说葡萄产于印度南部。[④] 甚至连《梁四公记》中那位讲说扶桑国故事的杰公也大讲高昌献葡萄干冻酒的故事。[⑤] 以上所述种种,都给我们提供了来自扶桑国的僧道与西域之间的联系的线索。如果抛开这些显而易见的线索不去进行深入探索,偏偏要到美洲去寻找耸人听闻的大发现,岂不是缘木

① 据晋人稽含《南方草木状》(近人研究,此书系宋人所撰):“箪竹叶疏而大,一节相去五六尺出,九真彼人取嫩者碓浸纺绩为布,谓之竹疏布。”(见《汉魏丛书》第7册,藤育文书局印本)说明竹子也有可绩为布的说法,竹初生是笋,可食。这与扶桑的某些特征相似,录此仅供参考。

② 藤田丰八:前引书,第456页。

③ 《史记》卷一二三,《汉书》卷九六。

④ 《魏书》卷一〇二。

⑤ 张说:《梁四公记》。见《太平广记》卷八一。

求鱼吗?

政治、社会生活与佛教 根据《梁书》所提供的史料分析,扶桑国在政治和社会组织、习俗、宗教等方面几乎丝毫没有什么异国情调的色彩,而与中国在许多方面惊人相似。这种写法在《梁书·诸夷传》以及其他史书所述外国列传中都是很少见的。其中最重要的是扶桑国的佛教传播。整个扶桑国传说是记述沙门慧深的谈话,而谈话中言之确凿的是宋大明二年(458年)罽宾国五比丘游行至其国才播布了佛教。梁普通中(6世纪初)到中国来的也是一位道人。半个多世纪中扶桑国的对外联系都与佛教密切关联。西域僧人去扶桑,扶桑僧人来中国(也可能是路过中国去西域),显然都是为了"流通佛法经像"。可见佛教问题是考证扶桑国的一个关键。如这一判断无误,那么要找寻扶桑国就不能超出在5、6世纪时佛教传播所可能达到的范围。佛教的传播是先东南亚而后东北亚,由近及远。大约在西汉末东汉初即公元1世纪初,佛教经由中亚逐渐传到中国,大约在公元4世纪时,佛教已传到朝鲜半岛;大约在6世纪初,再经中国和朝鲜传入日本。印度和西域僧人大概是到8世纪即奈良朝时代才随中国僧人到日本直接传播佛教文化的。① 罽宾(位于克什米尔)是佛教经由印度通过西域传往中国的必经要道,它本身也是一个著名的佛教国家,西域来中国传教的僧人很多都是罽宾国人。②《梁书》称宋大明二年即公元5世纪中叶罽宾国五比丘直接将佛教传播到扶桑国,这一事实本身就说明扶桑国甚至不会在朝鲜半岛以东很远的地方,罽宾僧人才有可能不经中国而直接游行至其国传

① 木宫泰彦:前引书,第215页。

② 羽溪了谛:《西域之佛教》第7章,"迦湿弥罗之佛教",商务印书馆,1956年。

教，此其一。扶桑国僧人慧深在齐永元元年来到中国发表谈话的地方是荆州（湖北江陵），而荆州这个地方正好是南北朝时从印度、罽宾经西域到凉州、南至巴蜀、东下江陵这条佛教交通干线上的佛教重镇。[①] 如果慧深是远从东海之外来到中国，不可能一直要到荆州才发表如此重要的谈话，此其二。隋唐以来，中国与日本的政治、文化联系特别是佛教僧徒间的往来日益频繁，可谓盛况空前。如果扶桑国在日本以东海外某处，通过中日交通的加强，必然会传来更多的有关这个国家的信息。奇怪的是，自梁朝普通中有道人自称来自扶桑之后，从此再没有关于扶桑国的消息（日本自唐以后突然被称为扶桑），此其三。根据以上三点，我认为从佛教传播的角度来探索扶桑国，把这个国家的方位推测在东北亚恐怕都太远了。

总之，根据《梁书》所记的史料仔细分析，我们认为扶桑国的记载的疑点甚多。这段史料本身足以否定扶桑即墨西哥的假说，但不足以确证扶桑国的具体所在。在这段记载中，从有关地理方位、无铁、不贵金银、鹿车、养鹿、扶桑木等各点看来，基本上属于东亚或东北亚国家的特征。但从有关蒲桃、板屋、扶桑皮纸、佛教、罽宾僧人、“来至荆州”等各点看来，又多属西域或我国西北地区的特征。这两种具有不同区域特征的文化特征混在一起，透露出扶桑国传说的复杂背景。既然这个国家远离中国，为什么偏偏与中国古籍传说中的扶桑同名？为什么这么一个佛教国家在5世纪末昙花一现之后永远消失于中国史籍？凡此种种，都难以解释。以此，根据现有资料，对扶桑国的猜想只能作出两种推论：(1)根本没有这个国家，扶桑国传说不过是西域游僧编造出来的海外奇

① 汤用彤：《汉魏两晋南北朝佛教史》，中华书局，1963年，第376—377页。

闻；(2)确有其地，其地应在中国之东，即东北亚某地离倭国不太远之处。如果是这样，《梁书》保存下来的这段史料中必有不少错漏失实之处。

研究美洲文化起源涉及的一个理论问题

在世界史领域内，像美洲发现之谜这样具有世界性的兴趣的问题并引人入迷者，似乎不很多。这一点很值得研究。对人类如何认识自己的历史的历史进行唯物主义的分析，对于如何正确研究历史是会有益处的。

自哥伦布发现美洲以后，旧大陆的人们(当时主要是欧洲人)突然接触了一个过去一无所知的新世界，发现了闪耀异彩的印第安古文明，为之惊讶不止。印第安文明的许多特征都不同于旧大陆文明，但又有不少相似之处。于是人们产生了一个问题：与旧大陆隔绝的印第安人是从哪里来的？他们的文明是从哪里来的？这个不可穷尽的问题从此折磨着世界上许多学人。美国著名史家普列斯科特在他的脍炙人口的《墨西哥征服史》写完之后，特别外加一附录："墨西哥文明的起源"，指出这是一个"斯芬克司之谜"。①几百年来世界许多国家都有人猜这个谜，谜底五花八门。对印第安人的起源的说法有：以色列的"失亡的十族"、《圣经》里亚当的子孙、北欧人、古埃及人、叙利亚人、腓尼基人、斯基泰人、澳洲人、马达加斯加人、匈奴人、中国人、印度人、鞑靼人等等，一直到已沉落到大西洋中去的传说的大陆"阿特兰蒂斯"(Atlantis)，无奇不

---

① 普列斯科特：《墨西哥征服史》(William H. Prescott, *The Conquest of Mexico*, Vol. 2, Oxford University Press, 1915, pp. 344—364)。

有。甚至奇到说旧大陆的人类都起源于美洲。后来从这个问题又引出谁最先发现美洲的问题。可以毫不夸张地说,几乎全世界都在争夺美洲的发现权。这一争夺至今仍在继续。最近为筹备纪念哥伦布发现美洲500周年,又将这个争论带到了联合国讲坛。①

对这些奇谈怪论只是嗤之以鼻是不行的,应该进行历史的分析。这里有主客观两方面原因。客观原因是,古代美洲印第安人除玛雅人以外,几乎都没有文字,就是玛雅的古文献也被早期殖民者毁灭殆尽,许多历史古迹被湮没在热带雨林和高山深谷之中,无人知晓。主观原因是,早期研究者都对原始社会史无知,神学和形而上学的思想方法统治学术研究,因而人们的研究不能不陷入各种主观臆测。根据美洲考古学史的分期,从1492年到19世纪40年代,被称为考古学上的"猜测时期"。② 有关美洲文明的起源的种种臆说,包括德·吉涅提出的扶桑即墨西哥说,大多是这个时期提出的。这些观点的提出,还掺杂着宗教的(圣经创世纪的学说)、种族的(白人优越论)、民族的(民族主义情绪)、心理的(猎奇和神秘主义)因素,因而曾吸引过好奇的人们。有些人不惜花大量资财和时间,穷年累月思索这个问题,达到着迷发狂的程度。例如,英国的金斯巴罗子爵(E. Kingsborough)为证明印第安人是以色列人的后裔,耗尽了自己的全部资财。法国著名学者布拉瑟尔·德布尔堡(Brasseur de Bourbourg,1814—1874)是研究古代美洲印第安人和墨西哥史的公认权威,他后来钻进牛角尖愈来愈深,提出

① 《谁发现了美洲大陆?》,《人民日报》1982年12月2日。

② 哥尔东·韦勒等:《美洲考古学史》(Gordon R. Willey and J. A. Sabloff, *A History of American Archaeology*, San Francisco, 1974),第17页。

了欧洲和亚洲文明都发源于大西洋中“消失的阿特兰蒂斯”的离奇古怪的想法,达到走邪入魔的程度。由于在研究上走入邪路,他们对解答这个世界之谜上所作的努力可以说完全是徒劳无益。19世纪美国著名历史学家乔治·班克罗夫特(George Bancroft)对布拉瑟尔晚年的研究评论道:

> 在这里,我不想进入布拉瑟尔论点的迷宫之中,因为一旦走入迷津,就很难逃出来。他的《四封信》(晚年研究美洲文明起源的著作。——引者)是一堆混乱的事实和离奇的推想,连最热忱的古董家对此也会黯然失色。那些材料完全不是有条理地排列在一起的;读者不断受到漫无边际的东拉西扯的搅扰——可以说文理不通,他想搞个水落石出的愿望受到这些东拉西扯的折磨,结果只能发现自己愈搞愈糟;为了找到神话上的论证,他把腓尼基、埃及、印度斯坦、希腊和罗马的万神殿刨根追底到最昏暗的深处……①

这些切中要害的话写得何等的好啊!至今读起来仍富有教益。班克罗夫特所说的这种不良的气息,遗憾的是,在今天西方的某些著作中仍在散发,这就发人深省了。

从19世纪中叶以来,美洲的考古发掘始在玛雅遗址等处展开。当时还没有地层学知识,应用机械论的观点和不科学的古器物排队法是不可避免的。达尔文进化论的建立,对历史研究是巨大的推动,最早的美洲人类是经白令海峡从亚洲移殖到美洲的观点渐为学术界所接受。到20世纪,1927年新墨西哥州佛尔索姆

① 罗伯特·沃柯普:《失踪的部族和沉没的大陆,美洲印第安人研究的荒诞说法与方法论》(Robert Wauchope, *Lost Tribes and Sunken Continents, Myth and Methodin the Study of American Indians*, Chicago, 1962),第126页。

(Folsom)遗址的发现,把人类最早进入美洲的时间从原先估计的公元前4000年上推到公元前10000年至15000年前,基本上解决了美洲印第安人的起源问题。近几十年来,对美洲古文化遗址的大量发掘不仅建立起系统的分期,而且对前古典文化以前的文化演进也找到了线索。60年代中期美国学者麦克奈锡(Richard S. MacNeish)领导的考古队从墨西哥特瓦坎遗址中保存的玉米种找到玉米驯化的演进线索,把史前文化的考古系列又上推了很长时间。[①] 由于对秘鲁高原发现的石器的年代测定约在公元前22000年左右,人类移殖到美洲的时间又被上推到四万年前或更早。[②] 总之,由于一个世纪来考古学的长足进步,玛雅碑铭文字的释读,人类学、社会学、民族学等综合研究移到现代科学的基础上来。但迄今为止,美洲学仍是一门年轻的学科,许多历史之谜至今仍不能做出科学的解释,研究的理论和方法上也还存在不少问题,应该加以批判的继承。

例如,所谓谁最先发现美洲的问题,今天看来不但已变得有点烦琐哲学的气味,而且提法本身就纯粹是欧洲中心论的产物。从印安第人的角度来看,不但难以思议,而且几近荒唐。要说谁最先发现美洲,当然是最先拓殖这个新大陆的印第安人的祖先。其次是从相反方向进入美洲的北欧人和爱尔兰人。最后的发现者是哥伦布。在这些发现中,哥伦布的"再发现"在地理发现史上具有革命意义是无可争议的。关于其他偶然从太平洋或大西洋上漂流过去的人,谈不上是真正的发现者。对那些偶然到过美洲的海外来

① 麦克奈锡:《新大陆文明的起源》(Richard S. MacNeish, *The Origins of New World Civilization*, *Pre-Columbian Archaeology*, 1980),第97—105页。

② 麦克奈锡:《安第斯山的古代人类》(Richard S. MacNeish, *Early Man in the Andes*, *Pre-Columbian Archaeology*, 1980),第159—169页。

客,当然可以进行研究。[①] 这种研究对于探索古代远洋航行的条件等等,可能有较大的意义,别的意义现在还很难确定。

谈到文化传播,这里涉及一个重要的理论问题。很长时期以来,西方学者坚持一种僵化的形而上学的文化传播观点,认为世界古文明的起源和重大发明只能出自一个中心,其他文明都由中心传播而来。埃及和美索不达米亚的历史最古老,就变成了古代世界文明的唯一发祥地。甚至像中国这样远离埃及和美索不达米亚而又有极大独特性的东亚古文明,也被认为来源于西亚北非。早期传教士只知道中国文字是象形文字,猜想中国人是古代埃及的移民,首先提出扶桑即墨西哥的德·吉涅也是中国文化发源于埃及说的首创者之一。[②] 这种捕风捉影的猜想,在 16 世纪东西方接触之后,充斥于西方作者关于东方和其他落后民族的著作之中。

关于旧大陆各大古文明中心的独立发展与相互影响的关系,各种文化发展的内因与外因的关系,是一个异常复杂的问题。可以肯定,愈是远古,文明发展的相对独立性愈大。文化传播只能在邻近地区之间进行,形成区域性的文明中心及其影响区。距离较远地区之间的文化传播一般是间接、多层次、长期缓慢的渗透。例如,关于纸的传播,根据确切可信的研究,公元 5 世纪从中国传出,

---

① 近年来这方面的著作还有:伊万·塞尔蒂马:《他们在哥伦布之前到来》(Ivan van Sertima, *They Came Before Columbus*, New York, 1976);贝蒂·梅吉斯:《公元前 3000 年横越太平洋的联系》(Betty J. Meggers, "A Transpacific Contact in 3000 B. C.", *Scientific American*, 1966, I),研究厄瓜多尔海岸出土的公元前 3000 年的日本式陶器问题。杰拉兹波伊:《美洲的古埃及人和古中国人》(R. A. Jairazbhoy, *Ancient Egyptians and Chinese in America*, London, 1974),探索古代埃及和中国与美洲的联系。

② 参见 H. Cordier:《西人论中国书目》(*Bibliotheca Sinica*),北平文殿阁书店 1928 年版,第 1 卷,第 571 页;第 5 卷,第 2653—2658 页。

到公元13世纪才传入欧洲。[①] 很多东西是独立发展或在隐约启发下独立发展的。李约瑟在《中国科学技术史》第一卷总论中对这个问题有相当精辟的分析。他指出，在互相隔绝的各种文化中有不少并行的、相似的发展，特别是在较早阶段。思想、发明、技术或机械愈是简单，它在世界各地独创的可能性就愈大，并用生物进化的趋同作用来解释这种对环境的相似反应。这是一种唯物主义的解释。如果把不同的古代文明之中出现的某些相似都解释为外来传播影响，看来似乎是一种省力的办法，但最后很可能将会使研究者自己处于尴尬的境地。至今我们对于埃及和美索不达米亚的古代文明中的许多问题仍有不少不解之谜，又找不到更古老的传播中心，岂不是只好发挥充分的想象力、求之天外来客吗？对于现今尚不能解释的古代文明中的一些谜该怎么办呢？狄克逊（R. O. Dixon）提出了这样一个原则："在严重缺乏物证时，我们必须不被空洞的一般说法所迷惑，而要求具体的证据。在确有这样的证据之前，我们宁可取各自独立发明的说法。"[②]这种实事求是的科学态度，会使我们免于无谓的纠缠，会真正科学地推进我们的研究工作。

近几十年来，由于考古研究取得成果，现在多数学者大致上同意这一看法，即从人类移居美洲大陆之后，两半球的文化基本上是相互孤立地平行发展的。西半球因与旧大陆长期隔绝，文明的每一进步较之旧大陆要艰巨得多。西半球南北美洲面积广大，而从北到南的距离特别长。美洲印第安人除玛雅人外没有形成文字系统，也没有发明轮子，不知使用驮兽作运输工具，对文化的传播特

① 卡特：《中国印刷术的发明和它的西传》，吴泽炎译，商务印书馆，1962年。

② 引自李约瑟：《中国科学技术史》，第1卷，第2分册，第513页。

别不利。甚至像中美洲的玛雅文化和墨西哥古文化中心，与南美安第斯文化中心，相距不算很远，现已查明的双方之间的文化传播也相当有限。玛雅人的文字系统、二十进位制、历法系统，基本上只限制在相当小的区域之内。可见在新大陆上文化传播要比在旧大陆的条件下困难许多倍。至于与外部世界的联系，在哥伦布以前时期只能是零星的、偶然的。根据现有的研究成果来看，来自亚洲、非洲、欧洲几方面的影响都是存在的。这些影响不仅是偶然的、次要的，而且一般是间接的，即通过很长时期，经过很多中介的过滤逐渐渗透到美洲某个局部地区。同时，还必须考虑到长期孤立发展的水平低的文化对外来的陌生事物具有强烈排斥性的一面。中国汉族文化同四周少数民族文化接触时就发生过所谓"夏变夷"还是"变于夷"的问题。凡此种种，都说明两半球文明相接触时有其独特点和传播方式，不应把旧大陆文化传播方式全部硬套到美洲大陆，甚至去寻找一位"先知"浮海充当文化传播使者去教化那些野蛮人，找不到时甚至去捏造一个。这种研究方法，今天已经过时了。

在古代美洲文明中，的确可以找出与亚洲文明有某些相似和巧合的东西。① 但必须看到有更多得多的不同的东西，这些不同带有本质性，是旧大陆文明所根本没有的。因此，全面地看问题，古代美洲文明只能是土生土长的印第安人长期辛勤劳动的独立创造物，绝不可能是外来的。对某些相似与巧合的东西也要研究，具体地分析哪些是不谋而合的创造，哪些是间接渗透的影响，哪些是直接接触的产物，绝不能本末颠倒、主次颠倒。今天的传播学派较

---

① 科瓦努维亚斯：《鹰、美洲虎、蛇：美洲印第安艺术》(Miguel Covarrubias, *The Eagle, the Jaguar, and the Serpent: Indian Art of the Americas*, Vol. 1, 1954)。

之过去的传播论者虽有较大的进步，但有些人仍然是孤立地、片面地热衷于搞一件件器物对比，而忽视整个文化形态的综合研究，这样恐怕是难于取得重大成果的。但我们也不赞成绝对孤立学派的观点，根本否认外来的任何影响，搞学术上的"门罗主义"。

既然最古的美洲居民是通过白令海峡从亚洲过去的，就很难不把东亚的某些文化特征带到美洲。既然太平洋上偶然性的漂洋过海的可能性是存在的，那么漂到美洲海岸的亚洲人起了某种文化的传播作用的可能性也是存在的。因此，提出这样的假说进行学术研究，只要采取正确的方法，抱定实事求是的态度，即令一时不能解决古代美洲文明之谜，至少对于弄清太平洋区域的文化传播和海上交通史也是大有益处的。

最后还想说一点。加强对于文化传播的历史研究对增进各族人民间的友好和文化交流是有好处的。但这种文化传播是在各种不同条件下进行的，研究时应进行具体分析。没有必要把一切活动都扯到人民友好的文化交流上来。只有坚持历史唯物主义的科学态度，才有助于探索文化传播的历史规律。

1983 年 8 月修订稿

［本文原载《历史研究》1983 年第 2 期。《新华文摘》1983 年第 7 期转载。又载中国拉丁美洲史研究会编《拉丁美洲史论文集》（三联书店 1985 年版）、北京大学社会科学处编《北京大学哲学社会科学优秀论文选》第 2 册（北京大学出版社 1988 年版）。本书据罗荣渠著《中国人发现美洲之谜》（重庆出版社 1988 年版）所收作者的修订稿而收入。该文曾获《历史研究》首届优秀论文奖］

附：

考古学家夏鼐与罗荣渠论学的通信*

一

荣渠同志：

顷在《历史研究》二期上获读大作《扶桑国猜想与美洲的发现》一文，结论是“扶桑国的记载的疑点甚多。这段史料本身足以否定扶桑国即墨西哥的假设，但不足以确证扶桑国的具体所在”。所论极是。我对这问题也很感兴趣。去年《中国建设》杂志社要组织一篇关于这问题的文章，我便推荐你在《北大学报》1964年第4期上的大作，并认为这篇文中的立论是谨严的、正确的，并请他们直接找你写一篇。这事你大概是知道的。

但是你这次大作中无端添上了“对于扶桑国的方位探测”一节，说什么“扶桑国猜想在印度以东通往中国的某处地方(《历史研究》第56页)，还自以为“也能言之成理”，未免使人失望。这是画蛇添足，多此一举，反而降低了全篇的科学性。古代记载地理方国位，其中里程远近常有误记，夸大或(后世)误抄之处，但是方位不会大错的(一般不会错达90度以上)。《梁书》中的“扶桑国”也许

---

* 收在这里的是已故著名考古学家夏鼐同志与作者讨论中国人发现美洲问题的通信，供研究者参考。

是慧深捏造出来的，不过，如果它确存在，记载有夸张而不完全失实，则一个当时人都理解为“东夷”之一的“扶桑国”（慧深说它在倭国东北的文身国之东大汉国的东边），是不能把它解释成在中国的西边或西北边的“由印度通往中国的某处地方”。所以《山海经》中将印度误作为中国东北之一国，这是郭璞（大作误作郭瑛，由于误排）作注时望文生义，只顾到对音而不顾方位，以致造成荒唐的错误。《山海经》原书中的“天毒”（像朝鲜一样），当是中国东北的另一国，并不是在中国西南的天竺或身毒（印度）。所引《梁书》“游行至其国”一语，说什么“哪有海外之国可游行而至之理”（51页）。古人所说“游行”，只是“旅行”之意，并不一定带有“步行”或“游泳”之意。康有为游行十几国，也多在海外。今日的旅游局或旅行社，也都办理游行海外的事。扶桑国虽有可能在东北亚的大陆上，但是据说慧深来华的旅程似乎是由扶桑国而大汉国而文身国而倭国，最后才达中国。这只能理解为渡海而来。我希望你试作为一个批评者，将这“方位探测”的一节重读过一遍，还可以找出许多漏洞。如果将来你这篇大作收入某种论文集中时，最好把这一节“方位探测”的论证完全删去。我的话或许太直爽了。君子爱人以德。我做过推荐你的人，不得不写这长信给你。你不会生气吧！此外，47页上的海尔达尔是挪威学者，不是“瑞典学者”。49页中说石锚的石头还没有进行过碳十四的测定。这是外行语。一般石头不含“有机碳”，是无法进行碳十四的年代测定的。这两点也希望将来加以改正。

此致

敬礼

夏 鼐

1983年5月31日

二

荣渠同志:

6月3日来信已收到了。

我知道您也会承认关于扶桑国的方位问题,您的推论,是很勉强的,很不严谨。在您这篇立论严谨的大作中,忽然添入这一节,在我看来是未免"白圭之玷"。读来信后,知道您仍未肯割爱,那也只好由您自己决定。

我记得从前顾颉刚先生否定唐尧虞舜和夏禹的传说的可靠性和历史性,震动中国史学界,得到了很高的评价。但是他后来提出了大禹是一条虫的创见,便遭到有识者的批驳。鲁迅先生后来还把他写进《故事新编》中《洪水》(?)一篇中去,加以嘲笑。实则顾先生这个创见,未免"蛇足",多此一举,反而使"古史辨"派遭到很大的打击。对于您的创见,我也有此感。对于"反美洲说"不利。如果有人攻击您这推论的弱点,那便要打防御战,很是被动。如果有些妄人附会您的推论而加以发挥和引申,那更糟了。顾先生自己后来也不再提他的创见了。

我认为扶桑国的方位依现在的资料,只有两种可能性:(1)根本没有这个国家(不相信记载);(2)在中国之东,即东北亚某地,离倭国不太远之处(相信记载,但可能慧深有夸张失实)。我同意您的意见,绝对不可能在美洲,至于推测它不在中国之东(包括东北)而在西域来中国的途中某处,这与现有史料"南辕北辙",似乎不大可能。

今天六届人大已开幕,今后还要开大会小会,预定6月11日才闭幕,会忙无暇多写,余容后叙。

此致

敬礼

夏 鼐

1983 年 6 月 6 日

三

荣渠同志:

6 月 19 日来信及大作打印本,都已收到,谢谢!

您改写的那一段①,我阅后觉得远胜初稿,您能“割爱”,殊为可佩。(板屋、佛教来自荆州,皆可作为日本及其邻地解释,亦无不可。扶桑纸不知为何物,仅蒲桃一项,似西域较出名。)

顷收到云南大学出版的《思想战线》1983 年一期,有《古代中国船只到达美洲的文物证据——石锚及有段石锛》,作者曾有一简文投稿,我审稿认为还是不要发表为好。作者不服,又加以扩充,洋洋万余言,说得越来越玄。不知道你曾见到否?不知您读后感想如何?

我在人大开会结束后,又将于下星期(6 月 27 日)赴西德访问,下月 17 日左右返京。一切容返京后再谈。此复。

顺祝

① 指本书作者接受夏鼐同志的批评意见后重新改写的一段文字。

研安！

夏 鼐

1983 年 6 月 22 日

四

荣渠同志：

11 月 5 日来信已收到。①

关于中国新石器时代的花生问题，江西修水的发掘，见《考古》1962 年 7 期 365 页。浙江钱山漾的，见《考古学报》1960 年 2 期，85、88 页图版柒、2(右)。后来的《考古文物工作三十年》(1979 年)也有叙述，见 217、241 页。

我所安志敏同志，对于我国新石器时代的农业生产，很有兴趣。对于这花生问题，也有他的看法。你可以写信向他请教此事。

至于四川茂汶汉魏板岩石墓的情况，上引的《考古文物工作三十年》中也有叙述，见 352—353 页。但是没有提到玉米棒的发现。听说自 1978 年冬以来，曾有新发掘，但似未发表过。新发掘的资料藏在四川省博物馆，何不去信给四川大学童恩正同志询问一下？(你可以直接写信去，信中可以提到经我介绍去信查询。)我曾在考古所问过几位同志，他们也只在北京晚报上看到。

关于这事，你也可以就近向贵校考古专业(现已独立成系)的开过新石器时代考古学及汉魏时代〔边区〕考古学课程的先生们请教。

---

① 因有人写文章提出我国考古发掘中发现早在新石器时代已有花生遗物出土，特写信向夏鼐同志请教。

此复，顺致

敬礼！

夏 鼐

1983年11月9日

五

荣渠同志：

来信及大作①，均已收到。谢谢！

读大作后，知较前作又有所提高，甚为钦佩！其中尚有几点似可商榷。又打印稿中有错字数处，现在另纸写出，以供修改时参考。

大作不知拟在何处发表？我所《考古》杂志将于5月号出纪念200期的特辑，现将发稿，10月号又将出国庆35周年纪念号，已征集一部分稿件，拟借重大作，以光篇幅，不知能得俞允否？当然我所《考古》发表后，别种刊物或论文集亦可转载，仅需声明原载《考古》某期即可。大作似可加入插图（如中美交通路线示意图、加州沿海近海出土石锚等）。此事只需你指出材料所在的书刊，或另作草图，《考古》编辑室可以代为描绘制版。但是一般需要比文稿早一个多月交印刷厂制版，以便排文字部分时可以插入适当地方。

此事请决定后早日示知，以便通知《考古》编辑室。

此致

① 指《扶桑国猜想与美洲的发现》一文修订后的打印稿，即本书所收的定稿。

敬礼

夏 鼐

1984年1月21日

〔附笺〕

我以为以下各处可以商榷：

(1)5页，6—7行：二、“初生如笋”；三、“实如梨而赤”，“国人食之”，今按《梁书》原文为：“而初生如笋，国人食之，实如梨而赤。”则所食的是笋形物，可能为嫩茎，而非笋壳(箨)。竹箨不可食，扶桑叶如桐叶，如竹箨则亦不可食。至于扶桑实是否可食，文中未提及。如果这样，则5—6页的一段，应照改。“之”字是代名词，只能指前面已出现过的名词，不能指前面尚未出现过的名词。

(2)17页14行，“而且我认为它似在大陆而不在海上”一语，似可删去。因为这里没有说明理由。我是知道你这句话的根据，但是根据很薄弱。

(3)34页9行，说刘敦励的文章“独辟蹊径”。既未见到原著，何以知道这文章“独辟蹊径”。这四字可删。

(4)34页倒2行，注(46)晋人稽含《南方草木状》的“箪竹”条。按这书现在一般认为是宋代所撰的伪书，不能早到晋代。“箪竹”一条抄自古籍。见 *Toung Pao*，64卷(1978年)pp. 216—252，马泰来的辨伪的文章。

(5)37页1—2行，注(65)，按这条注应注明李书系转引 R. D. Dixon，*Building of Culture*，London，1928，p. 223。Dixon的这部书，我在英国时也买到一部。他是李济在哈佛读博士学位时的导师，这部书中讨论文化传播问题，很是中肯，值得细读。

六

荣渠同志:

1月24日来信已收到。

我已将手头的您的大作打印稿交给《考古》编辑室卢兆荫同志,请他设法与您联系。

注⑥0“比较重要的著作”似可删去“比较重要的”五字。这些著作,并不重要。Van Sertima 一书,据 *Antiquity* 的主编说,是一片胡说。(*Antiquity*,No. 220,July,1983,p. 85“编者的话”Editorial,关于批评一些美洲发现史的胡说,pp. 84—85 可以一读。)Meggers 的文章,主要是根据 Ecuador 发现的绳纹陶有点像日本的 Jomen Culture(绳纹文化)的陶片。她倒是严肃的考古学者,曾来过北京找我谈过。最后一本书,我不知道他的论据如何,但是书名便不像一本科学性的书,不知尊意以为如何?

敬礼!

夏 鼐

1984年1月27日

七

荣渠同志:

4月20日来函早已收到。关于大作改稿一事,可以依尊函意见办理。以将来另撰新文为更佳。《历史研究》上发表大作,甚得各方好评,被列为“优秀论文”之一,甚为公允,敬伸贺忱!

我最近收到美国华籍学者 Paul Shao 寄来一本关于美洲与中国上古交通的书,以为殷代亡国后殷人曾连续渡海来美洲。书名为 *The Origin of Ancient American Cultures*。不知已读过否? Shao 当为"邵"姓,但素不相识,虽然他说曾向我请教过。不知台驾在美国讲学时亦曾晤面否? 如果贵校尚无此书,贵校邹衡教授处可能有此书。而吾兄欲先一读请进城有便来取。否则亦可托人奉上。

因为 4 月 23 日由法国巴黎开会归来后,又参加全国文物工作会议。接着赴洛阳视察我所发掘工地。现下又出席六届二次人大会议,以致久稽裁答,甚为抱歉!

连日开会,抽暇作此函,余容后叙。

此致

敬礼

夏 鼐

1984 年 5 月 24 日

[原载罗荣渠著《中国人发现美洲之谜》,重庆出版社 1988 年版,"附录"]

世界之谜：谁在哥伦布之前到达美洲？

自从1492年哥伦布发现美洲以后，长期以来，关于古代美洲印第安人的由来及其古文明的起源问题，一直是一个世界之谜。这个谜吸引着世界各国许多的考古学家、人类学家、历史学家以及热心的业余爱好者。中国人发现美洲说，只不过是试图解开这个谜底的众多答案之一。除此以外，还有许许多多的说法，其中包括一些稀奇古怪的论证。把所有这些说法汇编在一起，可以辑成一部大书。在研究中国人发现美洲这个问题时，了解一下有关美洲发现的其他说法，这对开阔我们的眼界与思路，鉴别我们自身的研究的意义与价值，将会有一定的启发意义。

探索新、旧大陆联系问题的历史回顾

为什么美洲印第安人及其古文明的起源问题在世界史上是一个特别使人感兴趣的问题呢？这是因为美洲大陆被大西洋与太平洋隔开，长期与旧大陆没有联系，在这样一个“与世隔绝”的环境中生长起来的人类及其文明，当其被“发现”时，自然会成为旧大陆的人类感到惶惑不解的“斯芬克司之谜”。在16、17世纪之时，《圣经》的创世说还支配着欧洲人的思想与学术。因此，博学的传教士和神学家们都到《圣经》里去寻找根据，他们认为，新大陆上的居民要么是亚当、夏娃的子孙，是被诺亚方舟时期的大洪水冲到美洲去的,要么就根本不是人。关于印第安人是否属于人类的荒谬的宗教辩论,在教皇保罗三世于1537年发表圣谕宣布印第安人是有理性的人之后,仍然继续了一个时期才平息下来。①

对于美洲印第安人来源的最早的假说,早在16世纪即已提出。一个说法是印第安人是以色列人的“失踪的十族”,证据是北美地区的印第安人的相貌很像犹太人,甚至在宗教与社交方面的习俗都与古代犹太人有相似之处。此说在欧洲流行了几个世纪。一直到19世纪时,一位以金斯巴罗(Kingsborough)子爵著称的英国人还耗费巨大的资财与时间来研究这个问题,出版了《墨西哥的古代文物》一书,达九卷之多。② 另一个流行的假说也是早期西班牙传教士提出的,即认为印第安人来自古希腊柏拉图的对话录中曾讨论过的那个已经消失于大西洋中的大西洋岛(Atlantis,又译阿特兰蒂斯)。由这个假说衍生而来的,是关于太平洋中已经消失的大穆岛(Mu)传说。大穆岛的全名是勒穆里亚(Lemuria),因分布有奇特的狐猿(Lemur)及其他动植物而得名。这一假说一直到20世纪30年代仍有人大力鼓吹,甚至连古希腊、巴比伦、波斯、埃及、印度等文明都被说成是大穆文明的影响。③ 人类的思维插上幻想的翅膀之后能飞得多远,这从对于美洲印第安人之谜的探索中可见一斑。

最早的美洲印第安人来源于亚洲的假说也早在16世纪末即已提出。西班牙神父何塞·德·阿科斯塔(José de Acosta)在

---

① 参见汉克:《亚里士多德与美洲印第安人》(Lewis Hanke, *Aristotle and the American Indians*, 1959)。

② 参见沃柯普:《失踪的部族和沉没的大陆,美洲印第安人研究的荒诞说法与方法论》(Robert Wauchope, *Lost Tribes and Sunken Continents*, 1962)。

③ 同上书,第28—49页。

1590 年出版的著名历史著作《印度诸地自然与道德史》中,推断最早的美洲原著居民可能是从亚洲经过漫长而缓慢的移民来到美洲的。当时有关亚美之间的地理联系几乎还一无所知,能做出如此大胆的设想是非常难得的。到 17 世纪中叶,这一假说引起研究者的重视。印第安人与蒙古种人在体形上的相似第一次被人指出。到 18 世纪中,人们对白令海峡的地形与地图知识都大增以后,最早的美洲居民系跨越白令海峡而来的假说就大致上确认下来了。①

到 19 世纪下半叶,随着美洲考古学、人类学等的建立,关于印第安人的起源的研究才开始脱离猜谜的阶段,辛勤的考古发掘和大量的科学研究使美洲之谜的神秘色彩一层层地被剥掉。从 1927 年以来,在美国新墨西哥州等地发现了一系列美洲早期人类遗址,证明了早在旧石器时代,即至少在公元前 1800 年到 2000 年前,人类已从旧大陆移殖到了美洲大陆。② 最近半个多世纪以来,国际学术界在古代印第安人及其文明方面研究所取得的成果,远远超过以往 4 个世纪的总和。今天,再没有人相信所谓美洲是人类文明的摇篮的神话了。但是,学术界对于人类向美洲大陆移殖的确切时间、移殖的批次与路线等问题,仍然没有解决。特别是在早期移殖结束以后一直到哥伦布发现美洲这一段漫长的时期中,新旧大陆之间是否还保持某些零星的接触,这些接触对于美洲印第安古文明带来什么影响,等等,更是存在着许多待解之谜。

大致说来,对待美洲印第安文明的起源的看法分为两大学派:

---

① 参见韦勒等:《美洲考古学史》(Cordon R. Willey and J. A. Sabloff, *A History of American Archaeology*, 1974),第 25—26 页。

② 参见《泰晤士世界历史地图集》"人类和冰河时代"一节,三联书店,1982 年,第 36、37 页。

一个是土著学派(或名孤立学派),一个是传播学派。前者认为,从白令海峡移殖到美洲之后,印第安文明基本上是在孤立的新环境中独立创造发展起来的。而后者则认为,印第安文明的基本要素来自旧大陆,在哥伦布发现美洲之前,这个大陆与亚洲、欧洲、非洲、澳洲并非处在绝对隔绝的状态,尽管对于新、旧大陆之间的接触与联系的渠道与方式至今仍若明若暗,但各种迹象表明文化传播是肯定无疑的。从1875年以来,在国际美洲学大会几乎每次年会上都为这些问题争论不休。要问两派中究竟哪派占上风,现在还为时过早。或许可以说,在拉丁美洲的学者中,土著派的观点占上风;在美国和欧洲学者中,传播派的观点占上风。1949年,传播派的美洲学研究者举办过一个展览会,题为"越过太平洋:远东古代文明是否对美洲印第安文明有贡献?"由美国自然历史博物馆主办,展出大量材料,主要是通过器物和文化特征对比的方式来说明亚洲—太平洋—美洲之间的文化联系。① 但问题并未解决,争论仍在继续。1962年,墨西哥著名考古学家阿尔丰索·卡索(Alfonso Caso)在《新旧大陆之间的联系》一文中,对传播学派的器物与文化特征对比这种研究方法,从方法论上提出了有力的反驳。②

总之,除了美洲印第安人起源于亚洲作为主流学派已被广泛接受外,有关哥伦布以前时期新旧大陆之间的接触与联系问题,至今仍然众说纷纭。就是在最近几十年中,各种新奇的假说仍不断出现在各国报刊上,其中大部分在严肃的学术界虽然没有多大市

① 科瓦努维亚斯:《鹰、美洲虎、蛇:美洲印第安艺术》(Miguel Covarrubias, *The Eagle, the Jaguar, and the Serpent: Indian Art of the Americas*, Vol. I, 1954), Chap. I.

② Alfonso Caso, "Relaciones Entre el Viejo y el Nuevo Mundo, Una Observacion Metodologica", *Cuadernos Americanos*, XXI, 6, 1962.

场,但在一些喜欢猎奇的读者之中却能轰动一时。不过,也必须指出,有些提倡新假说的人并非为了哗众取宠,而是真心实意地钻入了牛角尖的学者。

扶桑国以外的新猜想

同古代亚洲与美洲之间的联系这一问题有密切联系的,是关于哥伦布以前旧大陆是否有人“发现”过美洲的问题,这是地理发现史上的一个饶有趣味的问题,研究者更是颇不乏人,研究的方法也多种多样。现在,从美洲大陆的东西两个方向,即大西洋岸的非洲与欧洲国家和太平洋岸的亚洲国家以及大洋洲国家,几乎到处都能找到一些哥伦布以前时期有人漂洋过海、到过美洲的蛛丝马迹。这类联系不同于早期人类的移殖,它属于偶然性的历史事件,而且这类事件大多数是尚待证实的假说或传闻,它们的真伪性至今仍引起学术界的激烈争论。因此,即使这些假说确能成立,这些无名的先行者也算不上是无名的哥伦布,他们的难以辨认的踪迹只是暗示有这样一种可能性:自古代亚洲移民移居美洲大陆之后,这个新世界并不是处于绝对孤立发展的状态,在它的独立发展的进程中,仍然受到过来自旧大陆不同方向的偶然性的、辗转而来的、微小的、单向的影响。

我们把中国人发现美洲说称之为“扶桑国猜想”,对丁那些来自世界各地的美洲发现者的故事,也可称之为扶桑国以外的猜想。

一、来自非洲方面的猜想

非洲黑人发现美洲说　1976年,美国拉特格斯大学语言学教授伊万·塞尔蒂马(Ivan Van Sertima)在所著《他们在哥伦布之前到来》[①]一书中，对非洲黑人早在欧洲人之前就到过美洲的假说，收集大量资料进行了比较系统的研究，提出了新的论证。非洲黑人发现美洲说并非塞尔蒂马的首创。早在1922年，美国哈佛大学德籍教授韦勒(Leo Wiener)就在所著《非洲和美洲的发现》中提出非洲黑人发现美洲说，当时未引起学术界注意。此后到1969年，墨西哥美洲大学教授、德籍艺术史家武特劳(Alexander Von Wuthenau)出版《哥伦布以前南美和中美的赤陶艺术》一书，从研究墨西哥公私收藏的古物中发现了哥伦布以前时期美洲印第安人艺术品有大量尼格罗种人头形。塞尔蒂马在这些基础上重新研究了历史文献和文物，再次肯定了这一假说。作者提出的论证材料很多，归纳起来，主要论据如下：

1. 哥伦布第二次从美洲航行归来时，在伊斯班诺拉(Española)岛听到土著人谈到曾与来自南方和东南方的黑人贸易的消息。黑人的货物中有一种金属制的镞头，称为gua-nin，语出西非曼德(Mande)语，ka-ni。哥伦布的兄弟巴尔托洛缪(Bartholomew)也曾在里斯本听到从南非通航入大洋可以到达大陆的传闻。1498年，当哥伦布第三次航行时，就自西南方向，下行赤道以南，到达与几内亚平行的纬度再向西航，探索非洲水手驶向大陆的秘密航线。当他到达南美海岸时，发现当地土著人编织的棉布手帕，与几内亚出售的棉手帕很相似。

2. 据早期西班牙编年史家记载：1513年，巴尔沃亚(Vasco Nunez de Balboa)到达巴拿马地峡太平洋海岸时，沿地峡南行，发现一处印第安人住地有很多非洲人战俘。这是西班牙人在美洲所

---

① Ivan Van Sertima, *They Came Before Columbus*, 1976.

见第一批黑人。① 类似的记载尚多。巴尔沃亚提到过,在16世纪初,有17名黑人因船破登岸,一度控制了厄瓜多尔。早期葡萄牙人的记载中,也有沿冈比亚海岸航行时遇到过黑人的巨型桨船队在大洋中漂流西去的记述。

3.20世纪30年代末,在墨西哥湾拉文达(La Venta)、特累斯·萨波特斯(Tres Zapotes)等地出土的巨石人头雕像,厚嘴唇,下颚突出,大肉鼻,曲发,戴耳环,山羊胡子,与印第安人很不相似,被认为是非洲黑人形貌。武特劳教授认为这类头像在从公元前800年奥尔梅克文化(Olmec Culture)一直到征服时期,均可找到。②

4.从非洲传说中也可找到一些线索。据马里传说,1311年,国王阿布巴卡里二世(Abubakari II)率一支船队从西非帝国西岸起程,进入大洋,除一只船返回外,其他船只杳无音信。此事见于阿拉伯人的记载,其中最著名的是伊本·巴图塔的《亚非游记》。③

5.在印第安人的传说中,蛇与鸟之搏斗以及羽蛇的最早起源都在非洲。据在墨西哥峡谷发现的文献,圭查尔柯脱尔(Quetzalcoatl)神的画像面孔有些呈黑色。塞尔蒂马认为,该神可能就是来自非洲的阿布巴卡里二世。此外,玛雅人的13 ahau katun(历法大周期)表明黄道分为13部分,这与西非曼丁哥(Mandingo,即马里)发现的有13个头的黄道图样相似。中美洲印第安人求雨的仪式、巫术等活动,也与西非有很多相似之处。

6.从考古学与人种学上也可找到证据。1974年,波兰头盖学

① 戈马拉:《墨西哥史》(Lopez de Gomara, *Historia de Mexico*, Anvers)。

② 武特劳:《古代美洲的一些异样面孔》(*Unexpected Faces in Ancient America*, 1975)。

③ Ibn Battuta, *Travels in Asia and Africa*, 1325—1354.

专家魏尔辛斯基博士(Dr. Andrzej Wiercinski)宣称在墨西哥遗址特拉蒂尔柯(Tlatilco)、蒙特·阿尔万(Monte Albán)等处都发现有黑人骨骸痕迹。在特拉蒂尔柯的奥尔梅克人墓葬中,有13.5%的骸骨看来是尼格罗种人。1975年2月,美国史密森学会考古发掘队在美属维尔京群岛发现两具尼格罗人骨骼,地层年代在公元1250年左右,并发现其牙齿也有早期非洲文化中发现的那种切断牙齿的特征。

7. 从大西洋上漂流向美洲的现实可能性,从洋流、风力、人力等方面看,在技术上是不成问题的。1969年,挪威探险家海尔达尔(Thor Heyerdahl)以古埃及王墓壁画上的芦苇船样式,制造了"太阳号"船,从北非摩洛哥的萨菲港出发,横渡大西洋,到达西印度群岛中的巴巴多斯。①

阿拉伯人发现美洲说 阿拉伯人是中世纪在地中海与印度洋上航行的有名的水手,也是三角帆(Lateen)的发明者。哥伦布航行时即利用了这种帆。尽管有关中世纪的大量文献在15世纪后期毁于火灾,但阿拉伯船在10世纪时即已到过阿特兰蒂克群岛(即加纳利群岛)的记载仍保留下来。1929年,在伊斯坦布尔旧皇宫发现著名的土耳其水师提督皮里·瑞斯(Piri Reis)的一张地图。据说该图是根据1513年从被毁的亚历山德里亚图书馆所藏的旧图复制的。该图以开罗为中心作球面投影,对非洲与南美之间的海岸关系,经纬度都绘得相当精确。有人根据这张地图推断在哥伦布之前已有人到过南美。近年在委内瑞拉海岸发现的一批地中海古钱币,其中有两枚是8世纪时的阿拉伯钱币。②

---

① 海尔达尔:《太阳号草船远征记》,孙宗鲁、阿榛译,地质出版社,1982年。

② 参见塞尔蒂马:前引书,第12章。

1961年,美国宾夕法尼亚大学的华裔学者李惠林在《哈佛亚洲研究学报》上发表了《木兰皮:哥伦布以前阿拉伯船只横渡大西洋航行一例》①。该文根据我国宋代人周去非的《岭外代答》(1178年)和赵汝适的《诸蕃志》(1225年)有关"木兰皮国"的记载,为阿拉伯人发现美洲说提出了新证。这两部书中有关海外诸国的记载大都是根据当时来中国的阿拉伯商人或水手的转述。据《岭外代答·木兰皮条》:

> 大食国西有巨海,海之西有国不可胜计。大食巨舰所可至者,木兰皮国耳。盖自大食之陁盘地国发舟,正西涉海一百日而至之。一舟容数千人,舟中有酒食肆机杼之属。言舟之大者,莫木兰皮若也。今人谓木兰舟,得非言其莫大者乎?木兰皮国所产极异,麦粒长二寸,瓜围六尺,米麦窖地数十年不坏。产胡羊,高数十(尺),尾大如扇,春割腹取脂数十斤,再缝而活,不取则羊以肥死。其国相传又陆行二百程,日晷长三吋,秋月西风忽起,人兽速就水饮乃生,稍迟以渴死。(《诸蕃志》所记同此而略详)

过去西方汉学家考证陁盘地是北非的 Damietta 港,木兰皮是北非的 al-Maghreb 与西班牙南部之 al-Marabifān 王朝。李惠林认为陁盘地可能与阿拉伯语 ab-Dār-al-Baydā 或 Jebelel-Tarik 有关,是现在的卡萨布兰卡和直布罗陀。从那里西行百余日,应是美洲。另外从物产上考证,木兰皮产一种麦粒长二寸(《诸蕃志》为长三寸),中国人与阿拉伯人均不认识,推断为玉米。"胡羊"可能是南美安第斯山地区的羊驼或骆马。"巨舰"是当时阿拉伯人的船

① Hui-Lin Li, "Mu-Lan-pi: A Case for Precolumbian Transatlantic Travel by Arab Ships", *Harvard Journal of Asiatic Studies*, 1961, Vol. 23, pp. 114—116.

只，比哥伦布的船大10倍以上，完全可以横渡大西洋。在11世纪至13世纪时，阿拉伯人取得了最大的扩张，征服了从北非直至南亚的广大地区。11世纪阿拉伯地理学家埃德里西(Edrisi)曾指出，10世纪时西班牙—阿拉伯水手曾从里斯本横渡大洋。①

古埃及人发现美洲说　古埃及文明被认为是人类文明发源地的说法，早在17、18世纪时即已提出。美洲印第安文明发源于埃及，自然也不例外。这个说法近年来有人提出新的论证。1974年，英国学者杰拉兹波伊(R. A. Jairazbhoy)在《美洲的古埃及人和古中国人》一书中，探索了古埃及和中国与美洲的联系问题。② 他认为古代美洲文明是来自旧大陆的各种观念的融合体(an amalgam of ideas)，再受到新大陆天才的修饰、伸展和继续的产物，但核心的东西是外来的。该书着重探索了古埃及对美洲的影响，并对中美洲的奥尔梅克文化提出新的假说，认为这一文化出现于公元前1200年左右，是来自埃及人、尼格罗人、闪米特族人甚至中国人等不同种族的殖民。主要的论据是用玛雅人的古文献《波波尔·乌》(Popol Vuh)中有关太阳的神话和玛雅人祖先自日出处跨海而来等传说，与古埃及金字塔文献中有关法老拉美西斯三世(大约公元前1195—前1164年在位)派遣舰队去世界尽头处的传说加以穿凿附会；又从古代墨西哥的习俗、祭祀方式、墓葬、器物花纹、奴隶制等方面找出一些与古埃及相似的东西，加以比附。过去学者们认为奥尔梅克文化是"原始文明"，没有先行者，杰拉兹波伊认为这种文化的渊源来自古埃及。

---

① 多齐：《埃德里西关于非洲与西班牙的记载》(Dozy, *Description de l'Afrique et d'Espagne par Edrisi*, Leyden, 1866)。

② R. A. Jairazbhoy, *Ancient Egyptians and Chinese in America*, 1974.

为了证实这一假说的可靠性,前面提到的那位挪威学者海尔达尔组织了横渡大洋的模拟航行。他在埃及法老齐奥普斯金字塔附近见到公元前 2600 年埃及纸莎草船修复的模型与古墓中的壁画,就照原样造了一只,取名"太阳神一号"(Ra I),并亲自驾驶这只木筏渡过了大西洋,从而用实际行动证明了古埃及船只横渡大洋的现实可能性。

二、来自亚洲方面的猜想

自远古时代的亚洲移民通过白令海峡的"陆桥"移殖美洲之说在学术界获得承认之后,在近一个多世纪中,研究美洲跨太平洋联系的各种论著的数量日益增多。20 世纪 30 年代,西方考古学家提出亚洲与美洲存在史前文化联系的可能性,半个世纪以来,在东亚、东北亚和西北美的广阔区域内发现了大量细石器遗址,形成了分布很广的"北太平洋地区马蹄形文化带"。① 至于哥伦布以前时期亚洲和环太平洋地区与美洲的联系与文化接触问题,更是有许多的新发现与新研究。

日本人发现美洲说 20 世纪 50 年代末 60 年代初,厄瓜多尔考古学者埃米略·埃斯特拉达(Emilio Estrada)等人在厄瓜多尔海岸渔村巴尔底里亚(Valdiria)的考古发掘中,出土了一批与新大陆的古陶器形态不同的陶器:陶器壁厚,边缘和形体不很匀称,用泥盘制成,表面多光滑,其中约有 1/5 上有红泥釉;其陶制人形发式很长,有辫状。这些陶器与日本的绳文陶器(公元前 3000 年)很

① 贾兰坡、陈淳:《亚洲和北美洲的史前文化联系》,见《太平洋》,海洋出版社,1985 年。

相似，研究者认为可能是日本渔民在海上遇风暴而漂流至美洲海岸。厄瓜多尔海岸的地形突出，正好与赤道洋流相会，因此这一假说似有成立之可能。①

朝鲜人发现美洲说　1836 年，一位拼命反对所谓“失踪的十族”说的学者麦金托什(John Mackintosh)在所著《哥伦布的美洲发现与北美印第安人的起源》中，②提出一个新假说。当强大的契丹打败高丽靖宗(公元 1035—1046 年)王朝后，部分朝鲜人逃往海上，航行至东北方向远处，到达桑蒂尼(Santini)，这地方可能在美洲，从而朝鲜人被认为是最早从亚洲访问美洲的人。

与这一假说有密切联系的是殷人经朝鲜移殖美洲的论点。早在 1907 年 9 月，日本学者白鸟库吉就在日文《地学杂志》上发表的《关于扶桑国》一文中提出这一观点。40 年代初，陈志良在《中国人最先移殖美洲说》③中，认为箕子封朝鲜后，排挤当地文明落后的通古斯居民向北冰洋一带迁移，渡白令海峡而至美洲。迁朝鲜的殷民族与土著同化之后，也过着渔猎生活向北迁徙，或渡白令海峡而去美洲。这比麦金托什的说法提前了约 2000 年。

印度人发现美洲说　这一假说也是早在 19 世纪时即已有人提出。著名德国博物学家洪堡特(Baron Von Humboldt)即指出墨西哥的天文学与印度的黄道十二宫的标志有相似处。1962 年初，印度和尚查曼·拉尔经过 25 年研究，宣称所谓公元 5 世纪前往墨西哥的中国僧人慧深，其实是从古代喀布尔去的一个印度人，

① 梅格斯、伊万斯:《公元前 3000 年越太平洋联系》(Betty J. Meggers and Clifford Evans,“A Transpacific Contact in 3000 B. C.”, *Scientific America*. Vol. 214, No. 1, 1966)。

② 沃柯普:前引书，第 90 页。

③ 《中国人最先移殖美洲说》,《说文月刊》第 1 卷第 4 期(1940 年)。

名哈里昌德。从此以后印度教移民去新大陆延续了13个世纪之久。不仅墨西哥日历与印度教日历相类,一些游戏与宗教仪式也相似。在墨西哥等地发现的神像的姿态和印度教的湿婆、毗瑟奴、哈奴曼的姿态是非常相似的。①

在西方学者中,认为印度、柬埔寨等东南亚文化甚至比中国文化对墨西哥古文化产生过更大影响的是奥地利著名考古学家海涅-格尔德恩(Robert Heine-Geldern)和埃克荷尔姆(Gordon F. Ekholm)。他们收集了从墨西哥到中美洲地区的大量古代艺术品,以图饰、花纹、形状等方面与南亚和东南亚地区的古代艺术品进行文化特征的对比研究。例如,柬埔寨的梯级形的佛塔与玛雅城邦蒂卡尔(Tikal)的梯级金字塔相似。特别突出的是玛雅雕刻中的莲花浮雕装饰与印度佛教的莲花装饰很相似。他们认为这些相似绝非偶然性接触,而是在美洲与东南亚之间有某种往来的航线。这样,所谓中国僧人的说法就扩而大之,成为印度和东南亚僧人的佛教传播运动了。②

三、来自大洋洲方面的猜想

从大洋洲方面来探索前哥伦布时期与美洲联系的可能性的研究,在20世纪初已有相当重要的研究成果。大洋洲位于亚洲与美洲之间,从东南亚沿南太平洋航行,经过印度尼西亚、美拉尼西亚、新西兰、波利尼西亚,最远的岛屿是复活节岛,这里距离智利海岸

---

① 1962年2月27日新华社香港航讯。

② 埃克荷尔姆:《中美洲古典晚期文化受亚洲影响的可能之焦点》(Gordon F. Ekholm,"A Possible Focus of the Asiatic Influence in the Late Classic Cultures of Mesoamerica",*Society for American Archaeology*,Memoirs,1953)。

是2300英里。这条越岛的海上航线较之跨越白令海峡的陆上通道虽然要艰险得多,但绝不是不可能的。1931年,瑞典人类学家诺尔登斯科尔德(E. Nordenskiöld)发表《南美印第安文明的起源》一文,列举出美拉尼西亚和波利尼西亚的文化特征中与美洲的文化特征相似者达49处之多。①法国学者里韦(P. Rivet)找出了加利福尼亚的霍坎语(Hokan)与马来亚—波利尼西亚语系之间的相似点。② 据认为加勒比地区的阿拉瓦克语(Arawak)与波利尼西亚的某些语言也可找到联系。有学者认为,新西兰的毛利人(Maoris)在公元7世纪末即乘坐用平衡杆驾驶的小船到过南美的秘鲁海岸。另一证据是甘薯这种作物是从秘鲁移殖到波利尼西亚去的。古代秘鲁印第安人把甘薯叫做"库马拉"(kumara),波利尼西亚人的叫法相同。秘鲁印第安人使用的结绳文字(quipu),与西南太平洋上土著人所用的结绳也相似。这种结绳文字在夏威夷一直到19世纪中叶还使用。③

为了证实南太平洋上远航的可能性,那位热心的挪威航海冒险家海尔达尔于1947年进行了一次模拟航行。他按照古印加人木筏造了一艘原始木筏,取名"康—提基(Kon-Tiki)"号(康—提基是古代印加人传说中的率领一批人西去不知所终的太阳之王),从秘鲁出发,经过三个多月漂流,终于到达复活节岛。海尔达尔的这一勇敢壮举和他所写的《康—提基号木筏漂洋记》④都一举而闻名

---

① E. Nordenski,"Old Origin of the Indian Cvilizations in South America",见D. Jenness主编:《美洲土著的起源与遗迹》(*The American Aborigines, Their Origin and Antiquity*,1933)。

② 同上书,第274页。

③ 格拉德温:《来自亚洲的人群》(Harold S. Gladwin, *Men out of Asia*,1947)。

④ 此书中译本改名《孤筏重洋》,朱启平译,湖南人民出版社,1981年。

世界。但海尔达尔的航行所能证明的是复活节岛上的神秘的巨石文化遗址来源于古代秘鲁,而不是古代秘鲁文化来自复活节岛或大洋洲的其他岛屿,这又使问题更加复杂化了。

四、来自欧洲方面的猜想

关于欧洲人在哥伦布以前时期到过美洲的传说,早在17世纪时即有种种说法。荷兰的著名法学家德·格鲁特(Hugo de Groot,即格劳秀斯)提出美洲土著是从斯堪的纳维亚前往美洲的,北美印第安人基本上是北欧人。而另一位大法学家拉耶特(Johannes de Laet)则认为美洲土著绝大多数应是斯基泰人(Scythians),由此而引起一场激烈的学术争论。① 此后,说法愈来愈多:腓尼基人、希腊人、罗马人、威尼斯人、爱尔兰人、威尔士人、北欧人、巴斯克人、葡萄牙人、法国人、西班牙人等等,都被说成是哥伦布的先行者。经过时间的考验,以上各种说法中以北欧人在哥伦布以前到过美洲的论点最为有力,证据确凿,现已基本上被学术界所广泛接受。

根据北欧的历史传说和考古资料,北欧海盗在中世纪时猖獗于北欧海面,9世纪时在冰岛殖民,10世纪时在格陵兰殖民,在公元1000年前后到达北美大陆,主要是寻找木材和捕鳕鱼。相传公元986年,赫尔霍弗逊(Bjarni Herjolfsson)从冰岛航行前往格陵兰时,被风吹漂流到南边,发现了几处新地方。1001年,他返回格陵兰,卖给埃里克森(Leif Ericsson)一只船。埃里克森乘船驶往这几处新地方,命名为赫鲁兰(Helluland,意为扁石之地);马克兰

① 斯平登:《中美与墨西哥文明的起源》(H. J. Spinden,"Origin of Civilization in Central America and Mexico"),见前引《美洲土著的起源与遗迹》,第221—222页。

(Markland,森林之地);文兰(Vineland,葡萄之地)。后来冰岛人卡尔西弗尼(Thorfinn Karlsefni)船长从格陵兰南行,据说达到了巴芬岛、哈得孙海峡、圣劳伦斯湾、拉布拉多半岛、新斯科舍等地,企图建立殖民地,但未成功,大概是遭到爱斯基摩人的驱逐。在此后二三百年中,北欧渔民仍有去北美海岸捕鳕鱼的。据传说,公元1117年埃里克(Eirik)主教曾航行至文兰,以教皇巴斯卡尔二世(Paschal II)的名义去该地区住过一个时期。此后有关北欧航线的传说愈来愈多。①

20世纪以来,北欧考古学家一直在搜寻古代北欧人在北美大陆留下的遗址。1960年,挪威探险家英格斯塔德(Helge Ingstad)在纽芬兰北部海岸找到一处遗址,被猜想为古代北欧远征队的居住地,经碳十四测定,大约是公元7世纪至11世纪遗物。但迄今未发现葡萄,因而有人把"Vin"解释为"放牧地"。至于文兰的确切所在,仍在探寻之中。1965年,美国耶鲁大学宣称它获得一张文兰的地图。该图被断定为15世纪中叶一个瑞士僧人所绘。图的内容是普兰诺·卡尔庇尼神父(John de Plano Carpini)于1245—1247年间横越亚洲的一次特殊旅行的路线,但值得注意的是该图左上角北大西洋中绘有一些岛屿,有"巴西"(Brazil)、"文兰岛"(Vinlandia Insula)等地名。一个瑞士僧人如何能绘出这样的地图来,自然会引起许多感兴趣的研究者去驰骋遐想了。②

……

① 参见马克勒奥(W. C. Macleod):《印第安人兴衰史》第5章,吴泽霖、苏希轼译,商务印书馆,1946年。安德森:《西方已灭绝的文明的故事》(R. E. Anderson, *Story of Extinct of the West*)。

② 摩理斯、格林利夫:《美国:这个国家的历史》(Richard B. Morris and William Greenleaf, *U. S. A.: The History of A Nation*, 1969, Vol. I, pp. 27—29)。

有关美洲之谜的各种猜想，我们以未尽的删节号来结束这一节，这就说明这样或那样的解释与假说还有许多，不是一篇文章能介绍清楚的。

谁在哥伦布之前到过美洲？谜底五花八门，无奇不有。参与猜谜的不仅有历史学家、考古学家，也有律师、工程师、医生、总统（如美国的杰斐逊总统）、僧侣、业余的研究者、神学家、企业家、探险家、美国的摩门教徒，等等。被这个问题所吸引的，并非都是猎奇之徒，其中不乏笃实好学的学者。有些人为研究这个问题而皓首穷经，有些人为研究这个问题而倾家荡产，至于那些长期工作于中美洲热带丛林的断垣残壁之间，冒着生命危险多次航行于大洋之上，为科学而献身的人就更不用说了。但是，问题并未解决。除北欧人在哥伦布以前到过北美的说法看来言之有据以外，其他的种种假说，大致说来，有多少支持者，同时就有多少反对者。据美国考古学家韦勒的意见，这些假说对美洲考古学界多数学者来说都还难以服人，只有一些人表示赞同，很多人则抱着“等着瞧”的态度。①

“科学停步的地方，想象力开步走了。”②——这是那位著名海洋探险家海尔达尔说的一句话。也许正是人们把科学与想象混在一起，难分难解，因此这个世界之谜有时不是接近解决，反而是搅得更加混乱了。由于问题尚未解决，估计在今后很长一个时期内，这个问题对于在大学里念世界史的学生们仍是一个训练思考力的好题目，对于社会上的广大读者也是一个有吸引力的“新闻”话题。我们希望，由这个问题所勾起的一连串思索将超过这个问题本身，

① 韦勒等著：《美洲考古学史》，第174页。

② 《孤筏重洋》，第7页。

它将引导人们去探索:人类文明到底是一元的还是多元的呢?人们的传统的思维方式是否很健全并符合科学呢?

[原载罗荣渠著《中国人发现美洲之谜》,
重庆出版社 1988 年版]

为什么不会有中国哥伦布？

——15世纪中西航海发展取向的对比与思索

15世纪是世界历史上远洋航行探险取得重大突破的时代。在这个世纪的头三分之一世纪中(1405—1433年)，首先是由中国的伟大航海家郑和七次出航，突破了东亚与西亚东非之间的重洋阻隔，开辟了从中国经印度洋直通西亚和非洲东海岸的远航记录。该世纪中叶，葡萄牙亨利王子组织了深入大洋和南下非洲海岸的连续探险，在马德拉、亚速尔、佛得角等群岛建立了深入大西洋探险的前哨阵地。该世纪末，在西班牙国王的资助下，哥伦布四次横渡大西洋的探险，到达了加勒比海群岛与中美洲沿岸地区(1492—1504年)；与此同时，葡萄牙派出了瓦斯科·达·伽马率领的船队首次完成了绕道好望角到达印度的新航路(1497—1498年)。旧大陆在一个世纪里所"发现"、征服、扩张的未知大陆、岛屿和海洋，超过了以往所有世代的总和。

人类的活动舞台从大陆转向海洋，这是人类文明发展取向的创新性突破。这一大突破改变了世界各区域文明的政治、经济、贸易、文化等联系的规模和性质，从而标志着人类社会走向现代世界的最早起步。这一观点已得到国际学术界日益广泛的公认。

这一重大起步的一个突出特点是，它是从欧亚大陆两端——远东和远西——几乎大致同时开始向海洋大进军。郑和"下西洋"的进军远远早于哥伦布、达·伽马"下西洋"的进军。但这一共同的历史机遇对欧亚大陆两端的历史发展却导致了大不相同的结局。这是一个世界历史之谜。对这个问题,早在20世纪初我国启蒙运动的杰出史学大师梁启超就提出来了:

> 及观郑君,则全世界历史上所号称航海伟人,能与并肩者,何其寡也。郑君之初航海,当哥伦布发见亚美利加以前六十余年,当维哥达嘉马发见印度新航路以前七十余年。顾何以哥氏、维氏之绩,能使全世界划然开一新纪元,而郑君之烈,随郑君之没以俱逝。我国民虽稍食其赐,亦几希焉。则哥伦布以后,有无量数之哥伦布,维哥达嘉马以后,有无量数之维哥达嘉马。而我则郑和之后,竟无第二之郑和,噫嘻,是岂郑君之罪也?①

近一个世纪以来,我国研究郑和的论著甚多,但从中西航海史比较的角度来探索这个问题的似乎并不多见。近年来国际学术界研究欧洲资本主义的历史进程时愈来愈重视对东西方发展的比较研究,并重新提出了这个问题。著名的比利时历史学家皮埃尔·肖尼写道:

> 克里斯托弗·哥伦布和瓦斯科·达·伽马……不是中国人这一事实是有一些值得……思索的因素的。就现有历史文献能让我们了解的而论,终归而言,在15世纪末,远东作为一个可与地中海相比的实体……至少在表面上绝不比欧亚大陆的远西处于劣势。②

近年来国内外学术界常常思索的一个大问题就是:为什么中

---

① 《祖国大航海家郑和传》,见《郑和研究资料选编》,人民交通出版社,1985年,第28页。

② Pierre Chaunu, *Seville et l'Atlantique*(*1504—1650*). 转引自 I. Wallerstein, *The Modern World System*, Vol. I, p. 52.

国没有早于西欧产生资本主义？这个问题追溯到最远，自然会提出15世纪郑和大航海所丧失的历史机遇的问题。当时中国是否有可能把握住这个历史机遇呢？是否有可能从郑和大航海引出中国发展取向的一个大转折呢？是否中国有可能率先突破东方农业社会走向现代世界呢？

要回答这个问题，有必要对15世纪中西大航海的不同发展取向问题做一番探讨。

宋元以来中国向海上发展的新趋向

西欧位于欧亚大陆西端，中国位于东端，相距遥远，处在很不相同的自然生态圈中。在古典农业文明时代以前，不同的自然生态圈对人文文化圈的活动具有决定性的影响。打开世界地图一看，欧洲仿佛是由波罗的海、地中海、黑海和亚得里亚海等分割的一些岛屿，正像一列群岛，环绕地中海与大西洋岸的海上交通与航海生活，在欧洲比在中国重要得多。沿地中海岸很早就建立了城市，发展了商业，因此，欧洲文明很早就具有面向海洋的半岛特征、农业与商业结合的特征、畜牧航海文明的特征。地中海这个内陆海，被陆地锁住的海，是整个西方重商主义海洋文明的汇合处。林立的小国与城邦的竞争，海陆贸易的繁荣，战争的频繁，都对欧洲的动乱、反复动荡发生了重大影响，使欧洲历史很早就具有外向的品格。早在11世纪初，北欧人就跳越格陵兰登陆北美海岸；葡萄牙人在1350年以前已到达亚速尔群岛和加纳利群岛，如果不是中世纪欧洲的政治动乱与经济不景气，或许可能更早就打开从海上通往美洲与东亚的道路。当欧洲历史舞台的中心从地中海转向大西洋时，沿大西洋岸的葡萄牙、西班牙、荷兰、英吉利、法兰西等成为开辟海洋新时代的先驱，也就毫不足奇了。

中国则是一个具有相对短的海岸线的大陆国家。起源于黄土高原的华夏农耕文明，拥有广大的活动空间和丰富的地理资源，以牛耕为特色的水利农业文明构成自足发展的体系。在西亚—地中海的文明传播带基本上是连接在一起的，唯独华夏文明是被大漠和峻岭阻隔在欧亚大陆的东端，很早就形成大一统的帝国。因此，华夏文明很早就具有大陆河川文明的特征以及水利农业文明的特征，历史发展的连续性和稳定性比西方要高得多。

欧洲，特别是就西欧而言，它的海岸发展取向，与中国形成鲜明的对比。欧洲社会形成的某种内在不稳定性，使那个区域变成一种海盗式的文明区域，并努力向四处无休止地扩张。既然如此，为什么 15 世纪远洋航行的时代却由中国人揭开序幕呢？是什么力量震动了中国社会的内在相对稳定，使之突破了祖传的导向装置而转向海洋进军呢？又是什么原因使这一转向戛然而止，致使中国取得海洋主动权的良机坐失呢？

在东亚大陆上孕育出来的中国古典农业文明不同于在地中海或西欧地区孕育出来的古典农业文明，这是肯定无疑的。但如果以为中国古典文明是停滞的或静止的，那是极大的误解。发源于黄土高原的华夏文明从西北向东南的扩展，在汉代以前已与南洋和东洋的国家发生密切的海上联系。到了隋唐时代，以长安为中心的“天下国”的政治文化结构已经包括东洋和南洋的边缘地区。从宋代以来，由于北方被辽、金的阻挠而切断了陆上国际贸易线，进一步转向南海方向的发展。一方面是东南沿海商人自发努力面向南洋扩展，另一方面是阿拉伯商人大量东来。当时中央权势较弱而财政拮据，对海上贸易尤为注意，以坐收“市舶之利”，成为国库的重要收入。到了元代，中国人对海外世界的认识有很大的提高，在对外贸易方面采取了比历代汉族王朝更为开放的政策。中央政府不但大力加强了对海外贸易的经营，海外交通港口增多而且比前代更繁荣，还相继进行了对日本、占城、爪哇等多次海外远征，不惜投入数以十万计的兵力和数千艘战船，这在中国历史上从未有过。故有的学者认为元代是中国海外交通发展的一个新阶段。①

各方面的发展迹象表明，从宋代以来，中国大陆发展的取向已出现向海洋方向转换的趋向。东南沿海的经济开发已在突破传统的水利农业社会的格局，甚至引起社会风气的变化。例如，上流社会喜好用舶来品；显贵人家使用黑人仆役②；中外人等杂居通婚，甚至外商与中国官吏家庭通婚；阿拉伯巨商蒲寿庚管理泉州市舶司达30年之久；威尼斯人马可·波罗供职元朝，曾奉命随船队出使南洋各国；大量华人移居海外，等等，③都是中国商业资本主义萌芽和开放性发展的明显迹象。这说明了，早在西欧越出中世纪的地中海历史舞台转向大西洋历史舞台之前，中国已率先越出东亚大陆历史舞台，控制了东中国海（南宋）和南中国海（元代）。这一符合世界历史潮流的新趋势，只要听其自然地发展下去，中国在西方海舶东来之前拥有南中国海和印度洋上的海权，形成稳定的海外贸易区，看来是不成问题的。

中国古代航海技术的优势

人们会提出一个问题：在15世纪以前，中国的航海技术是否

① 陈得芝：《元代海外交通与明初郑和下西洋》，见《郑和下西洋论文集》第2集，南京大学出版社，1985年。

② 戴闻达：《中国人对非洲的发现》，商务印书馆，1983年，第23—25页。

③ 桑原隲藏：《蒲寿庚考》，中华书局，1929年。

有可能远征大洋，打通联系亚非欧的新航路呢？对于这个问题，李约瑟博士有过如下的评论：

> 中国人一直被称为非航海民族，这真是太不公平了。他们的独创性本身表现在航海方面正如在其他方面一样。中世纪和文艺复兴时期西方商人和传教士发现的中国内河船只的数目几乎令人难以置信；中国的海军在1100—1450年之间无疑是世界上最强大的。①

事实正是如此，中国这个非航海民族对航海工艺的贡献，也是十分出色的。为查阅的方便，现将中国古代造船与航海技术方面的主要成就与西方加以对比，列表如下：②

技术项目名称	中国采用该项技术的大致年代	欧洲采用该项技术的大致年代
摇　橹	公元前1世纪	17—18世纪
平衡式梯形斜帆	公元2—3世纪(?)	15世纪末
船尾舵	1—2世纪	12—13世纪
平衡舵	11世纪	18世纪末19世纪初
水密隔舱	古代	18世纪
船壳包板	11世纪	16世纪以后
铁装甲板	12世纪末	
利用八面风	12世纪初	16世纪
车船(轮船)	8世纪	16世纪(?)
大型海船*	11—12世纪	?
航海指南针	11—12世纪	12世纪末13世纪初

* 指600吨左右，乘载可达千人的海舶。

① 《科学与中国对世界的影响》，见《李约瑟文集》(潘吉星主编)，第258页。

② 李约瑟：《中国科学技术史》(英文版)第4卷，第3分册。参见中译本《中国之科学与文明》第11、12册，台北商务印书馆，1980年。

从上表可以看出,中国在造船和航海技术的许多方面都远远领先于欧洲,其中有关船体推进的各种工艺应用,领先于欧洲一千多年。由于这些先进的工艺,中国的内河和近海航行方面早已取得突出成就。例如,宋元时代沿海的北洋漕运用船一两千只,大者八九千斛,小者二千余石,其规模之大,恐为举世少见。远洋航行到 11—12 世纪以后也日趋活跃,中国海舶频繁地驶向广大的亚非海域。当时中国所造的大型海舶已长达二三十丈,载乘六七百人。中国的贸易船到波斯、阿拉伯国家,要在故临(斯里兰卡)换乘较小船只,而东来的阿拉伯商人行船到故临则要换乘中国的大船东行,因大船具有更强的抗海浪能力。① 由此可见这一时期中国海船在印度洋上所扮演的重要角色。

中国不仅在航海工艺方面领先于西方若干世纪,在南洋和印度洋方面的远洋探险活动也比欧洲人早很多,积累了丰富的经验。到 11、12 世纪时,中国的远洋航路,从广州或泉州出发,东至朝鲜、日本、琉球,南至渤泥(加里曼丹岛)、文老古(马鲁古岛)、三岛(菲律宾)、三佛齐(苏门答腊)、阇婆(爪哇),西通天竺(印度)、僧加剌(斯里兰卡),并越印度洋远至遏根陀(埃及)、班达里(索马里)、层拔(桑给巴尔岛)。荷兰学者戴文达(J. J. L Duyvendak)把他研究古代中国与非洲交通史的论文富有风趣地题为《中国人对非洲的发现》。这比欧洲人沿西海岸对非洲的"发现"至少早三四百年时间。一直到 15 世纪初,葡萄牙人沿非洲西海岸东下探险,经过一个世纪的时间才到达好望角。要不是郑和的远洋航行在抵达东非海岸后停下来以及随之而来的明王朝的海上大撤退,中国与欧洲的两大航海探险的巨流,本来应该在非洲海岸或印度洋上的某个

---

① 周去非:《岭外代答》;赵汝适:《诸蕃志》。

地方不期而遇。

总之,郑和所处的时代正是中国航海事业有史以来的黄金时代。李约瑟对此作了很高的评价:

> 在它的黄金时代,约西元1420年,明代的水师在历史上可能比任何其他亚洲国家的任何时代都出色,甚至较同时代的任何欧洲国家,乃至于所有欧洲国家联合起来,都可说不是它的对手。在永乐皇朝时代,它有3800艘船,其中包括1350艘巡船,1350艘属于卫、所或寨的战船,以南京附近新江口为基地的主力船队的400艘大船,以及400艘运粮的漕船。此外,还有250艘远洋宝船,每艘宝船上的人数,平均由西元1403年的450人,增到西元1431年的690人以上。在最大的大船上,必然超过了1000人。另外还有300艘商船作为辅助队,及一大堆小船作为传令船及警船。①

但是,在比较中西科学技术在前现代时期达到的水平时,必须注意到一点,即中国所达到的高水平来自传统社会长期渐进的经验积累,是中国古典文明几千年连续性的产物。这一优势是世界上其他国家所没有的。但中国式的文化结构和自身渐进积累机制,可能带来安于传统而拙于革新的历史惰性。西方国家很晚才走出中世纪的混乱和闭塞状态,应用科技在15世纪时还落后于中国,但在理论科学领先的条件下,却较易摆脱旧传统,具有较强吸收外来先进科学技术的能力。这样,没有丰富技术文化遗产的西方实际上可能比继承了丰富技术文化遗产的东方前进得更快,取得后来居上的更大成功。这是在进行东西方比较研究时应有的冷静科学态度。

---

① 《中国之科学与文明》第11册,第241页。

东西三大航行的简明对比

从上述粗略的东西方对比中，可以明确地得出这样的结论：在15世纪大航海探险开始时，中国的社会、经济、政治、技术发展水平都远远高于西方。同样就欧亚大陆两端发动的海洋开拓运动而论，郑和下西洋的规模、行程、航海组织等方面都超过哥伦布航行和达·伽马航行，达到时代的高水平。这里将三大航行的几项可比指标，列成下表（见下页）。

下表一目了然。郑和的首次大航行比哥伦布与达·伽马几乎早一个世纪，而其船队之浩浩荡荡，动员人力、物力之巨大，都是当时世界超一流水平。船队分大䑸宝船与分䑸多路行进，“云帆高张，昼夜星驰，涉彼狂澜，若履通衢”（长乐《天妃灵应碑》），正如当时随行的翻译马欢在《瀛涯胜览》中所说：“其人物之丰伟，舟楫之雄壮，才艺之巧妙，盖古所未有。”郑和使用的最大海船据称长44.4丈，宽18丈，这是否属实，在学术界还有争论。① 但有一点是可以肯定的，郑和统率的船队规模比哥伦布和达·伽马统率的船队规模要大几十倍，随行人员要多几十倍到上百倍，每船的载重量也大得多，航程要远得多，经历“大小凡三十余国，涉沧溟十万余里”。

---

① 因郑和航行的史料被焚毁，下西洋的宝船尺丈是否属实，是一个尚待论证的问题。李约瑟认为大䑸宝船大多在1500吨左右。上海交大杨槱教授则认为当时造这样特大的海船“既不需要，也不可能”（《郑和下西洋所用的船》，见《郑和下西洋论文集》；《略论郑和下西洋的宝船尺度》，见《海交史研究》1981年总3期）。根据西方航海史资料，到16世纪末只有很少航行西印度的西班牙船超过500吨，因为采用阿拉伯三角帆的轻快帆船，速度快，造价低。另外，当时西方海船在火炮装备方面已比中国先进，也不容忽视（参见林文照、郭永芳：《佛朗机火铳最早传入中国的时间考》，《自然科学史研究》第3卷第4期，1984年）。

更有一点是欧洲航海探险时代所不可比拟的:郑和在这样大规模的长时间海洋远征中,只发生过三次武力冲突事件,其他都是友好交往,和平贸易,人舟安利。这是大航海时代绝无仅有的历史记录。以上这一切表明,明帝国在永乐年间实现了中国人长期以来沿海航行和近海航行的重大突破。这一突破的重要基础是大一统的实现,以及国家在政治上、财政上的强大而雄厚的实力,从而能够从明太祖的消极的保境安民政策突转为积极经营海外政策。

	郑和航行(1405—1433年)	**哥伦布航行**(1492—1504年)	**达·伽马航行***(1497—1503年)
航行次数和总计时距	7次,前后历时28年	4次,前后历时13年	2次,前后历时6年
各次航行的船只数目	一般每次达260余只,大中巨型宝船60余只	最少3只,最多17只	4只(第1次) 20只(第2次)
海船吨位大小、历次航行人数	宝船估计为1500吨级,约27000人(第一、三、四、七次)	100—200吨,最少约90人,最多约1200—1500人	50—120吨 约150人
打通海上交通线里程估计	打通中国至东非海岸长程的海上交通,约15000英里	打通欧洲与加勒比海岸海上交通,约4500海里	打通绕航非洲至印度的海上交通,约15000英里

* 达·伽马航行共3次,其中第1次(1497—1499年)、第2次(1502—1503年)属远洋探险性质。

相似历史外表下的不同内涵

从世界历史发展中的某些相似机遇,引起中西发展的对比,是非常自然的。但是，在极其相似的历史表象下常常掩盖着极大不同的历史本质，从而往往把人们引入似是而非的类比之中。发生在15世纪首尾两端的郑和航行与哥伦布、达·伽马航行，就是一个发人深思的历史实例。

上述三大航行，如果仅从航海技术与开拓新航路的角度来看，是大致相似的。但如深入观察一下，就会发现郑和航海方式与哥伦布、达·伽马的航海方式大不相同。

首先，哥伦布与达·伽马的航行是西欧中世纪后期社会经济发展对商品与市场的需求，特别是对东方的香料与金银的需求所刺激，是被一种内在的经济力量所推动。从13、14世纪以来，由地中海意大利诸城市所推动的商业资本主义繁荣，到15世纪扩大到大西洋岸，而随着葡萄牙、西班牙等从王朝国家向民族君主国的过渡，西欧的商人也愈来愈强烈地想挣脱意大利人、阿拉伯人对东方贸易的重重限制，设法与印度、香料群岛、中国发生直接贸易联系，因此，西欧航海家深入大洋的探险活动具有不同于封建阶级的新兴社会力量的创新活力。那些支持和鼓励哥伦布们航行的西欧封建君主奉行重商主义，采取各种措施鼓励本国商人出海，如授以海外贸易的专营特权，鼓励本国造船业，保护本国海外商业利益，支持开拓海外殖民地，以达到增加王室金库收入和壮大国力的目的。西欧君主之所以积极支持海外事业还有制度性的原因，那就是西欧封建式的领主经济结构多方面限制了君主对财富的榨取，而封建国家征税的权力又掌握在贵族把持的议会手中，因此新兴君主们为应付日益增长的财政需求，都力图开辟新的财源。这一结构性的特点决定了他们对国内外贸易和海外扩张的特殊兴趣。

郑和航行却是在另一种历史背景下进行的。历史学家大都强调永乐时代是明朝的太平盛世。在成宣时期30年间曾六次北征和七次下西洋，足以说明当时的社会经济繁荣与富足。但关键在于这些活动的动力是政治的而非经济的。中国封建王朝不同于西欧，没有对海外商品和市场的需要。中国皇帝具有直接向全体居民征税的最高权威。这主要是征收田赋。明代自洪武开国就倾心于本地自给自足的农村经济，税率比较低，以建立稳定的政治局势。甚至各衙门的书手、工役都要向民间征来；衙门用的文具纸张等也规定由里甲承奉。政府的财政不敷，就滥发纸币（宝钞），为数之大令人骇然。① 这套高度集权的保守的经济结构表明，明王朝的政策是内向的，它的海外活动完全着眼于国内政治。下西洋主要是为了确保南洋海道的畅通，以重新确立海外册封制度，恢复洪武初年诸蕃朝贡的盛况，满足封建帝王"君主天下"、"御临万方"的虚荣心。为此，顺便解决安南的归顺和制服盘踞三佛齐（旧港）的中国海盗，早期还顺访建文帝下落，也是顺理成章的事。可见，郑和大航海的壮举尽管规模空前，但在方式上仍然是秦皇汉武式的帝国王权顶峰的威力显示。

其次，郑和航行的组织形式与哥伦布、达·伽马航行的组织形式完全不同。后者是私人集资的海外探险活动。为筹集远征的资金，西欧早期的航海家都到处奔走，向葡萄牙、西班牙、法国和英国宫廷求助，以获取特许状。船只装备是自备的，更多的是求助于商人，是一种契约形式的利益结合。另外一种财源则来自海盗远征。航海资本经常是与海盗远征分不开的。因此，西方的早期远洋探险都不可能有很多的船、很大的船，也不可能雇用很多船员。桑巴

---

① 关于明王朝政治体制的特点和经济政策的保守性质，黄仁宇有详细论述。参见《万历十五年》（中华书局 1982 版）和《明〈太宗实录〉中的年终统计》、《中国近五百年历史为一元论》等（收入《放宽历史的视界》，台北允晨文化公司，1989 年）。

特在《现代资本主义》中曾专门讨论了这个问题。从商业的利益来看，也不需要巨型船舶，这在技术上弱点多，经济上也不划算。欧洲远洋航行的船，在19世纪以前一般不超过500吨，常见的只有100至300吨。这种商船一般只用8到13人，荷兰一般400吨的商船才用33人。① 哥伦布第二次航行是为了到新发现的土地移民定居，才带领了1200人左右的庞大队伍。哥伦布与达·伽马出航的船只和人员都不多，正符合商业资本主义远洋探险的性质。

郑和航行的组织形式则不大相同。它是由中央皇权组织的官方出使海外的活动，它的船队是一支庞大的皇家舰队。出洋之前，由国家所属的府卫、工部、地方提举司在各地分别承造大批海船。郑和率领的船队每次出发大都在27000人左右，其中最大多数都是军人，大多是从南京及直隶卫所运粮官军和水军右卫官军中抽调的，这实际上是一支海外远征军。它的派出显然不仅仅是为了开拓南洋贸易。这样大的舰队出洋，按郑和的记述："统率官校旗军数万人，乘巨舶百余艘，赍币往赍之。"（见《天妃灵应碑》）前6次航行都是连续进行的，这要耗费国库多大开支？郑和的远洋航行，构成一系列连续的海上出征，只有高度中央集权、财力雄厚的历史时期才可能出现。七下西洋，每次都是出自皇帝的最高独断。而郑和作为内官太监，被授予总兵的职务统率舰队下西洋，只是奉旨行事。在第六次航行后被停止达10年之久，郑和个人完全无能为力。与郑和同时代的葡萄牙的"航海家"亨利王子所领导的大洋探险则完全是独立的活动，不受制于王室或朝廷。哥伦布所率领的远洋航行，是按与西班牙王签订的协议书行事，所"发现"的土地虽

---

① 桑巴特：《现代资本主义》，中译本，第50章（第1卷第2分册）；第22章（第2卷第1分册）。商务印书馆，1937、1939年。

然归国王所领有，但哥伦布可以“副王”、“总督”身份进行管辖，获得所获财物的十分之一，并享有世袭特权，等等。为此，哥伦布后来一直到死都为他在海外远征中的应获权益与西班牙王室争执不休。

两种完全不同的远洋航行的组织方式，是两种不同的社会经济体制所决定的，在欧洲的航海探险和远洋贸易中，已经出现了王权向私人或商业公司转让专属所有权和特权的趋势。朝廷或王室通过这种方式鼓励私人甚至包括受雇的外国人去进行冒险事业和创新活动，为新的财富和商业资本的大发展创造了条件。这是西方所有权的制度结构开始改变的一个重要开端，而中国却仍然是在传统的制度结构中发展。这两种不同的航海队伍的组织方式和任务，可大致列为下表(见下页)。

哥伦布和达·伽马的航行的主要任务是开辟通向东亚的新航路，其目的是为了发展东西方贸易。重商主义和扩大东方贸易是推动大航海探险的发动机。哥伦布登上加勒比海岸第一件事就是寻找黄金。达·伽马到达卡利库特城(印度)时回答的第一个问题是“寻找基督徒和香料”。这类带有亡命性质的冒险开初在葡萄牙和西班牙遇到许多非难，但一旦黄金、奴隶、土著人纳贡物从远洋源源运回，就立即掀起了海外探险热。在早期阶段，东方贸易的目的并不是为欧洲产品开拓新市场，而是要向欧洲输入大量新商品。对西欧的新兴君主国来说，追求富强之道开始从农业和本国农村转向商业、城市产业以及大规模海外贸易和殖民。国王们都鼓励本国商人组成各种贸易公司开展海外殖民和海外贸易，奖励和扶植本国的造船业和航运业，甚至支持和参与本国的海盗行径，而限制甚至禁止外国商人和商船在自己控制的海域贸易。从此，重商主义下的大开放和海外移民拓殖成为新时期的发展主流。

	航海船队性质	航海经费来源	航海主要目的	航海队的主要成员	航海队扮演的角色
中国方式	皇朝特遣舰队	国库拨付一切开支，指派官营机构造船和办货	对海外藩属确立册封和朝贡制度，宣扬国威	奉差的官吏、卫所官兵、招募水手、工匠等	官方外交、册封使团、朝贡贸易使团
西洋方式	王室特许私人航海探险队	以股份公司和私人集资为主，王室或贵族赞助或直接参与	探寻新土地、新岛屿、新航路，搜寻黄金、香料，猎获战利品	航海冒险家、投机海商、牧师、招募水手、士兵、工匠等	征服者、殖民者、基督教传播者、通商者、海盗

从表面上看，郑和大航行似乎是明王朝积极经营海外政策的重要标志，事实上这只是历史的表象。首先，郑和出使南洋虽然已具有发展海外贸易的性质，但仍是在传统的朝贡贸易体制下进行的。这种贸易的时间、地点、人数、船只、货物数量都有严格限制。这是一种官方专营的对外贸易，下西洋所需的货品，都由政府的官库直接拨付，或由官府采办实为强迫收购的。这在一定限度内有利于扩大国内外市场，但如搜求过度，就必然会对官营手工业和财政带来不利的影响。

其次，朝贡贸易是一种特殊贸易体制，其贸易方针是“厚往薄来”。其具体做法，或用“贡品”形式的商品与“赏赐”形式的商品交换；或给海外来的“番货”以高价收进，再将中国的货物以低价售出。这是一种“随贡互市”性质的贸易。① 这种不等价交换是赔钱的大买卖，目的是“耀兵异域，示中国富强”。② 西方的重商主义是

① 侯厚培：《五口通商以前我国之国际贸易之概况》，《清华学报》第 4 卷第 1 期(1927 年)。

② 《明史·郑和传》。

与保护主义结合在一起的，明王朝的“重商”则与摆阔主义结合在一起。为了向海外“示富”，每次都携带大量财货赏赐给南洋各国君王，又对各国来华王公使臣颁发优厚的赏赐。此外，还要给下南洋船队人员赏赐实物和宝钞。按每人赏钞10锭计算，单此一项，每次就要开支二十多万锭；而郑和一次得的赏赐就是十万贯钱。① 出洋回来之后，也要论功行赏。针对这种朝贡贸易，当时的朝野人士就尖锐指出：“收货所出常数十万，而所取曾不及一二。且钱出外国自昔有禁，今乃竭天下所有以与之，可谓失其宜矣。”②可见郑和时代的海外贸易是明天朝大国主义政治经济学的一个令人夺目的实例。

最为独特的是，永乐帝一方面对海外奉行开放政策，另一方面却对本国商人出海厉行封禁政策。下西洋与禁出洋两项政策是同时推行的。这就是说，只允许皇家的海船队下西洋进行官方贸易，也允许西洋海船到中国来从事由国家独占的市舶之利，却严禁中国商人出海进行贸易。这一套海禁政策是过去的王朝所从未有过的。明王朝从开国起就明令禁止沿海居民私自出海，规定“片板不许下海”，后来又明令罢市舶司，严厉打击走私贸易。为了严禁从海上里通外国，永乐年间强行命令把海船都改为平头船，销毁违禁的大船，不许私造双桅以上大船。试问，一面大力鼓励官营航海，一面又严禁民间航海，怎么可能发展航海事业？

海禁对中华民族的长远发展利益产生了重大不利影响。中国走出了南洋，但却没有真正走向世界。自宋元以来东南沿海民间经济势力和海外贸易有很大发展，而活跃在中国沿海地区的海盗

---

① 郑一钧：《论郑和下西洋》，海洋出版社，1985年，第377页。

② 《续文献通考》卷一一。

和倭寇之患也时起时落。中国自古以来，王朝的威胁主要来自北方与西北边疆，现在增加了来自东南海疆的新威胁；并且海外可能成为国内失败的政治势力盘踞的基地；海盗与倭寇又可通过通商与走私进行骚扰和泄漏国内情报等。这是中国政治斗争出现的一个崭新的动向，也是中国的发展背景不同于中世纪后期西欧的发展背景的一个重要之点。对新起的朱氏农民王朝来说，对这个新问题尤为敏感，故而采取了官方航海政策与民间海禁政策并举的矛盾措施。这是中国重农抑商的大陆自足发展取向与东南沿海商业开放性发展新趋势的折中。从短期来看，也许是可行的，因为巩固了明王朝的统治。但这一政策的长期化与制度化，是以牺牲新兴经济利益来服从传统政治利益的保守发展取向，是对正在兴旺发展的民间海上商业力量的毁灭性打击，可说是进两步退三步。

美洲航路和通往印度的新航路的开拓，是在欧洲贸易从地中海转向大西洋之后，很快就取得的革命性突破。大西洋沿岸贸易成为探索通往东亚新航路的起点。到 15 世纪中叶，1445 年，葡萄牙人到达佛得角。1461 年，即亨利王子逝世一年以后，葡萄牙船驶入几内亚湾。1487 年，迪亚士绕好望角获得成功；在此以后十年，达·伽马的探险队第一次跨越印度洋找到了通向印度的新航路。哥伦布在他之前六、七年，从另一方向探寻这条新航路而无意中到达了新大陆。欧洲人远洋探险的记录在一个世纪中推进得如此迅速，说明追求黄金和香料的贪婪变成了多么惊人的动力。此外，还要看到基督教以狂热的十字军精神在海外扩张中所起的特殊作用。基督教是一种世界性宗教，它把世界划分为“基督教徒—异教徒”对立的世界，并以使异教徒皈依圣教、向全世界传播基督教文明作为自己的使命。哥伦布到达新大陆，每到一地都要向印第安人宣读《传告》,公开宣告是奉上帝之命来征服和主宰"野蛮民族"的。① 这种狂热的宗教精神推动欧洲冒险家去征服重洋险阻,建立海外帝国。这种鼓舞殖民扩张的特殊宗教伦理,是东亚民族中所没有的,对此绝不可以低估。因议论已多,此处暂不申论。

对比之下,郑和下西洋的次数与总时程都远远超过哥伦布与达·伽马,但是对未知海域的突破却进展不快。郑和的航海基本上是沿宋元以来的传统航线西行,前三次航行大体上是在印度以东的传统朝贡区和贸易区之内,航线基本上是重复的,第四次航行才开拓了访问西亚和东亚沿海岸的新航程。第五、第七次航行的路线与第四次大致相同。第六次航行的分䑸有可能比第四次更远一些。就中国这个非航海民族来说,郑和舰队的活动范围已非常可观。郑和是伊斯兰教徒,他父亲和祖父都曾到过麦加朝圣。他的舰队中当有不少回回人,并吸取前代航海技术而集其大成。但他们的舰队也受到各种限制,除了在航行的任务和目的方面完全听命于朝廷外,在世界观上受到中国传统的"华""夷"观的支配。严华夷之防,与基督教严异教之防,有异曲同工之处。但基督教精神对异教徒是进取的,甚至不惜以十字军的方式去改变异教徒的宗教信仰。中国的儒家的华夷观则不同。"非我族类,其心必异",只要求四夷"归顺""宾服",相安无事即可。按明太祖朱元璋的世界观,海外四方诸夷,"得其地不足以供给,得其民不足以使令"。他定下的"祖训"中开列朝鲜、日本等15国为"不征诸夷国"。郑和的宝船所到之处,先是宣读大明皇帝诏书,然后大行赏赐。可见东

① 西班牙殖民征服时期向印第安人宣读的《传告》的中译文。可参见《印第安人兴衰史》(吴泽霖等译),商务印书馆,1947年,第57—59页。

西不同世界观对海外世界的认识是大不相同的，因而东西方的行为准则也大不相同。

不同的世界观又是与不同的大地观联系在一起的。西方不仅早在古希腊时代就已形成大地球形的观念，而且地中海位于欧非亚交汇处的地理特征也使西方人早就形成欧非亚三分的 T—O 形地理观（即 T 形世界图形）。到中世纪晚期，被湮没的托勒密球形世界观重新得到传播，世界地图绘制学也随之兴起，罗盘航海导向的采用，这一切使 15 世纪欧洲航海家获得新的科学思想武装。尽管哥伦布作为最后的十字军骑士在许多方面还是充满宗教热忱的中世纪人，但正如航海史专家莫里逊所指出的："就把想法迅速变成行动，活泼的好奇心，准确观察自然现象的能力，乐于冒险和热望获得财富与赞赏而言，他是一个现代人。"①

中国传统的大陆观是地平大地观。中国在东亚大陆所处的特殊地理环境，远离其他古典文明中心，使中国人很早就形成中心（中国）与边陲（四夷）的同心圆"天下"观。这种"天下"观的自大心态阻碍了中国人对外部世界进行认真探索与研究，甚至对中国的周边国家也只有模糊概念。中国的地理制图本是相当先进的，但现存最早的 11 世纪的"华夷图"上只绘有中国，周边的"四夷"除高丽、印度外仅有文字说明而无图。14 世纪朱思本的著名的"广舆图"也相似。制图者写道："若夫涨海之东南，沙漠之西北，诸蕃异域，虽朝贡时至，而辽绝罕稽。言之者既不能详，详者又未可信。"②郑和时代的海上远征志士都是遵奉孔孟之道、佛教或伊斯

① 莫里逊：《大洋海统领：克里斯托弗·哥伦布传》，英文版，第 6 页。

② 李约瑟：《中国科学技术史》第 5 卷，地学，第 1 分册，科学出版社，1976 年，第 146 页。

兰教传统的人，当然不可能把三桅战舰驶进现代的海洋。只需把当时人留下的有关下西洋的记载与哥伦布留下的日记和早期西方航海家的航行日志等加以比较，其观察角度与兴奋点之不同当一目了然：前者注意于王道的宣扬与异域风物的诗文唱和，后者大多是社会经济情报的收集和征服的纪实。不同的世界观对外部世界做出了不同的观察记录。

西方人的美洲发现和新航路发现，改变了西方人的世界观，使之从狭小的欧洲眼光放大到整个世界，欧洲地图学界重新绘制了包括欧、亚、非、美各大洲的世界地图，从此开始了向海外已知和未知的地区进行征服和殖民扩张的大进军。相比之下，中国进行了震古烁今的海上大远征，也留下了一些珍贵的海外见闻录和航行记程，尽管增长了中国人对南洋的地理知识，却没有改变中国人的世界观和锁国心态。海外进贡的珍禽异兽引起了人们对异域的好奇心，满足了新王朝的统治者对“际天极地皆王臣”（马欢诗）的虚荣心，反而加固了中国人的天朝观念和自我中心思想。郑和下西洋时期留下了大量歌颂王道盛世的诗文。至今保存在纽约的一幅来自榜葛剌的麒麟进贡图，图上有一首明朝翰林院学士们的颂词，其结尾是：“仁哉兹兽旷古一遇，昭其神灵登于天府。臣民聚观争先快睹，歧凤鸣周洛龟呈禹。臣职词林谬叨纪著，咏诗以呈颂歌圣主。”①

从现存的珍贵的郑和航海图来看，所记中国人对南洋的认识，也主要限于南中国海贸易区，对西印度洋贸易区的认识则相当模糊。葡萄牙人在 16 世纪 50 年代所绘世界地图上的中国部分还很不像样，但 20 年后，奥尔蒂利的《舆图汇编》中的中国地图已大有

① 戴文达：《中国人对非洲的发现》，第 39 页。

进步。[1] 早在 1582 年(万历十年)利玛窦东来时即向朝廷献呈《万国全图》,但一直到清初修的《明史》仍说利氏地图“荒渺莫考”;佛郎机(葡萄牙)的商人已在南中国大门活动 200 年之久,《明史》仍把佛郎机错写在满剌加(马六甲)附近。[2] 从 15 世纪到鸦片战争,中国始终在封闭的心态下观察世界,在“内禁”的政治形势下开展对外贸易和出洋航行。

郑和航行与哥伦布、达·伽马航行对各自国家的航海事业发展引起迥然不同的社会效果。后者激起了举国上下的航海热,从而开辟了欧洲向海外已知和未知世界进行殖民征服的大进军。而前者却未能也不可能激起民间的下西洋热,反而是严禁民间下海。永乐帝死后,皇家舰队远征的盛世即一去不复返。明宣宗在 1431 年勉强再命郑和率众下了一次西洋(即第七次下西洋),参与其事的官军和匠户中都有人畏难而逃。在此以后,中国封建王朝的大航海活动就完全停止了。在郑和航行的后期,当时朝野内外反对郑和航行的势力远远大于支持他的势力,这是十分发人深思的事。反对航海的理由,归纳起来,主要有以下几条:(1)“中官造巨舰通海外诸国,大起北都宫阙,供亿传输,以巨万万计”;(2)“连年四方蛮夷朝贡之使,相望于道,实罢中国”;(3)“(内官下番)收货所出常数十万,而所取曾不及一二。且钱出外国自昔有禁,今乃竭天下所有以与之,可谓失其宜”;(4)“三保太监下西洋,费钱粮数十万,军民死者万计,纵得珍宝,于国家何益?此特一敝政,大臣当切谏者也。旧案虽在,亦当毁之,以拔其根”;(5)“后之奉命海表者,莫不

① 曹婉如等:《中国与欧洲地图交流的开始》,《自然科学史研究》第 3 卷第 4 期(1984 年)。

② 张维华:《明史欧洲四国传注释》,上海古籍出版社,1982 年,第 130、1 页。

盛称和以夸外番。然中国前后耗费亦不赀。其随行军士,或以舟败漂没异国,有十余年始得还者,什不存一二云。"①

煊赫一时的下西洋,反对者如此激烈,在郑和去世后不久就被人称之为"敝政",并敢销毁其有关档案资料。这说明像下西洋这样大的官方专营的赔本生意是任何朝代也难以长久维持的。郑和式的航行表面上轰轰烈烈,实际上却是耗费大量国库财富来装点新王朝的盛世场面,而真正增值国家财富的正在勃兴的海外贸易却未能因势利导,反而受到百般压制,以维护传统发展的安定格局。这种情况在中国历史上的确以明代为甚。

中国对历史机遇可能做出选择吗?

15 世纪初的郑和航行只是中国航海史上昙花一现的奇葩,而同世纪末的哥伦布与达·伽马的航行却开辟了欧洲人的海权新时代,由此而引起了世界发展格局的大变化:西方支配东方。

众多的研究者在思索:在这世界发展大转折的历史性机遇中,中国是否有可能做出别的选择?这一选择是否有可能使中国人率先实现从大陆发展取向向海洋发展取向的大转变?这就是所谓的"反事实的假设"的历史研究法。答案是多种多样的。

认为中国"别无选择"的说法,②看来是过于宿命论的观点,因为郑和航行本身已反映了中国东南沿海经济发展的新趋势,这种新趋势受到传统发展战略的阻挠和制约,这是必然的。如果明王

① 分见《明史·夏元吉传》、《明史·李时勉传》、《续文献通考》卷一一以及严从简《殊域周咨录》卷八、《历代通鉴辑览》卷一〇二。

② 王赓武:《五百年前的中国与世界》,(香港)《二十一世纪》1990 年第 2 期。

朝最初几位统治者具有较远大的眼光，推行坚决而更稳健的海外发展方针，并持续下去，逐步放宽对民间航海的禁制，培植中国人的经济和贸易力量去对抗外来的破坏性走私力量，特别是推行保护华商与海外华侨的政策，是完全可能的。明代后期的对外贸易已出现大量银钱流入中国的好现象。① 中国在东南亚和南洋拥有自己的海权也是完全可能的。

认为中国可能选择西方式的海外扩张，推动资本主义因素大发展，晚明即可自主地发展资本主义，②这种发展趋势看来并不可能。即使郑和成了中国的哥伦布和达·伽马，开辟了横渡太平洋或绕道非洲到达欧洲的新航路，中国至多也是建立起一个像西班牙那样的昙花一现的海外大帝国，那源源流入的黄金不大可能在中国转化为资本。西班牙幸运地得到罕见的历史机遇，但最后还是失落了它。中国选择了一条半途而废的道路，那就是在永乐皇帝有选择性的开放政策之后又全面退回到朱元璋的闭锁政策，自动退出了南洋和印度洋，明朝在政治上又再度转向自给安定的方向。有人认为这是因为永乐帝也没有完全脱离明朝结构中已固定的朱元璋式统治结构和思想。③ 其实说到底，这是中国历代帝王都未能完全摆脱的巩固北疆的大陆取向的传统统治结构和思想。

从15世纪到18世纪，西欧各国、中国、日本都具有向海洋扩张的历史机遇，但只有中国具有在海洋和大陆同时推进的历史机

① 梁方仲：《明代国际贸易与银的输出入》，《中国社会经济史研究集刊》第6卷第2期(1939年)。

② 张铠：《世界市场与明季资本主义萌芽》，见《15、16世纪东西方历史初学集·续编》(吴于廑主编)，武汉大学出版社。

③ 堺屋太一：《如果现在是历史》，中译本，台北远流出版公司，1988年，第106页。

遇，而却很少有同时推进的现实可能性。因为现代工业时代之前，很难有一个陆上强国同时成为一个海上霸王。中国自古以来就面临防守北疆的难题。这是西欧、日本等面临新的历史机遇时所不曾有过的。明朝从朱元璋开国之日起，就厉行重农抑商政策，严禁民间与外国海上往来贸易，这一海禁政策在永乐时代也未被打破，一直连续达 200 年之久(1368—1567 年)。此后虽然实行了有限度的“开禁”，我国的海外贸易活动区也始终限制在马六甲以东的南洋水域，对海外贸易进行自我限制，对华侨利益不予保护。这在世界各大国中几乎是绝无仅有的。清王朝继续这一落伍于时代的自我封闭政策。[①] 中国的海上力量于是一落千丈，永乐时代的 400 艘主力舰队到 1474 年只剩下 140 艘。从 1597 年(明万历二十五年)到 1820 年(清嘉庆二十五年)，经历了 223 年时间，中国驶往东南亚的远航帆船数目从 137 只增到 295 只，只增长一倍多，而且限制用双桅，载重不超过 500 石。[②] 同一时期，中国在海洋上始终保持蜗牛式的爬行速度。

历史的进程受内外众多复杂因素的互相影响，历史的发展不是宿命论的，总是具有选择性的。郑和航行就是一个重要的选择。但郑和航行产生的历史效应则不取决于航行本身，而取决于其他条件。在世界历史上，“即使是重大的时代创新要真正实现革命的突破，具有巨大的社会效应并发生长远实际效用，引起生产力的巨大增长，也需要其他方面主要是政治与社会结构方面的转换或创新与之相配合，特别是制度化的调适尤为重要。只有这样才可能

① 孙光圻:《中国古代航海史》第 9 章，海洋出版社，1989 年。

② 田汝康:《中国帆船贸易与对外关系史论集》，浙江人民出版社，1987 年，第 40 页。

产生划时代的大变革，才能实现一个新的经济时代的自主过渡，而不只是昙花一现的冲浪”。①

长期以来，从传统农业社会即一般封建社会向现代工业社会大过渡这个极其复杂的历史过程，往往被简单化了。人们只限于在资本主义“萌芽”的问题上做文章。事实上，最早的“萌芽”，即雇佣劳动和商业资本的发展，在历史上不同的地区到处出现过甚至反复发生。古代地中海世界的繁荣的城市、商业、航海贸易，都没有导向现代资本主义；西班牙在海外拥有过大量殖民地和从海外流入源源不断的黄金，也没有导出现代资本主义。在这里，必须重申马克思的一个重要观点：商业资本对旧生产方式究竟在多大程度上起着解体作用，“这首先取决于这些生产方式的坚固性和内部结构”；这个解体过程会导向何处，也不取决于商业，“而是取决于旧生产方式本身的性质”。“资本主义以前的、民族的生产方式具有的内部的坚固性和结构”，对于商业的解体作用造成巨大的障碍。马克思特别提出印度和中国的旧生产方式解体的缓慢，其中中国尤为缓慢。马克思指出：“因为在这里直接的政治权力没有给予帮助。”②

当代西方史学在研究西方资本主义成长的历史时，对东西发展取向之不同，从不同的理论出发，得出了一些有重要共同点的结论。例如，“世界体系”理论的著名学者沃勒斯坦谈到 15 世纪中西航海发展取向之不同时，写道：“关于中国的争论可概括如下：15 世纪的欧洲和中国在一些基本点上很难说有重大差别：人口，面积，技术状况（农业技术和航海工艺）。即使存在某些差别，也很难

---

① 罗荣渠：《论现代化的世界进程》，《中国社会科学》1990 年第 5 期。

② 《马克思恩格斯全集》第 25 卷，第 371—373 页。

解释下一个世纪发展的如此重大的不同。此外，价值体系的差别似乎被严重夸大了。同样，差别存在的程度也不足以说明如此不同的后果。”①沃勒斯坦强调中国与欧洲之基本差别在于它是一个建立在俸禄官僚体制上的世界帝国，由于在帝国结构中重大决定被集中化了，而帝国结构首先关心的是短期维持其世界体系的政治均衡。

> 因此，如果说乍一看中国似乎具备向资本主义方向前进的较好安排，如广泛的国家官僚体制，在经济货币方面以及可能在技术上更加先进，可是实际上却毕竟安排得较差，因为它受帝国政治结构的拖累。它受其价值体系的合理化的拖累，这个价值体系否认国家才是变革的杠杆（假定它曾想利用杠杆的话），而欧洲的君主们却在欧洲封建忠诚的神秘中发现了它。②

在从封建主义向资本主义大转变的自发进程中，国家作为有组织的政治力量对发展的选择起着重要作用。在这里，中国的中央集权专制国家与西欧新兴的君主专制国家扮演着表面相似而实际不同的角色。明王朝和清王朝是中国封建专制大一统帝国发展的最后也是最高阶段，普遍皇权与军事官僚机器的结合，形成一体化的政治权力。由朱元璋开创的新的社会设计，是以“守本分”的农民和“严正公平的官吏”组成的自给农村为基础的绝对安定的社会。③ 这个政治权力有助于巩固中国的传统社会制度与结构，而不是削弱它。西方则不然，中世纪西欧小国林立，形成多层次等级封建结构，王权弱小，也不具备军事官僚机器，因而形成教权、王

---

① 沃勒斯坦：《现代世界体系》第1卷，英文版，第62页。

② 同上书，第63页。

③ 参见吴晗：《朱元璋的统治术》。见《吴晗史学论著选集》第2卷；余英时：《“君尊臣卑”下的君权与相权》，见《中国思想传统的现代诠释》。

权、贵族、新兴市民阶级（中世纪晚期）交错的多元化权力结构。中世纪后期西欧王权提高，民族国家形成，是一种进步趋向。新君主一般是联合新兴市民阶级反对封建贵族，以加强自己的政治力量和财政力量，这在客观上有助于削弱而不是强化传统社会制度和结构。由于中西王权结构之不同，决定了它们所支持的远洋航行的不同导向，这就是说，郑和航海终归导向强化大一统皇权主义和维护重农抑商的传统经济体制，而哥伦布和达·伽马的航行则导向削弱贵族封建统治和勃发商业资本主义。

在中国，直接的政治权力没有利用历史机遇帮助新经济趋向的发展，郑和也就失去了扮演哥伦布或达·伽马角色的可能性。如果明王朝是一个类似南宋那样的弱政权，政治支配经济的传统机制被弱化而不是强化，那也许不会出现郑和式远洋航行的浩大场面，而是民间航海的较自由发展，中国在南洋方面的长期开拓未尝不可能出现一个新局面。

有这样一种看法，似乎当15、16世纪之际中国和西欧的发展“站在同一起跑线上”，只是后来发展速度和趋势之不同，西欧后来居上，跑到前面去了。这是一种单线发展的历史观，把中国历史削足适履纳入西方历史发展轨道。在我看来，当时中国和西欧并不在同一轨道上前进，也就没有什么同一起跑线。哥伦布与达·伽马才是站在同一起跑线上，尽管反方向航行，最后葡萄牙与西班牙的航海家终于会在南中国海上发生遭遇战。郑和航行不管向哪个方向，恐怕永远也难与哥伦布和达·伽马相碰撞的。

从传统社会向现代社会的大转变是一个巨大的转轨，许多内外条件的凑合使西欧相对而言较易实现这一转轨，而中国则较难或很难实现这种自我转换。15、16世纪时亚洲也没有开始陆沉。中国一直到18世纪仍按自己一千年前规定的轨道向前发展，只是这时一个以西方为中心的世界经济体已开始出现，威胁着清王朝的发展，而清王朝对这个世界经济体仍拒之门外，还躲在天朝体制的硬壳中傲然自得，并任凭巨大膨胀的人口封闭在本土之内加剧内部危机。以古老的小农地区经济体为基础的远东“天朝”帝国被以新的世界经济体为基础的远西世界帝国彻底打败——这就是从15世纪到19世纪东西方发展的历史趋向。

只有这个大失败才成为激发中国转变发展趋向、走向现代世界的真正开端。

[本文原载黄邦和、萨那、林被甸主编《通向现代世界的500年》(北京大学出版社1994年版)。原刊于《历史研究》1992年第1期。收入罗荣渠主编《各国现陕代化比较研究》(西人民出版社1993年版)，题目有所不同]

面向探索新世界航程的第二个 500 年

——为纪念哥伦布首航美洲 500 周年而作

1992 年,是一个充满重要国际性活动的年份:6 月,世界各国首脑第一次在巴西的里约热内卢召开了一个全球性的讨论环境与发展的大会;8 月,世界各国的运动健儿第一次在西班牙的巴塞罗那举行了第 25 届奥林匹克运动会;10 月,全世界不同地区的人们都在举行哥伦布发现美洲 500 周年的共同活动。500 周年的纪念活动并不仅仅是纪念哥伦布的第一次远航美洲,而是在更广泛的意义上,把这次远航作为象征东西两半球诸文明大汇合的一个历史性起点来进行纪念。这样,才有可能对发生在 500 年前的这次从西欧远航美洲的壮举,取得超越民族、超越国界、超越 15 到 16 世纪的时代局限性的共识,并对它作出具有当代世界历史意义的新评价。

首先,在中国纪念哥伦布,我想应该从哥伦布远航与中国的关系谈起。大家知道,欧亚大陆(Eurasia)是连成一片的,西班牙和葡萄牙处在这个大陆的远西(Far West),而中国则处在这个大陆的远东(Far East),尽管东西方之间早就有着“丝绸之路”的陆上联系,但崇山峻岭,跋涉艰难,因此,在哥伦布以前时代,东亚的中国文明的影响最远只到达罗马帝国的东沿即东地中海地区,而罗马文明对中国本部地区的影响则更加间接而微弱。在哥伦布以前时代,最早打通东西方联系的,主要是来自东西两个方向的大陆旅行的商人或水陆兼程的商人；然后，是自东而西建立起欧亚陆上大通道的蒙古人，只有在这时，威尼斯商人马可·波罗父子及其他先驱者才可能从意大利来到西方人早就传闻的丝绸之乡(seres)——中国。马可·波罗旅居中国17年，穿越了中国大陆，写下了颂扬中国和东方文明的不朽的篇章。接着，西方传教士也来到中国。但据现有的材料，在意大利以西的国家，即西班牙和葡萄牙，在哥伦布时代以前，迄今未发现有人到达过中国本部地区。因为在当时这一旅程之遥远，就相当于从世界的一极通往世界的另一极。但15世纪末开拓崭新的海上航路的探险家们却正好是来自远西的这两个国家，而驱使他们到东方来的巨大吸引力却正好来自远东的中国。

现在人们都已熟知，哥伦布读了马可·波罗的游记而迷上了中国，他是携带着西班牙王给"大汗"的信件进行首次远航探险的。我们可以这样设想：如果当时没有日益强烈的"东方热"的兴起，如果东方没有这样一个富饶而文明的传奇式的大国，如果没有中国这样一个明确的航行目标的存在，哥伦布会有这样大的决心和勇气去冒这样大的风险吗？显然是不大可能的。

我们还可以进一步设想：15世纪的地理大发现如果开始于欧亚大陆的东端，即比哥伦布航行早大半个世纪远航印度洋上的中国郑和船队，如能继续保持它的发展势头，并在印度洋上树立中国的优势(且不说去发现美洲)，那么，达·伽马及其追随者的远航能在印度或南亚其他地方站住脚跟并为所欲为吗？看来也是不大可能的。

可见，在15到16世纪的世界舞台上，中国影响的存在或不存在，对世界历史进程发生了多么大的潜在影响！马可·波罗描述的元代中国的夸大的形象，与哥伦布对西航东亚计算的里程错误一样，都戏剧性地成为推动历史前进的不自觉的因素。

历史上常有这样的事，那些身临其境、叱咤风云的英雄人物并不真正了解他们完成的历史使命。哥伦布对其信仰的虔诚及其对黄金的贪欲，使他的巨大成功终于陷入了困境。他至死也不了解由于他的航行给世界带来了什么性质的变化。耐人寻味的是，一直到500年后，各国人民仍在对哥伦布的业绩进行着热烈的争辩。这在历史人物中也是少见的。

在这里，我想顺便说明一下，在评价哥伦布的"发现"的功过时，几乎许多国家都有人对哥伦布的美洲"发现权"提出疑问或挑战。其中包括阿拉伯人、印度人、非洲人、大洋洲人、其他欧洲国家的人等，当然也有中国人在内。如果提出谁最先到过美洲的问题进行学术性探索，这当然是会引起人们的兴趣的。但前哥伦布时代的这些可能设想的事迹并不能改变哥伦布航行的划时代意义。因为绝不能把哥伦布的航行理解为个人的偶然行为。大发现时代的到来是西欧社会经济条件的产物。首先，欧洲的文艺复兴促使被遗忘的希腊地理学家托勒密的学说的恢复，意味着实验精神的觉醒；其次，哥伦布以前葡萄牙及其他西欧航海探险长达一个半世纪的努力，不断地重新塑造着西方人的地球观和扩大了对海洋世界的征服；再次，是欧洲航海技术与制图学等所取得的巨大进步。所有这一切为地理大发现时代的来临准备了条件，而哥伦布却正是这个转折的历史时代的幸运儿。哥伦布航行开辟了欧洲人的海权新时代。由于大西洋和印度洋取代封闭的地中海而兴起，使人类文明的交往通道从大陆与近海转向大洋，这样就根本改变了东西两半球相对隔绝发展的格局，也根本改变了旧大陆各区域之间相对孤立平行发展的格局。这样，由于地理大发现引发的商业大革命，通过以西欧为中心的世界贸易网把原先半封闭的地区性经济联系起来，形成资本主义的世界市场，在历史上第一次出现了东西两半球的汇合与全球一体化的新进程，从而使世界的发展逐渐形成一个全新的格局。

众所周知，由于新航路的开辟，东西两半球的不同文化圈的大汇合，加速了人类从传统农耕文明向现代工业文明转变的过程。由于增加了巨大的物质资源和人力资源，增加了新的发展空间，增加了日益频繁的文化接触与交流，人类物质财富积累的方式、社会进步的速度以及文明传播的范围，都明显地改变和加速了。如果没有美洲作为一个新大陆加入世界发展的进程之中，东半球的发展趋势估计仍会大致相似，绕道非洲通向亚洲的新航路也迟早会发现。但是，没有了美洲贡献的大量金银与物质财富，没有北美的自由移民垦殖区，西方资本主义的发展将会缓慢得多，英国也不可能成为发动工业革命的国家，同时在旧大陆也很难出现像美利坚合众国那样的自由资本主义试验场地。同样，没有把世界连成整体的地理大革命，也不可能出现推动否定旧传统的思想解放运动；没有达尔文在南美海岸的航行和摩尔根在北美印第安人社会中的考察，有关揭示生物界与人类社会演进的规律的重大突破，一时也难以取得实证性的研究成果。

但是，必须指出，这500年间人类文明的进步是以扭曲的形式实现的。历史告诉我们：处在不同发展水平阶段的诸文明是不可能真正平等地汇合的；同样，具有迥然不同的价值观的世界也不可能真正连成一体。过去长期处于世界发展前列的各古典文明，包括中国文明在内，在这历史大转折的进程中都落后下来，而落伍就要挨打。这是中国人早已深深领会到的历史教训。

哥伦布第一次远航美洲的两年之后，1494年，第一个划分世界的教皇子午线在欧洲诞生了。沿着这条假想的分界线通过地球的南北极引申到东半球，正好是接近中国附近的海面上。这样，哥伦布所未曾到达的中国，在半个世纪之后就被他的后继者经不同方向的海路航行而到达了。地球是圆的，绕道非洲的印度洋航线与绕道美洲的太平洋航线，最终在中国的南大门外碰头了。

当 16—17 世纪时西方的商人、传教士从海上东来，首次叩敲中国的南大门之时，马可·波罗游记中所记载的那个叫做“契丹”(Cathay)的元帝国早已变成了明帝国。当时这些初到的西方人对中国也一样懵然无知。到 16 世纪末，意大利传教士利玛窦(Matteo Ricci)进入中国多年之后，才弄清西方人所仰慕的“契丹”与中国原来就是一个国家。他在中国花费了 20 年工夫，想方设法，才朝见了中国的万历皇帝。作为用精心绘制的《万国全图》向中国人介绍哥伦布以后的世界全貌的第一人，毫无疑问，利玛窦是两个半球汇合之后中西文化交流史上最杰出的人物之一。

尽管中国从 16 世纪后期开放海禁之后，就通过菲律宾与美洲初步建立了“海上丝绸之路”的贸易关系，但是在殖民主义的束缚下这种世界联系毕竟是扭曲的。郑和的伟大航行之后，中国重新退回到大陆发展取向，后来又转向闭关锁国，在这一总趋势下，中国不可能认识哥伦布航行以后的世界新形势，更谈不上认识哥伦布其人了。

中国人是在 19 世纪后期第一次改革启动的新形势下才重新认识世界，从而也重新注意到哥伦布的伟大业绩的世界历史意义。1892 年，当西方国家纪念哥伦布首航 400 周年时，世界第一次听到了中国人的声音。当时，曾经去欧洲游历的著名启蒙思想家王韬为意大利纪念 400 周年的论文集写了《哥伦布传赞》一文。文中热情地歌颂道：“哥伦布立奇功以不朽，垂令名于无穷，上下数千载，纵横九万里，谁与之比，诚古今未易才也。呜呼，谓非人杰也哉。”1899年,中国维新运动的代表人物梁启超在改革失败后首次起程去访问向往已久的新大陆。同年12月末,他在前往夏威夷的太平洋旅途中写下了气势磅礴的《二十世纪太平洋歌》。这是中国人对哥伦布的美洲发现的热情洋溢的颂歌,歌中写道:

蛰雷一声百灵忙,
翼轮降空神鸟翔。
咄哉世界之外复有新世界,
造化乃尔神秘藏!
阁龙(哥伦布)归去举国狂,
帝者挟帜民赢粮;
谈瀛海客多于鲫,
莽土倏变华严场。
揭来大洋文明时代始萌蘖,
亘五世纪堂哉皇!

歌中深刻地描绘了四个世纪以来世界的巨变:

世界风潮至此忽大变,
天地异色神鬼瞠;
轮船铁路电线瞬千里,
缩地疑有鸿秘方。
四大自由塞宙合,
奴性销为自由光;
悬崖转石欲止不得止,
愈竞愈剧愈接愈厉卒使五洲同一堂。

梁启超在世纪之交向即将到来的第五个世纪——20世纪发出了“招国魂”的浩歌,并指出太平洋是20世纪第一大战场。这首跨世纪的歌唱,是正在苦难中探索中国现代化航向的中国人向往新世界的辉煌诗篇。

今天，那开辟“大洋文明时代”的第五个世纪也已经过去了，与哥伦布一样，我们又处在一个重大的跨世纪时刻。西班牙著名作家萨尔瓦多·德·马达里亚加(Salvador de Madariaga)在他的《哥伦布评传》中写道:“一个世界的死亡以让另一个世界诞生的时刻早已到来了。应该发现新世界;不仅是美洲大陆，还包括美洲发现后反映在人类意识中的世界。”应该说，500 年前欧洲的哥伦布们的光辉业绩只是宣告了旧世界的死亡，在这五个世纪中各国的先驱者为争取一个美好的新世界进行了非凡的努力，但是这个新世界到现在还没有真正诞生。今年在巴西召开的环境与发展大会发表的《里约宣言》，呼吁建立“一种新的、公平的全球伙伴关系”，就是各国人民争取建立公正与和平的世界新秩序的最新的努力。当今世界的变革表明，人类历史正面临一个新的伟大转折时期。时代需要更多的发现者与开拓者探索世界发展的新格局，如果没有国际关系格局的大转变，地球上将不会再有繁荣与发展的第二个 500 年。

“大风泱泱兮大潮滂滂!”(《二十世纪太平洋歌》)放眼展望即将到来的 21 世纪，探索人类行进“未知领域”(terra incognita)的大洋，今天需要有更多的哥伦布式的航海家，胆识超群，目标坚定，乘风破浪，去探索通向人类向往的新世界的伟大航程!

[本文系为黄邦和、萨那、林被甸主编《通向现代世界的 500 年》所作的序]

第二编

拉丁美洲史大纲

拉丁美洲史大纲

第一章　美洲印第安人及其古代文明

一、美洲印第安人的起源

（一）从“拉丁美洲”的名称说起

拉丁美洲包括北美洲的墨西哥、中美洲、南美洲和加勒比地区，也就是现今西半球加拿大和美国以南的全部区域。拉丁美洲总面积约计 2100 万平方公里。占全陆地面积约七分之一，相当于两个欧洲的大小，是世界上仅次于亚洲和非洲的一个大区域。在 19 世纪中叶以前，拉丁美洲的面积比今天的面积还要大。现今美国西南部广大地区，当时不属于美国而属于拉丁美洲的范围。

拉丁美洲这个区域不是根据地理原则，而是根据共同的政治、经济、文化、历史等因素而形成的。从 15 世纪末以来，西半球统称为“美洲”(America)或“新大陆”(Nuevo mundo)；其南部广大地区被西班牙、葡萄牙殖民者侵占，被称为“西班牙美洲”和“葡萄牙美洲”。几个世纪殖民压迫和反殖民主义的斗争的共同历史命运，把这一广大地区的国家和人民联系在一起。19 世纪中各殖民地先后取得独立后，这个地区才获得了“拉丁美洲”的名称。取名拉丁美洲，无非是表示这个地区各国人民在种族、语言①、文化方面同欧洲的拉丁语系国家(西班牙、葡萄牙、法国等)有某种共同的历史联系，同时也是与北美的"盎格鲁美洲"相对而言。现已约定俗成，为全世界所通用。

但必须指出，"拉丁美洲"这个名称是有缺陷的，不能令人满意的。最大的缺陷，就是片面强调这一地区的"欧洲传统"，而完全忽视了这个区域的原著民印第安人及其悠久的文化传统，要知道，西半球的历史正是从印第安人的祖先开其端的。

在15世纪末欧洲殖民主义者大批来到美洲之前，美洲大陆历史舞台上的主人是印第安人②。印第安人在体形上同亚洲的蒙古利亚种人接近；皮肤从浅黄到棕色不等，头发硬而直，汗毛稀少，颧骨比较突出。但各种印第安人不论肤色、头型、语言、文化等方面都有很大差异，并非完全属于同一种族。关于印第安人的起源问题，至今尚未完全解决。由于在西半球迄未发现猿人遗迹，一般学者认为西半球最古的居民大约是在末次冰川时期和间冰期，即两万年前，从亚洲东北部越过白令海峡，分多次移殖到美洲大陆的；也可能还有从大洋洲方面移殖到南美的居民，但估计数量不多。这是东半球人类向西半球移殖的一次伟大的迁徙运动。

(二) 古代美洲印第安人及其玉米种植经济

马克思说："人类进步的伟大时代多少和食物来源的扩大直接

---

① 拉丁美洲大多数国家使用西班牙语，巴西使用葡萄牙语，海地使用法语。

② 1492年哥伦布初次航行到达加勒比海地区，误以为接近亚洲东部海岸，错误地把最初遇到的土著人称为"印度人"(indios)。这一误称后来沿用未改。汉语译音为"印第安人"。

相符。”[①]在东半球，即所谓旧大陆，差不多繁殖有适于驯养的一切动物(如马、牛、羊、猪等)和各种适于种植的谷物。西半球的物质生活条件却大不相同。除了秘鲁的骆马、羊驼和墨西哥的火鸡等以外，在西半球没有家畜。西半球只有一种主要谷物，即玉米。美洲印第安人的祖先是从培植这种谷物开始进入定居的农业生活的。玉米是一种好的作物，平原、山区都能生长，并便于直接栽种，在未熟和已熟时都能食用，产量高，既是粮食，又可做蔬菜和饮料。因此，玉米种植是远古的印第安人物质生活的基础。这是美洲印第安人没有家畜而能达到显著进步的重要条件之一。此外，印第安人还培植了马铃薯、西红柿、向日葵、烟草、可可、龙舌兰、落花生、某些豆类和热带薯类作物。这是美洲印第安人对人类物质生活作出的重大贡献。这些作物现在已遍布全世界。

恩格斯在他的《家庭、私有制和国家的起源》中，明确地提出了东西两半球自然条件的差异：“由于自然条件的这种差异，两个半球上的居民，从此以后，便各自循着自己独特的道路发展，而表示各个阶段的界标在两个半球上也就各不相同了。”[②]

美洲印第安人经过长期的渔猎采集生活，大约在公元前3000—前2000年，开始定居并出现了玉米种植经济。耕作方法很原始，先烧林垦地，用尖木棍在地上挖掘小坑，播下种子。由于刀耕火种，生产力低下，再加上没有饲养经济，因此古代印第安人的生活范围一般比较狭小。土地是印第安人的命根子，是财富的唯一泉源。在长期自然分化的过程中，印第安人在辽阔的美洲大陆上分散开来，形成各种不同的印第安人集团——氏族和氏族联盟。

---

① 马克思：《摩尔根〈古代社会〉一书摘要》，人民出版社，1965年，第4页。

② 《马克思恩格斯选集》第4卷，人民出版社，1972年，第19—20页。

它们有不同的语言和方言(达数千种之多)、宗教、风俗习惯。在欧洲殖民者侵入之前,美洲印第安人氏族部落的发展水平很不平衡,但大多数已从母系氏族过渡到父系氏族阶段,住在家族共居的公共大屋内,过着原始公社制的生活。但是,从墨西哥沿中美危地马拉到南美的安第斯山高原,即沿中部太平洋岸的一带地区,却早已进入较高的定居的农业生活,达到了较高的社会发展阶段,进入早期的阶级社会,形成了许多大小不同的文化中心。其中最重要的是:一、以现今墨西哥的尤卡坦半岛和危地马拉等地区为中心的古代玛雅文化;二、以现今墨西哥为中心的古代阿兹特克文化;三、包括现今厄瓜多尔、秘鲁、玻利维亚等地区的古代印加文化。

二、中美的玛雅文化

(一) 玛雅"城邦"的兴起

不同于东半球的古代文明都发源于大河流域,西半球的古代文化大多发源于高原的峡谷之中。

大约早在公元前1000年之初,在连接南北美大陆之间的中美危地马拉、尤卡坦半岛地区,形成了美洲古老的文明中心——玛雅文化。当时在这一带地区,北部满布热带丛林,南部是高原,土地肥沃,雨量丰富,植物繁茂。农作物除玉米之外,还有豆类、南瓜、西红柿、可可、龙舌兰、烟草等。考古发现有陶器。大约在公元前后,玛雅族印第安人在尤卡坦半岛盆地佩腾,兴起了最古的"城邦"。这些"城邦"当然不像现在的城市。玛雅人处在氏族部落制阶段,信奉半人半兽形象的部族神。玛雅人的"城邦",就是以供奉部族神的金字塔形坛庙建筑群为中心构成的一些居民点。在宏伟的坛庙四周,围绕着许多矮小的茅舍,玛雅"城邦"的祭司贵族用一套复杂的多神的宗教来统治它的人民。公元3—9世纪,玛雅文化进入鼎盛期,主要文明中心有蒂卡尔、瓦萨克通、帕伦克、博南帕克和科潘等。这些城邦小国据地自立,尚未形成统一国家。

随着历史的发展,自然条件的变化(主要是耕地变贫瘠),部落之间的战争,这些"城邦"发生过很大的变化。公元11世纪以后,从墨西哥高原南下的托尔特克族人,与玛雅人混合,并从西南向尤卡坦半岛北部移动,取得了新的土地,建立了新的"城邦",使已渐衰落的玛雅文化重新繁荣起来,在玛雅文化中注入了墨西哥古文化的新血液。这一时期的文明中心有奇琴伊查、马雅潘等。

在16世纪初欧洲殖民者侵入之前,玛雅人已经开始向阶级社会过渡。氏族公社已变为地域公社。氏族内部的首领、贵族和僧侣,变成世袭的富有的统治阶级。手工业和商业也有了相当的发展。

在欧洲殖民者入侵之时,由于各"城邦"之间的长期战争,土地荒芜,瘟疫流行,玛雅文化已处于衰落的状态。

(二)玛雅人的物质文化成就

玛雅人以农业为生,经济发展水平不高。玉米种植采取在热带森林中烧林耕种的原始方法。土地经过两年耕作就变得贫瘠,另换新的地段。在附近的田地全部用遍以后,就得抛弃原来的村落,另找新的居住地。玛雅人会饲养火鸡和狗、养蜂、捕鱼、打猎。在生产工具方面,玛雅人完全不知道铁器,没有完全跨过新石器时代,但他们在天文、数学、建筑和艺术等方面却独自达到了令人惊羡的成就。

为了从事农业生产，玛雅人对天象进行了精密的观测，并建立了一套独特的历法。一年分为 18 个月，每月 20 天，外加 5 天“忌日”，共 365 天。每四年加一天。玛雅人的这种历法比古代希腊和罗马的历法都更精确些。玛雅人有一个习俗，每隔 20 年就要立一个纪年石碑，记录下立碑的日期、某些天象和历史纪年等等。现今遗存的大量纪年石碑不仅是研究玛雅历法的宝贵史料，而且是研究玛雅人的历史编年的很好的线索。

玛雅人在数学上有独特的创造。他们不像我们采用十进位的计数法，而是使用二十进位来计数。他们发明“0”这个数字比欧洲人大概要早七八百年。十进位和“0”的运用，是 8 世纪左右才从阿拉伯传入欧洲的。

玛雅人是美洲大陆上最早发明文字的印第安人。大概公元之初，即已有文字，由祭司阶级掌握。这是一种“意音文学”，从外表上看，是一些方块的图形，有点像中国的印章。图形上一部分是音符，一部分是意符。玛雅人用这种文字写作了大量的有关宗教、神话、历史、天文历象的文献（纸是用树皮造的）。但在 16 世纪初西班牙殖民者征服尤卡坦半岛时，玛雅文的全部古代写本文献都被当作巫术和异端，几乎烧得一干二净，只有极少数量留存于世。这是西方殖民主义者灭绝美洲古代文明的主要罪行之一。现在各国学者经过多年的研究，还不能完全释读玛雅文。

玛雅人在建筑、艺术方面也有相当高的成就，留下了大量的宏伟的石建筑、石碑、石梯道和金字塔庙遗址。必须指出，玛雅人的平顶金字塔与埃及的金字塔不同，这不是帝王的陵墓，而是神庙的基座。一般是用泥土堆成巨大的山坡，表面覆以砖石或泥灰。塔面有梯级，梯级的顶端有宏伟的坛庙。在塔的阶梯、坛庙、石柱上，都饰以精美的浮雕（在少数塔座内部发现有墓葬）。

此外，玛雅人在木雕、壁画、陶器、玉器、纺织等方面，也有出色的成就，表现了古代美洲印第安人的卓越的劳动创造才能。博南帕克的壁画是世界古代壁画艺术的宝库之一。

三、墨西哥的阿兹特克文化

（一）古代墨西哥的早期文化

在古代玛雅文化中心区域的西北，即现今墨西哥南部高原地区的肥沃的峡谷中，散居着许多依靠农业为生的、人口稠密的印第安人部落。这是古代墨西哥文化的中心区域。在这里发育成长起来的古代墨西哥的早期印第安文化，代表性的主要有奥尔梅克文化、特奥蒂华坎文化和托尔特克文化。

奥尔梅克文化是墨西哥地区最早的文明，形成和繁荣于公元前1200年至公元前100年。因文化发祥地炎热多雨，有成片橡胶树林，而被称为“奥尔梅克人”，意即“橡胶林中的居民”。代表性的文化中心有圣洛伦索、拉文塔和特雷斯萨波特斯。以巨石雕刻艺术著称，最大的巨石头像高3米，重25吨。典型的头型为平脸、狮鼻、厚唇，嘴角下咧，呈吼叫或啼哭状，兼有美洲豹和婴儿的双重特征，这种“豹人”形象据认为是由于奥尔梅克人对美洲豹的崇拜。所用石料采自百余公里外的地方，如此浩繁工程和高超雕刻技术，说明奥尔梅克人已出现了等级分化和社会分工。奥尔梅克文化的影响遍及整个墨西哥和中美洲部分地区。

著名的特奥蒂华坎文化兴起于公元前200年，公元200—650年进入了鼎盛时期。它从最初的一个村落，发展为方圆20平方公里的大城市，人口可能高达20万，堪称古代美洲最大的城市。这座被称为“众神之都”的大城市，有一条大道纵贯南北，道路北端有月亮金字塔，大道中部东侧坐落着宏伟的太阳金字塔，高63米，底边宽220多米，道路南端是一组以克察尔科亚特尔神(即羽蛇神)庙为中心的建筑群。实行神权统治，贵贱等级分明。公元7世纪遭受外族入侵，很快走向衰落。

托尔特克文化兴起稍晚，为公元9世纪从北方进入墨西哥中部高原的托尔特克人所创造，公元10世纪开始进入繁荣期。文化主要发祥地图拉，位于今墨西哥城西北64公里，兴盛时城市面积13平方公里，人口达6万。托尔特克文化受到特奥蒂华坎文化的影响，但具有自己的特色，以尚武善战而著名。农民除了种地，要服兵役，跟随武士出征。托尔特克人在建筑和雕刻方面达到了相当高的水平，其中也表现了这种尚武精神。建筑采用廊柱，在柱上刻有武士像或蛇形纹，武士和象征战争的美洲豹、鹰、蛇成为雕饰的主题。后来，托尔特克部落发生内讧，外族乘机入侵，1168年，图拉城被毁。

阿兹特克人原属纳瓦语系发展水平较低的一个部落，后来因吸收、融合墨西哥古代各族的优秀文化传统而迅速崛起。

(二) 阿兹特克国的兴起及其社会经济制度

大约公元12—13世纪，以勇敢尚武著称、游猎为生的阿兹特克人，从北方南下，定居于峡谷的特斯科科湖畔。他们在湖中的岛屿周围打桩筑坝，围湖造田，在1325年左右，建立起一个形势奇特的城市——特诺奇蒂特兰。

阿兹特克人的势力迅速膨胀。他们与另两个强有力的城市结成了部落联盟，通过不断战争，逐渐征服了墨西哥南部的各印第安人部落，势力范围扩及今墨西哥全境和中美洲部分地区，形成了一个幅员辽阔的大“帝国”。但全境没有统一的行政机构，所建立的部落联盟也仅是一种军事联盟。在其统治区域内，各被征服部落仍受自己的首领管辖，保有自己的语言和习俗，但须向阿兹特克人统治阶级纳贡。

关于阿兹特克人的社会制度问题，是一个复杂的问题。早期西班牙殖民者遗留下来的是极其混乱的记载，因而形成了各种不同的解释。根据现代学者的研究，阿兹特克人定居特诺奇蒂特兰后，已形成“城邦”国家的雏形。该城分为四个大区，分属四大胞族。下面共分为20个氏族，原先都是血缘亲族。到阿兹特克人统治的晚期，这种氏族公社已逐渐转变为地域公社。氏族成员分有份田，有使用权而无所有权，但可以父子相传。此外保留有一定的公田，其中最重要的是酋长的土地（王田）和官田，由全村成员共同耕作。土地基本上是公社所有制，但同时已出现私有制的萌芽，阿兹特克人从征服中获得了大量的土地（“贡田”）和奴隶。拥有掠夺来的封地、奴隶和财富的上层人物，形成贵族阶级，他们所拥有的土地由奴隶和被征服的氏族耕种。耕种贡田的人附着于主人的土地之上，沦为半农奴。他们可以被主人出卖或传给后代。

在阿兹特克国家内，除了战俘以外，本族内的欠债者和罪犯也可以沦为奴隶。在古代墨西哥，奴隶制和奴隶贸易比其他北美印第安人中要流行得多。不过奴隶在整个经济生活中并不占重要的地位。

阿兹特克联盟中的各个部落都有自己的酋长会议和军事酋长。但阿兹特克人的军事酋长显然是联盟的最高军事酋长。这一职务由选举产生，在固定的氏族内世袭。在纳华语中没有“皇帝”或“国王”的称呼。但在西班牙征服时期前夕，阿兹特克的最高军事酋长，由于攫取了巨大的权力，大体上已具有国王的权势和作用。

(三) 阿兹特克人的文化成就

阿兹特克文化是吸收了墨西哥和中美地区印第安各族的文化而形成的,大概也受到过玛雅文化的明显的影响。

阿兹特克人同玛雅人一样,有发达的宗教文明。主要的部族神有六十多个,反映了众多部族的大融合。最高军事酋长也是宗教崇拜的对象,并形成一个人数众多的祭司和复杂的教阶制度。设有专门的学校,教育贵族和祭司的子弟学习宗教仪式和各种知识。据早期殖民者记载,用生人献祭达到了相当大的规模。

阿兹特克人是优秀的建筑师。据记载,修建在湖中岛上的特诺奇蒂特兰城,有三条石路与陆地联结,并有人工的石槽供水系统。城中有四十座金字塔形坛庙,供奉各种神灵,其中最大的一个金字塔坛庙高达一百英尺,占地两英亩多。城中贵族的住宅用红色或白石灰石筑成。阿兹特克最高军事酋长蒙特苏马居住的宫殿,白石亭台,装饰着精美的庭院和花园,屋顶上用精美的棉布做天棚。宫殿庙坛倒映在湖水之中,景色之富丽,使贪婪的西班牙殖民者大惊失色,惊呼为"简直是世界的花园"。城北有一个用石柱围成的繁荣的大市集,用以货易货的方式,或用可可豆、金砂等物为货币,出售墨西哥各族人民的各种货物。这不仅是当时世界最奇伟的城市,而且也是当时世界最大的城市之一。

阿兹特克人在生产工具方面较玛雅人进步得多。青铜制品已较普遍。铸造和压印金器和用宝石镶嵌的装饰品都达到了很高的水平。陶器和纺织品也做得很好。1520 年,欧洲著名工匠杜勒见到阿兹特克人制作的精美金银制品时,赞美道:"我一生从未看见过有像这些礼品这样合我心意的东西。因我在这当中看到了珍异的艺术品,我惊奇遥远的地方的那些人的聪明才智。"

阿兹特克人在科学方面也有很多成就。他们的历法与玛雅人的历法很接近。除咒语和巫术之外,会使用药物(如奎宁、毛地黄等)进行治疗,并掌握了原始的麻醉术。

阿兹特克人在文字方面不及玛雅人。就现在所知,阿兹特克人的文字发展水平处于图画文字的萌芽阶段。用于书写的材料,除纸张外,还应用鹿皮和棉布。

四、秘鲁的印加文化

(一) 安第斯地区的古文化

在南美大陆上,巍峨的安第斯山脉,北起哥伦比亚,南抵智利,长达 9000 公里。在安第斯山脉的中部,即现今秘鲁和玻利维亚的高原地区,海拔 3000 公尺以上,气候寒冷,土质瘠薄,雨水极其稀少。山岭和溪流把高原纵横割切,周围则多是沙漠和原始森林,西面临太平洋。但在这些山岭的峡谷之中,却是气候温和,散有一些肥沃的土地。在公元前几千年,这里就成为南美的文明的中心区域。这是世界上最古老的农业文明的摇篮之一。

从很古的时候起,在这些山区、峡谷、沿海岸地区,就分散生活着数以百计的小部落。其中最重要的有克丘亚、艾马拉、莫奇卡、普基纳等语族。安第斯高原区域的古代居民除种植玉米以外,还种植马铃薯,同时饲养骆马和羊驼。这是美洲唯一从事饲养业的地区。骆马一身是宝:肉可作食品,毛可织衣服,粪便作燃料,筋腱、皮革和骨头可制各种器物。骆马又是古代美洲唯一的驮兽。因此,饲养骆马对高原地区各族人民的物质生产的发展起了重要作用。

由于农业和畜牧业的发展，大约在公元前 1000 年左右，这个地区的生产力即已发展到了较高水平。在此后近两千年中，产生了一系列的古文化中心。根据考古遗址的发现，定名为查文文化、帕拉卡斯文化、纳斯卡文化、莫奇卡文化、蒂亚华纳科文化和奇穆文化等。每种文化都有自己的贡献，遗留了许多宏伟的石垒遗址，修建了巨大的灌溉系统，制作了精美的青铜器、金银制品和陶器。

大约在公元 14 世纪左右，新兴的印加族崛起于秘鲁高原。它在与艾马拉人联盟的条件下，逐步征服了这个地区分散的各部落，以库斯科谷地为中心，在氏族的废墟上建立了统一的印加国家的基础。随着人口的增长而耕地缺乏，印加人不断向远处迁徙。到 16 世纪初，印加人达到了它的统治的极盛时期。这时印加国的疆域，北抵厄瓜多尔和哥伦比亚南境，南达智利和阿根廷北部，南北长达四千公里。估计这时印加国统治的区域相当于法国面积的六倍，统治的人口约达六百万人。这是古代美洲最大一个印第安人国家。

（二）印加的国家和社会组织

印加族奉行太阳神崇拜。这是秘鲁寒冷的高原居民中最广泛的宗教信仰。相传印加族的祖先曼科·卡帕克和其妻奥克略，是太阳的子女，配为夫妻，由此而奠定了印加族。印加国的最高统治者亦称"印加"，是世俗和宗教的世袭首领，具有半神半人的神圣权威。"印加"死后，常以妻妾和亲信的奴仆殉葬，并像埃及王一样被制成木乃伊，藏于太阳神庙。

印加国的正式名称叫"塔万廷苏约"（Tahuatinsuyo），意为"合为一统的四大区域"，是一个包括许多不同语言的氏族部落的巨大的专制国家。由于疆域广阔,不可能再按氏族制度来进行统治,因此把国家分为四大区域,每区设“总督”进行统治,由王室成员担任。并在全国各地建立许多管理中心。官吏由世袭氏族中选出,主要职责是监督征收贡税,分派徭役。为了便于统治,一些被征服的部落从自己的故乡强迫迁徙到别的地区。这些氏族仍保有本族的首领,但受印加人直接监督。“印加”指派的“视察官”,遍布于全国各地。

印加社会的基层组织是氏族公社“艾柳”(Ayllu)。艾柳原是按氏族组成的,供奉共同的氏族神,但后来已变成地域公社,按可提供服兵役的男丁的一定人数组成。同古罗马的百人团相似。特别令人奇怪的是,古代秘鲁的农村公社(艾柳),在艾马拉语中被称做“马尔克”,与古代日尔曼人的“马尔克”不谋而合。

印加人的土地制度是公有制。各个农村公社的土地都分为三部分:一部分归太阳所有,供祭司和宗教活动之用;一部分归“印加”,即王族所享用;一部分分给公社成员。氏族的每个成年男子都分有“份田”,不得买卖,定期重新分配。牧场、林地等归公共所有。只有房屋、宅旁菜园是个人财产,但不得转到公社以外的人手中。所有的土地都是共同耕作。一般都先耕太阳的土地,然后耕孤寡病残者的土地。收获物则分归各户所有。

公社对所有的成员都强制服劳役。一切征收都来自劳役:耕地、修建道路、桥梁、开矿山等等。国家设立各种储存库,保管用劳役形式征收的粮食、衣服和物资,供王室和公共开支以及军事支出,同时也用以赈济贫困。

印加国已进入早期阶级社会,同时保存有相当多的氏族制度残余。社会的等级森严,甚至不同等级的人的衣着都有区别。以“印加”为首的上层统治阶级通过征服而占有大量的土地、牲畜等私有财产，同时把劫掠的财富作为礼物和恩赐分给周围的亲信、贵族和高级官吏。广大的被征服氏族陷于对印加族的半奴隶的依附地位。最先是把战败部落降为世袭的奴仆，后来发展成为从战败部落中挑选最好的青年，作为纳贡献给印加族权贵服劳役。这种人称为“亚纳科纳”（yanacona），构成比自由人地位低一等的社会阶层，不属于任何地方组织，不计入人口统计，完全属于主人所占有。

（三）古代秘鲁人的文化成就

印加文化是南美安第斯山区域印第安文化的集大成者。它在农业、冶金技术、交通工程等方面达到了古代美洲文明的高峰。

在农业方面，印加人不但知道施用骆马粪、鸟粪等肥料，利用山坡斜地修筑梯田，而且特别突出的是建立了人工的灌溉系统和保护土壤流失的石堤。国家为此派有专人负责保护这一系统。

古代秘鲁人会使用铅、锡、铜、银、金和这些金属的合金，但不知用铁。在采矿、锻造、刻花、镶嵌等方面都有很高的工艺水平。18世纪时西班牙著名科学家乌略亚看到秘鲁人用原始工具制作的精美制品，认为在使用同样原始工具的条件下，即使是技艺最高的欧洲工匠也很难做得出来。在纺织品上有奇妙的五色图案，用五彩鹦鹉毛织出的毛织品也很美观。

在没有铁制工具的条件下，古代秘鲁人在两千年前已能凿刻极坚硬的岩石。印加人遗留下来的许多石建筑，堆砌齐密，虽薄刀不能插入石墙缝中。欧洲人惊呼这种石工同玉器活一样精细。这是古代世界的奇观之一。在印加首都库斯科，神坛庙宇修建得金碧辉煌，墙上嵌着金银板饰品，整个城市被早期殖民者称之为“一座黄金的宝藏”。

印加人修筑的道路系统大概是古代世界最伟大的工程之一。为了便于统治这样广阔的地区，两条南北大驿道，纵贯全国。一条在高原上，一条沿海岸平行前进。翻山越岭，穿林涉水，配有许多支线，中途并设有许多驿站，构成巨大的交通网。大道宽达16—25英尺。在山道两旁有护墙。遇水筑有堤道，或架设桥梁。这一道路系统不论其长度和建筑的坚固，都超过罗马帝国的水平。早期殖民者认为在当时所有的基督教国家中都没有这样漂亮的道路。

古代秘鲁人是否有文字系统，是一个疑问。现代学者认为曾有过某种图画文字。现在只知道印加人有一种由祭司掌握的结绳文字。在一束粗细不同、颜色不同的绳子上打着各种结，用以记录各种数字和重大事件。印加人用这种方法保持了全国的各种精确的统计资料。

五、古代文化的异彩

在上述三个文化中心区域之外，在南美哥伦比亚的波哥大河谷，还有一处重要的文化——奇布查文化，这个地区是古代南美著名的金矿产地，因而以出产黄金制品而著名，达到古代美洲的最高水平。

在评价古代美洲印第安人的社会物质生产方面所取得的这些光辉成就时，必须注意到：他们是在没有养畜业（秘鲁除外），没有发明车轮的使用，不知道使用铁器，并且是在相当孤立的条件下创造财富，发展起具有独特风格的文化来的。从这个意义上来看，古代印第安人的文化成就是十分惊人的。正如马克思在谈到古代美洲印第安人时所指出："在南北美定居的印第安人中间，当他们被发现的时候,具有野蛮期的全部异彩。"①历史表明印第安人同其他大陆古文化中心的居民一样,具有丰富的智慧和创造力,具有高度的组织能力。至于印第安人在道德风尚方面的表现就更不用多说了。恩格斯说:"凡与未被腐化的印第安人接触过的白种人,都称赞这种野蛮人的自尊心、公正、刚强和勇敢,这些称赞证明了,这样的社会能够产生怎样的男子,怎样的妇女。"②

当然,也不能对印第安人的氏族公社制度加以美化。这种氏族制度具有极大的历史局限性,它是注定要解体和灭亡的。在玛雅人、阿兹特克人、印加人的社会里都必然出现旧氏族公社制度的解体向新的阶级社会的过渡。尽管存在着自然条件的差异,新大陆的印第安人也仍然遵循人类社会的不可抗拒的发展规律而向前发展。只是旧大陆文明世界产生的最卑下的贪欲——黄金的贪欲和野蛮的征服,破坏了古代印第安人的社会制度和文化,"打断了他们的任何进一步的独立发展。"③

第二章 美洲的"发现"、征服和殖民地化

一、美洲的"发现"是探寻东西方贸易新航路的产物

(一) 开辟新航路的历史条件

在近代资本主义世界市场形成以前,人们对于世界的地理概念是相当狭窄的,就是对于欧亚非三洲的地理认识也十分有限。

---

① 马克思:《摩尔根〈古代社会〉一书摘要》,第 55 页。
② 恩格斯:《家庭、私有制和国家的起源》,《马克思恩格斯选集》第 4 卷,第 93 页。
③ 恩格斯:前引书,第 20 页。

东西两半球的居民处于相互隔绝状态。旧大陆的人们不知道世界上还有美洲大陆的存在。

人类对于世界的地理认识发生革命性的变化,是伴随着 15 世纪探索新航路的运动而逐步完成的。特别是 1492 年为西班牙服务的意大利航海家克里斯多夫·哥伦布率领舰只首次横渡大西洋,到达美洲加勒比海地区的西印度群岛,这一重大事件不仅标志着美洲历史的一个重大转折点,同时也是所谓"地理大发现"史上的划时代的大事。

过去,人们习惯于把哥伦布开辟美洲新航路称为"美洲的发现",实际上美洲根本不是什么哥伦布"发现"的。大约早在公元 1000 年左右,北欧人早就通过冰岛、格陵兰航行到达了北美洲东北部海岸。北欧人把这个新地方称为"温兰"(意为出产葡萄的地方),并在这里有过零星的殖民,捕鱼,伐木材,等等。但这些航海和殖民活动只是偶然的,没有对世界历史发生任何重大影响。而哥伦布的航行的意义则大不相同。哥伦布的航行发生在欧洲封建主义衰落的和资本主义因素形成的新时期,反映了欧洲新兴的商业资本主义扩大东西方贸易和渴求黄金的客观历史要求,从而对世界历史特别是对西欧政治经济的发展发生了巨大的影响。

在中世纪时,欧洲和东亚之间已有频繁的贸易和文化联系。当时的东亚是生产水平发展相当高、物产丰富、文化发达的地区。中国的丝绸,东南亚出产的香料,印度的珠宝异物等等,对欧洲商人具有极大的吸引力。东西方贸易主要通过两条线路:一条是经过中亚到中国的陆路,即著名的"丝绸之路";一条是经过红海、印度洋到印度和东南亚,主要是海路,即著名的香料贸易路线。这两条路线都要经历漫长的艰难险阻,而且这种贸易往往是通过阿拉伯人、中亚各民族等许多中间转运而间接地进行的。15 世纪中，随着西欧商品经济的发展，资本主义的萌芽，欧洲商人、贵族、封建君王对东方货物的需求巨大增长，而当时通向东亚的水陆交通要道却被占有西亚的土耳其人所控制，这一形势推动了西欧大西洋岸各国迫切要求寻找通往东亚的新的直接的航线，也推动各国商业资本家渴望寻找作为货币流通手段的大量黄金。于是“一种普遍的求金欲驱使许多国家的人民和王公组织远征重洋的十字军去追求黄金的圣杯”，①这就是欧洲人探寻新航路的真正的动力。

15 世纪以来科学技术的巨大的进步，造船技术的新发展，特别是中国的三大发明火药、指南针和印刷术传入欧洲，使指南针运用于航海定位；地球是一个球体的地圆学说也已为学术界广泛承认，所有这一切都为向茫茫的海洋探险提供了重要条件，辽阔的大洋不再成为人类活动的不可逾越的障碍。

（二）哥伦布、中国、美洲

15 世纪中，葡萄牙和西班牙首先建成为统一的民族国家。两国位于欧洲的西南端，面临大西洋，最先开拓了探寻通往东方的新航线的道路。

经过近一个世纪的海外探险活动，1486 年，葡萄牙人迪亚斯航行到达非洲极南端的好望角。1498 年，瓦斯科·达·伽马率领远洋舰队经好望角绕过非洲，到达了印度。这样，就开辟了一条从西欧直达东方的远洋新航路。这条新航路基本上是沿着过去已知的路线向东航行的，因此谈不上有什么特殊的“地理大发现”。这

① 马克思：《政治经济学批判》，《马克思恩格斯全集》第 13 卷，人民出版社，1962 年，第 148 页。

条新航路的开辟使小小的葡萄牙一跃而为印度洋上的霸主。

葡萄牙海外探险所取得的成功在欧洲引起了巨大的震动，激起了探索新航路的热潮。意大利人克里斯多夫·哥伦布(1451—1506年)，在大西洋上有丰富的航海经验。他醉心于《马可·波罗游记》中关于中国的富饶的记述，同时据说曾得到意大利著名天文学家托斯坎尼写的大汗国(中国)情况的信和地图，因而坚信从欧洲西航5000里可以到达亚洲东部海岸。哥伦布向葡萄牙王和西班牙王先后提出过自己的大胆的设想，最后得到了西班牙女王伊莎伯拉的支持。女王批准了哥伦布的探险计划。1492年8月，冒险家哥伦布率领三只不大的船，从西班牙起程驰向大洋。临行时带有西班牙女王致中国大汗的信。在大西洋中西航了两个多月，10月2日，终于发现了陆地。哥伦布认为到达《马可·波罗游记》中所记的西潘国(日本)和大汗国附近海岸，其实是航行到抵现今的巴哈马群岛中的一个岛屿。然后又继续航行，到抵现今的海地和古巴等岛屿，俘获了岛上的印第安人，返回了西班牙。在此后10年中，哥伦布还进行了三次规模更大的航海探险，到达了加勒比海和南美北部海岸一些地方。

哥伦布一直到死时却相信自己到达了非洲东部海岸，并错误地把他所到的区域称为“印度诸地”(Las Indians)，而把当地的土著人称为“印度人”(Indians)。事实上哥伦布根本没有到达亚洲。循着哥伦布的踪迹远涉重洋到达亚洲的，是16世纪初由麦哲伦率领的另一支西班牙远洋舰队。1519—1522年，这支舰队在历史上第一次绕道南美，横渡太平洋，达到亚洲菲律宾群岛，并实现了从欧洲西航环绕地球的航行。

哥伦布的错误是被意大利人亚美利哥·韦斯普奇(1454—1512年)最早发现并加以纠正的。16世纪初，亚美利哥受葡萄牙的雇用，几次航行探险到达南美。他首次向欧洲报导了自己新到的土地上见闻，认为这个新的土地不是亚洲而是一个“新大陆”。1507 年，欧洲地理学家建议在新制的世界地图上，以亚美利哥的名字，把这个“新大陆”命名为亚美利加洲。这就是美洲命名的由来。

(三) 教皇子午线——世界殖民势力范围的第一次划分

哥伦布等冒险家们冒着生命危险远涉重洋，并不是出于什么浪漫的奇想，而是为了征服和掠夺。

哥伦布踏上新大陆向印第安人提出的第一个问题就是哪里有黄金。他在 1503 年寄自牙买加的一封信中写道：“黄金真是一个奇妙的东西！谁有了它，谁就能要什么有什么。黄金甚至可以使灵魂升入天堂。”寥寥数语，写照了这批殖民冒险家们的灵魂。在哥伦布第一次航行之后，西欧国家成群结队的冒险家都先后接踵而至，向大西洋派出探险队和远征队，企图到西半球去寻找什么传说中的“黄金之国”、“黄金七城”等等。美洲新航路一开始就引起欧洲殖民国家争夺海洋霸权的斗争。

当时葡萄牙是西班牙在海外殖民冒险事业上最大的劲敌。葡萄牙由于捷足先登，在 15 世纪末 16 世纪初，垄断了印度洋上的新航路，禁止别的欧洲国家染指。与此同时，又转向大西洋同西班牙争夺美洲，抢夺殖民势力范围。为了调解这一冲突，1493 年，由罗马教皇亚历山大六世出面仲裁，颁布教皇圣谕，在大西洋中亚速尔群岛以西 100 里格①的海洋中划一条假想的分界线（即现在的西经 38°），规定以后新“发现”的土地在线以东者归葡萄牙所有，在线以西者归西班牙所有。后来在葡萄牙的坚持下，这条分界线移

① 按罗马制，1 里格大约相当于 5.92 公里。

到佛得角群岛以西370里格(即现在的西经46°30′)。葡、西两国在1494年正式缔结托尔德西利亚斯条约,以很不完备的方式暂时解决了两国争夺殖民势力范围引起的冲突。

这条臭名昭著的所谓教皇子午线,为欧洲殖民主义者的海外扩张提供了教义上的根据。这些殖民海盗举着基督的十字架,干尽伤天害理的勾当。根据教皇子午线,西班牙几乎独占了西半球的殖民事业,而葡萄牙在美洲也瓜分得巴西的一角。这是欧洲殖民主义者横蛮地强加在美洲印第安人头上的殖民奴役的枷锁。

二、西班牙美洲的征服

(一) 西班牙殖民征服的最初目标——西印度群岛

在哥伦布第一次航行之后,西班牙开始对拉丁美洲进行系统的占领、征服和殖民活动。16世纪初头十年内,就在西印度群岛中的圣多明各(海地)、波多黎各、古巴、牙买加等岛屿上,先后建立了西班牙的殖民据点。然后以这些据点作为新的冒险远征的前哨阵地,向南北美洲大陆沿岸扩张。1513年,西班牙探险家巴尔博亚越过巴拿马地峡,第一次达到了太平洋岸。

在西班牙殖民者最初到达西印度群岛时,这一地区住着稠密的印第安人,过着氏族部落的生活。他们的发展水平低于阿兹特克人和印加人,以狩猎、捕鱼为生,少数是农业定居生活,使用木头、贝壳和鱼骨以及磨制的石头等原始工具。最初,淳朴的印第安人热情地接待来自远方的大胡子的白人,当作自己的朋友,用蜂蜜和玉米来款待他们,不料得到的回报却是大祸临头。欧洲殖民者以"最卑鄙的手段——偷窃、暴力、欺诈、背信——毁坏了古老的没有阶级的氏族制度，把它引向崩溃”。①

加勒比海中最大的古巴岛是最早沦为西班牙殖民地的岛屿之一。哥伦布把古巴称为是“肉眼从未见过的最美丽的岛屿”，并向西班牙王保证：“在有这样不可思议的美丽的地方，一定可以获得很多的利益。”1511 年，一支 300 人的西班牙远征队前往征服古巴。远征队大都是由各种冒险家、亡命徒、逃债者、投机者，甚至监狱中的罪犯所组成。这些殖民海盗在古巴岛一登陆，就变成无法无天的不受任何约束的暴徒。他们搜索不出多少黄金，就强迫岛上的印第安人在规定的时间内献出黄金，并抢劫印第安人的金饰品和财物，奸淫妇女，烧毁村庄、消灭部落。印第安人还被强迫去淘含金的河沙，每天连续劳动 18 小时。大量印第安人在这种从来没有过的苦役下活活累死，或被迫自杀。

西班牙殖民者还肆意诬蔑印第安人是“牲畜”，是“只比猴子高一等的简单动物”，公然宣布基督教徒可以把加勒比海地区的印第安人卖为奴隶。他们带着凶猛的猎犬到处搜捕印第安人，并把捉到的印第安人喂狗或绞死，甚至用利剑劈死印第安人作为游戏和打赌。

殖民征服者的兽性般的暴行激起了印第安人的誓死反抗，他们痛恨欧洲殖民者到了这样的程度，以致怀疑这些暴徒们到底是兽类还是人。波多黎各岛上的印第安人把捉到的西班牙人投入水中，看是否会淹死，以验证其是否是人。

大量的印第安人逃入山林，进行了自卫斗争和驱逐侵略者的斗争。他们宁愿战斗到最后一个，也不愿意受奴役。其中最著名的是瓜哈瓦岛上印第安人酋长阿多欧，在西班牙人入侵时他带领

① 恩格斯：《家庭、私有制和国家的起源》，《马克思恩格斯选集》第 4 卷，第 94 页。

数百人登陆古巴岛,发动岛上的土著人一起来抗击西班牙远征军。由于力量悬殊,阿多欧败退,率部退入山林,对侵略者展开突袭和游击式的骚扰活动。后来,阿多欧被敌人俘虏。他坚决拒绝回答殖民者黄金藏在什么地方。在被绑上绞刑架时,拒绝接受天主教神甫的洗礼。他说:"如果天堂里也会再遇到像殖民征服者这批坏蛋,那宁肯不进天堂。"临死不屈,英勇就义。

随着欧洲殖民者的入侵,天花、麻疹、梅毒等传染病菌,也侵入了美洲。这些瘟疫给印第安人带来了可怕的灾难。16 世纪在圣多明各岛上流行的天花,据估计使岛上的原著居民死了三分之一到二分之一。

西班牙的血腥征服给古巴岛上的印第安人带来了亡族灭种的浩劫。据保守的估计:哥伦布到美洲时,古巴岛上的原著居民约有 10 万人,在 40 年内就只残存不到 5000 人。

西印度群岛的其他地方也遭到同古巴大致相同的悲惨命运。在几十年时间内几乎变得荒无人烟。

(二) 墨西哥的征服

贪婪的西班牙殖民冒险家们在西印度群岛上没有找到传说中的"黄金国"。在暴虐的殖民奴役下,这些岛上的印第安人大量死亡。为了寻找新的金银宝藏和搜捕印第安人奴隶,1517 年,一批西班牙殖民冒险家从古巴岛出发,开始了新的远征,侵入美洲大陆的本土。如果说,在此以前殖民征服所遇到的是处于原始公社制的印第安人社会,那么在此以后就开始向美洲古老的文明中心区域侵入。这是西班牙在美洲殖民征服的新阶段。

1517 年,埃尔南德斯·德科尔多瓦率领的探险队向西航行,到达中美的尤卡坦半岛海岸,在那里遭到了玛雅人的迎头痛击。

探险队退回古巴。

1519 年，西班牙破落贵族出身的埃尔南多·科尔特斯(1485—1547 年)，率领一支 500 多人的远征队乘坐 11 艘船，前往征服尤卡坦半岛。西班牙人身披铁甲，手持利剑，同时携带有 16 匹马和 10 门炮。印第安人对这些神怪之物者进行激烈抵抗。科尔特斯只是采用了暴力和欺骗的两手策略，才征服和控制了尤卡坦和墨西哥湾的印第安人，建立了自己前进的据点。西班牙人从当地土著人那里知道：在内陆深处还有一个人口众多、富饶而强大的阿兹特克国。

在西班牙人入侵前夕，阿兹特克国达到了它的全盛时期。征服了广大的土地，拥有上百万的人口(据最保守的估计)。这时阿兹特克的最高统治者是蒙特苏马(统治时间为 1503—1520 年)，一个妄自尊大、迷信、昏朽的庸人。境内被统治的部族，日益不满于他的统治。蒙特苏马又破坏了阿兹特克人和特斯科科部落的传统联盟，从而致命地削弱了墨西哥印第安人抵抗入侵者的统一力量。科尔特斯在向墨西哥进军之前，了解到这些情况。他采取了殖民侵略的最老的手段，瓦解、分化和离间阿兹特克人同其他印第安部族的关系，努力拉拢和收买阿兹特克人的仇敌，从而组织了一支数千人的印第安人同盟军。对敢于密谋反抗的印第安人部落，则进行了血腥的大屠杀。然后，科尔特斯率领远征队向蒙特苏马的首府特诺奇蒂兰冒险进军。

蒙特苏马在入侵者面前惊惶失措。他迷信所谓白脸的神人将从东方来统治阿兹特克人的梦兆，先就对西班牙征服者怀有恐惧的心理，对狡猾的入侵者丧失警惕。1519 年 11 月，科尔特斯的远征队被欢迎进入富丽奇伟的特诺奇蒂特兰城堡。恶狼被引入室之后，祸灾就临头了。西班牙人设计圈套，用突然袭击的方式绑架了蒙特苏马,挟持了这个统治者按西班牙人的意志发号施令。科尔特斯几乎是兵不血刃就做了阿兹特克国的太上皇。征服者大肆搜刮金银财宝,并派人到各处寻找金矿。

(三) 悲惨之夜

不过半年时间,西班牙征服者的横征暴敛和肆虐无道,就激起了忍无可忍的特诺奇蒂特兰城居民的大起义。1520 年 5 月,成千上万的印第安人包围了西班牙人居住的宫殿,要赶走这群西班牙强盗。起义时科尔特斯不在特诺奇蒂特兰。他闻讯之后,率领 1000 多增援部队前来解围,也被困入城中。科尔特斯玩弄诡计,妄图利用傀儡下令阿兹特克人退兵。愤怒的阿兹特克人指斥蒙特苏马是部族的败类,另选库伊特拉瓦克作新的首领,集合各处印第安人战士发动更猛烈地围攻。

科尔特斯施尽各种手段,始终不能打退围攻。在困战一月之后,1520 年 6 月 30 日,这群西班牙亡命徒被迫在黑夜中仓皇逃出特诺奇蒂特兰。逃命过程中丧失了抢掠来的大量金银财富,损失了骑兵、大炮和大部分士兵。许多西班牙财迷们是因为身上携带的金银财宝过重,在出逃时沉没到湖中的。科尔特斯本人身上负伤多处。这是西班牙殖民冒险家入侵美洲大陆的最大一次惨败,历史上称之为“悲惨之夜”。

西班牙冒险家们不甘心于自己的失败。为了掠夺阿兹特克国的金银宝藏,甘愿冒绞首的危险。半年之后,科尔特斯重新凑集了近千人的远征队,修造了 13 只能在湖内航行的大帆船,联合了 7 万多印第安人同盟军,有计划地进攻墨西哥峡谷中的各城市。用印第安人打印第安人,是这次殖民征服的主要策略。西班牙人由水陆两路进攻特诺奇蒂特兰。城市的居民在孤立无援的情况下,被围困达三个月之久,始终不受任何诱降的欺骗,坚持决死战。天花病毒充当了剥夺印第安人的可怕的武器。城内瘟疫流行,从根本上毁坏了阿兹特克人的战斗力。许多印第安部落被煽动起来反对阿兹特克的统治,更是一个致命伤。1521 年 8 月,城被攻破。西班牙侵略者以最疯狂的报复行动,把城市洗劫一空,尸首满地,最后把这座美丽的城市、印第安古文明的中心付之一炬。

西班牙征服了阿兹特克国,并把这个新征服的地方命名为"大洋海中的新西班牙"。在特诺奇蒂特兰的废墟上重建了一个新城——墨西哥城,作为西班牙在美洲殖民统治的中心。

此后,从墨西哥出发的西班牙远征队,为寻找"黄金国",走遍了北美广大地区和整个中美地区,用血腥的征服把广大的土地并入了新西班牙的版图。这些殖民征服活动到处都遭到印第安居民的顽强抵抗。特别是在尤卡坦半岛的某些地区,斗争继续了几个世纪之久。

(四) 秘鲁的征服

在特诺奇蒂特兰城被毁之后 10 年,1531 年,以弗朗西斯科·皮萨罗为首的一支不到 200 人的远征队,从巴拿马城出发,沿太平洋岸南航,去寻找早已传开的南美大陆上的"黄金国"——印加 。

在西班牙人入侵时,印加国内正发生一场瓦斯卡尔和阿塔瓦尔帕两兄弟争夺"印加"王位的内战。阿塔瓦尔帕在内战中赢得胜利。他囚禁了合法的王位继承者瓦斯卡尔,篡夺了王位。一时国内陷于混乱状态。皮萨罗利用这一形势,率孤军深入,进行一场军事大赌博。他仿效科尔特斯的卑鄙伎俩,约定同阿塔瓦尔帕会见。印加王妄自尊大,用同印第安人部落打交道的经验来看待西班牙人。1532 年 11 月 16 日,双方在卡哈马尔卡会见时,西班牙人背信弃义，以突然袭击的方式绑架了阿塔瓦尔帕，屠杀了"印加"王的数以千计的随从。西班牙人几乎没有损失一兵一卒就控制了这个古老的印第安国家的中心地区。这种狡诈的征服手法，是一小撮西班牙冒险家在美洲征服人口众多的印第安人国家的典型的方式。马克思指出："西班牙人统治西印度群岛时发现，当他们生擒一个部落的酋长把他当作俘虏时，这样就能使印第安人陷于瘫痪，而拒绝作战。西班牙人入侵大陆时，便利用这种经验，极力用武力或狡诈的方法捕获主要酋长，使之成为俘虏，直至目的达到时为止。"①

皮萨罗把掌握在他手中的阿塔瓦尔帕当作敲诈勒索的最好的工具。贪得无厌的西班牙人要求阿塔瓦尔帕用黄金填满他所住的牢房，即可赎自己的自由。印加国人民日以继夜从四面八方运来黄金。西班牙人毫不费力地获得了大量黄金之后，却背信杀害了阿塔瓦尔帕。1532 年 12 月，这群穷凶极恶的西班牙强盗进入了印加国首府库斯科，在那里大肆掠劫奸淫，毁坏了无价之宝的太阳神庙及其他庙宇宫室。

1535 年，西班牙人基本上征服了印加国，并在秘鲁太平洋岸建立了利马城，作为西班牙殖民者在南美大陆的统治中心。

（五）印加人驱逐侵略者的斗争

印加国的中心城市被征服后，人民并没有屈服。到处都进行着反抗殖民侵略的斗争。1536 年初，逃出西班牙人魔掌的"印加"王子印加·曼科，号召印加人民起义，驱逐侵略者。他率领 5 万印第安人军队围攻库斯科。曼科对西班牙征服者发出了愤怒的申讨："你们基督徒……驱使我们当奴隶……霸占我们的妻女当妾

---

① 马克思：《摩尔根〈古代社会〉一书摘要》，第 161 页。

婢,盗窃我们的财富,烧死我们的人,并用猎犬进行分尸。”起义军异常勇猛地围攻库斯科达 10 个月之久。在西班牙援军到来之后,曼科率领部队撤退到山里,经常以突袭方式骚扰西班牙人,捣毁殖民者的居住地。起义者学会了使用西班牙人的武器,骑着战马冲锋陷阵。1545 年,曼科在战斗中牺牲。他的儿子图帕克·阿马鲁继任领袖,继续坚持驱逐西班牙人,恢复印加统治的斗争。经过 30 年之久,到 16 世纪 70 年代,西班牙人才攻占了起义者的最后堡垒,结束这场悲壮的斗争。

(六) 智利阿劳坎人捍卫独立自由的斗争

西班牙殖民者征服秘鲁后,迅速向南美大陆的四方八面伸展,进行新的征服和探险,寻找第二个或第三个印加国。

1540 年,皮萨罗的一个部下佩德罗·德巴尔迪维亚带领一支有印第安人随行的远征队,向秘鲁南部进发,建立了圣地亚哥城堡。在继续南侵的过程中,遭到了阿劳坎印第安人的最勇猛的抗击。

居于现今智利境内的阿劳坎人,过着游猎或农业定居生活,处于由母系氏族向父系氏族社会过渡的阶段,社会经济发展低于印加人,在文化上受到印加文化的影响。阿劳坎人是南美最英勇顽强的印第安人部族。1553 年,在该族的一个青年劳塔罗的领导下,对西班牙人侵者进行了有组织的反击和进攻。劳塔罗曾被西班牙俘获服劳役,在这个过程中他细心地学会了西班牙人的作战方法和许多知识。他率领阿劳坎人夺得西班牙人的马匹和武器,开始采用新的斗争方法来打击侵略者,把西班牙人打得大败,并俘虏了入侵的西班牙头目巴尔迪维亚。阿劳坎人对贪婪的入侵者说:“你是来抢夺黄金的。现在我们把你能受用的全都给你。”把熔化的金水灌进巴尔迪维亚的喉咙里,加以处死,给侵略者以应有的惩罚。劳塔罗后来在战斗中牺牲。他的光辉的英雄形象,在著名的史诗《阿劳坎纳》中永远流传后世。

热爱自由的阿劳坎人用针锋相对的武装抵抗,成功地捍卫了自己的独立。西班牙殖民者始终被阻挡在比奥比奥河的界限以北。一直到19世纪末,阿劳坎人才被智利的强大的武装所征服。

在疯狂的黄金欲的驱使下,西班牙殖民冒险家在将近一个世纪的时间中,征服了北至墨西哥、南至南美合恩角的无限辽阔的土地,建立了史无前例的海外殖民大帝国。美洲这一大片土地打上殖民主义的烙记,被称为“西班牙美洲”。但必须指出:早期殖民者的征服主要是沿海岸和河流建立许多殖民城市和据点,在广大内陆地区,仍为自由的印第安人所据有。对内陆的征服遭到分散的印第安人的顽强抵抗,因而历时达几百年的时间。在这后期的殖民征服中,天主教会的十字军组成的征服大军,起着更为重要的作用。

三、葡萄牙在巴西的殖民征服活动

(一) 巴西的早期殖民

当西班牙人开始在美洲大陆上进行殖民探险活动时,葡萄牙殖民者已占据非洲和亚洲南部的漫长海岸线,并垄断了直达东印度的贸易航线。

1500年4月,葡萄牙人阿瓦雷斯·卡布拉尔率领一支船队绕道非洲前往印度。在中途,据说是遇风暴迷失方向,漂流到了南美的东海岸。葡萄牙人在这个地方没有发现什么贵金属,只发现一种贵重的红木——巴西木,后来这块葡属殖民地就取名为巴西。

巴西大部地区临近赤道,南美最大的河流亚马逊河流经其北部,是一个广阔无限的大陆。在欧洲人到来时,沿海地区大都是图皮——瓜拉尼语系的印第安人部落。在这些部落中,母权制仍占优势,但有一些部落已过渡向父权制氏族社会。广大内陆地区分散的印第安人部落则更加落后。经济生活以狩猎、捕鱼、采集为主。当16世纪初葡萄牙人发现这块大陆时,葡萄牙正全力经营东印度航线,掠夺东方各国的财富。葡萄牙是一个人口不满百万的小国,没有力量在巴西进行大量的殖民活动。法国殖民者闻风而至,侵入巴西海岸抢占了一些殖民据点,利用印第安人来对抗葡萄牙人。

葡萄牙人为防止法国、西班牙来抢夺巴西,于1530年派遣了400人前往巴西建立永久性殖民地,开发巴西的土地,驱走其他国家的殖民者。巴西海岸地区被划分为15份,分赐给12个殖民贵族管辖。葡萄牙王室除保有对红木、香料贸易的垄断权外,各殖民地的统治者拥有无限权力,俨同独立王国。殖民地的管理极其混乱和腐败。

1549年,葡萄牙王任命侵略非洲和亚洲的殖民老手托梅·德索萨任巴西第一任总督(gobernator),总辖民政和军事。索萨率领1000人(其中400人是罪犯)前往巴西。在巴伊亚设立总督府,修建新城,使分散零乱的殖民地初步得到了统一的管理。

葡萄牙殖民者残酷地奴役和杀害巴西原著居民的罪行,较之西班牙殖民者毫无两样。对疯狂追求黄金的葡萄牙人来说,当时巴西简直是一个不毛之地的穷地方,殖民冒险家们在这里主要的掠夺对象只有土地和印第安人奴隶。他们完全是靠驱使和奴役印第安人,才得以适应这块新的土地并在这里活下来。殖民初期在巴西没有发现贵金属,殖民者从欧洲输入了甘蔗、葡萄、牲畜等,建立了甘蔗、烟草和棉花的种植园,强迫印第安人充当种植园的奴隶和家内的奴仆。但是葡萄牙小国寡民,而巴西的原著居民又很分散,因此对巴西的殖民征服较之西班牙美洲要慢得多。一直到16世纪末,殖民势力只及于沿海的若干据点。其中,伯南布哥、萨尔瓦多和桑托斯,分别成为巴西北部、中部和南部的重要殖民据点。

同在西班牙美洲一样,在巴西的殖民征服也遭到了印第安人的英勇抵抗。最著名的是1561年圣保罗地区图皮族人的起义。图皮人联合了周围的许多印第安人部落结成了比较巩固的联盟,把葡萄牙人围困在圣保罗城中。瘟疫和饥饿在城中流行。葡萄牙人最后向印第安人求和,并释放了一些猎获的印第安人奴隶。使用原始武器的印第安人在这次斗争中之所以能战胜武装优良的葡萄牙人,各印第安人部落的临时的联盟是一个重要因素。

(二)巴西内陆的征服——猎奴远征

在葡萄牙殖民者的暴虐统治下,巴西沿海地区的印第安人迅速大量死亡,侥存的印第安人逃向内陆。殖民者的种植园很快就出现了劳动力不足的问题。早在16世纪初,巴西殖民地就必须靠从非洲输入黑人奴隶才能存在下去。葡萄牙殖民者是近代欧洲最早的奴隶贩子,至迟到1433年,葡萄牙已向欧洲输入黑人。到16世纪中,葡萄牙据有西非海岸。大约在1538年,就直接从非洲安哥拉向巴西贩运黑人。随着巴西甘蔗种植园经济的发展,黑奴输入量不断增长,①非洲黑人几乎散布在巴西殖民地的每个角落,成为农业、矿山和家务劳动的主要劳动力,对巴西社会经济的发展起了不可估量的作用。

在输入黑奴的同时,葡萄牙还组织远征队向西部内陆扩张。这些远征队同西班牙殖民远征队一样,最初是为了寻找传说中的

---

① 据估计,巴西在三个世纪中至少输入350万黑人奴隶。

“亚马逊国”的宝藏。但随着种植园经济的发展，在17世纪下半叶到18世纪上半叶，远征队变成为武装的猎奴队，把深入巴西腹地去捕捉印第安人再送到奴隶市场出售，作为发财致富的新泉源。这种猎奴远征队主要是由巴西出生的、剽悍好斗的印葡混血种人（马美鲁科斯）组成，亦称“旗队”（每个远征队都有自己的旗帜），一般达100—200人，最多的到2000—3000人。猎奴队翻山越岭深入内陆去搜捕印第安人，寻找新的财富，开拓新的土地。内陆的自由的印第安人为捍卫自己的自由和独立，同猎奴队进行了殊死的斗争。但因内陆印第安人部落更形分散，更难抵挡猎奴队的劫掠。

猎奴远征实际上是一次最大的血腥的殖民征服运动。它远远地越过了教皇子午线，深入到南美中部腹地广大地区，初步开拓了今天的巴西疆域的基础。

1750年，葡萄牙、西班牙签订了《马德里条约》，正式确定了两国在南美大陆上殖民势力范围的界限。

（三）争夺巴西的国际斗争

征服巴西的斗争，一开始就引起欧洲列强的激烈的国际争夺战。

在16世纪中，葡萄牙独占巴西的殖民征服活动一直遭到法国和荷兰的挑战。17世纪上半叶，争夺更加激烈。1612—1616年，法国远征队曾侵入巴西北部。荷兰崛起为新兴的海强之后，成立了荷属西印度公司，把巴西北部作为殖民目标。1624年，荷兰殖民者占据了萨尔瓦多港口，然后逐步扩张，拥有伯南布哥一直到亚马逊河口广大沿海地区，建立了累西非城，经营从非洲输入黑奴，并建立了制糖工业。荷兰的占据前后达30年之久。

为了对付荷兰殖民者，葡萄牙在巴西北部设置了马腊尼昂州，加强对北部地区的开发。在同荷兰人的长期斗争中，主要是靠巴西的土生白人、印第安人、黑人等组成的武装力量，最后终于用武力赶走了荷兰人，赢得了历史上称为“再征服”的胜利。这一胜利基本上结束了其他欧洲强国对巴西北部的威胁，但胜利的果实完全落到了葡萄牙殖民者的手中。

四、美洲征服的世界历史意义

从15世纪末以来，经过三个世纪的骇人听闻的血腥征服，拉丁美洲的辽阔大陆和岛屿都相继沦为欧洲殖民国家的殖民地。猎获得最多的是西班牙和葡萄牙。前者在最盛时期占有从北美的密西西比河一直伸到南美合恩角的广大地区。后者攫取了巴西的漫长的海岸，控制了未开发的广大内陆。接踵而至的英、法、荷等国殖民者，在17世纪中也在加勒比海和巴西北部海岸各自抢占殖民地。经过长期的角逐，英国占领了巴巴多斯（1624年）、伯利兹（即英属洪都拉斯，1638年）、英属圭亚那（1796年），法国占领了海地（1697年）、瓜德罗普、马提尼克（1664年）和法属圭亚那（1635年）等地，荷兰占领了库拉索岛（1634年）、苏里南（荷属圭亚那，17世纪初）等地。

欧洲殖民主义者对拉丁美洲的征服和殖民，“是用血和火的文字载入人类编年史的”。[①] 这次殖民入侵所造成的巨大灾难在人类历史上是无可比拟的。世界历史上所谓野蛮民族对欧洲的入侵，打碎了罗马帝国的奴隶制枷锁，而欧洲殖民主义对美洲半开化民族的入侵，则使美洲各族人民套上了奴隶制的枷锁。威廉·豪

---

① 马克思：《资本论》，《马克思恩格斯全集》第23卷，人民出版社，1972年，第783页。

伊特在《欧洲人对待所有殖民地人民的通俗历史》中写道："所谓的基督教徒在世界各地对他们所能奴役的一切民族所采取的野蛮和残酷的暴行，是世界历史上任何时期，任何野蛮愚昧和残酷无耻的人种都无法比拟的。"

美洲各族人民在抗击欧洲殖民者的入侵中进行过长期英勇斗争。但最后均归于失败。失败的原因从根本上说是由于印第安人在社会组织、生产水平和军事技术方面都远远落后于欧洲殖民者。处于原始的氏族制度下的印第安人不可能对有严密组织和优势武装的入侵者进行团结一致的有效的抵抗。秘鲁的征服者皮萨罗供认："如果那个地方没有瓦斯卡尔和阿塔瓦尔帕的分裂，我们将不可能进入和赢得那块土地，除非我们能为从事这一事业召集1000西班牙人，而当时我们甚至连500个西班牙人也召集不拢来……"《墨西哥征服史》的作者普里斯科特也指出："这个印第安人帝国在某一种意义上说是由印第安人征服的……阿兹特克帝国是在欧洲的智慧和科学的指导下，在它自己的子民手中颠覆的。如果它能够团结，它也许可以打败侵略者。"这是近代殖民主义史上的一个发人深省的历史教训。

恩格斯说："由于文明时代的基础是一个阶级对另一个阶级的剥削，所以它的全部发展都是在经常的矛盾中进行的。"①历史的辩证法就是如此：美洲的殖民地化打断了原有的历史的独立发展进程，造成了空前的种族灭绝和民族压迫，但是伴随着这种殖民征服和掠夺而来的是近代资本主义的诞生和发展，是欧洲封建社会的全面崩溃。正如马克思在《共产党宣言》中所指出："美洲的发

① 恩格斯：《家庭、私有制和国家的起源》，《马克思恩格斯选集》第4卷，第173页。

现、绕过非洲的航行,给新兴的资产阶级开辟了新的活动场所。东印度和中国的市场、美洲的殖民化、对殖民地的贸易、交换手段和一般的商品的增加,使商业、航海业和工业空前高涨,因而使在崩溃的封建社会内部的革命因素迅速发展。"①

美洲征服的世界历史意义就是如此。

第三章　殖民地的政治结构、经济生活和阶级斗争

从16世纪初拉丁美洲沦为殖民地,到19世纪初大部分地区发生独立革命为止,约300年时间,整个拉丁美洲处于欧洲殖民国家西班牙、葡萄牙等国的直接统治之下。这是拉丁美洲的人民遭受残酷的奴役、财富遭受野蛮掠夺的时期。历史上称为殖民地时期。

一、拉丁美洲殖民制度的封建主义本质

为了进行殖民统治,欧洲殖民国家在拉丁美洲建立了一整套的政治、经济、军事、文化和宗教的专制统治机构和制度。殖民制度是以"最残酷的暴力为基础",即"利用集中的有组织的社会暴力"。② 人为地强加于别的民族之上的压迫和剥削制度。但殖民国家并不能采取随意的暴力统治形式。马克思考察世界历史上的殖民征服方式,指出征服有三种可能:一种是征服民族把自己的生

① 马克思、恩格斯:《共产党宣言》,《马克思恩格斯选集》第1卷,人民出版社,1972年,第252页。

② 马克思:《资本论》,《马克思恩格斯全集》第23卷,第819页。

产方式强加于被征服的民族(如英国对爱尔兰和印度的征服);一种是征服民族让旧生产力方式维持下去,自己满足于征收贡赋(如土耳其人和罗马人的征服);一种是发生相互作用,产生一种新的、综合的生产方式(如日耳曼人的征服)。① 马克思说:"定居下来的征服者所采纳的社会制度形式,应当适应于他们面临的生产力发展水平,如果起初没有这种适应,那么社会制度形式就应当按照生产力而发生变化。"②

西班牙、葡萄牙在征服美洲过程中建立起来的殖民主义制度,基本上属于第一种情况。在殖民征服时期,西欧的封建制度虽已日趋衰败,但西、葡两国正处在封建专制王权获得胜利的极盛时期,封建的政治经济关系仍居于统治地位。两国的海外殖民扩张是由封建主的利益来决定的。在光复运动之后,西班牙社会上存在着为数甚多的、找不到用武之地的骑士阶层、日益贫困的小贵族,这是封建制度深刻危机的反映。破落的骑士贵族、渴求发财的冒险家、没有长子继承权的贵族子弟、官僚、富商等等,是西班牙进行海外殖民活动的基本阶级构成。葡萄牙的情况同西班牙相类似。西、葡海外殖民的社会经济条件决定了它们对拉丁美洲殖民地的统治和剥削形式,一开始就不同于英国、荷兰以合股公司形式在北美建立的殖民地,而是封建主义性质的统治形式和剥削方式。与此同时,印第安人的旧氏族公社残余被长期保存下来。

西、葡的美洲殖民地一开始就被看作是属于国王个人所有的私产。在最初,海外远征和殖民征服都是在国王特许和资助下的

① 马克思:《〈政治经济学批判〉导言》,《马克思恩格斯选集》第2卷,人民出版社,1972年,第100页。

② 马克思、恩格斯:《费尔巴哈》。《马克思恩格斯选集》第1卷,第81页。

合伙冒险事业。这种远征活动一般采取远征队的形式。征服者(Conquistador)在政治上依靠宫廷权臣显贵的支持,在经济上依靠城市的新兴商人、银行家和造船主,在人力上则依靠渴求暴发横财的没落贵族、骑士及亡命徒。国王同征服者以协议书(Capitulacion)的形式规定了双方在这种合伙的殖民冒险事业中的分赃。在西班牙,征服者向国王上缴新“发现”土地上的一定数量的贡物(一般是五分之一),就被赏赐贵族爵位和称号,封为新“发现”土地上的镇守特使(adelantado,音译为“阿德兰达多”),拥有统辖这块新土地的极大的特权,取得新土地上的全部收入的十分之一。例如,哥伦布就被封为“海洋舰队总司令官”、新“发现”土地的“总督”,拥有各种世袭特权。这显然是西欧封建领主制在新征服土地上的翻版。所有的征服者都变成新兴的殖民贵族——俨然是殖民地的大封建领主和半独立的藩王。各殖民地各自为政,征服者明争暗斗,直至互相残杀,十分混乱。

早期殖民的这种混乱很快就有了改变。随着殖民征服区的扩大,新兴的殖民地贵族同王权的矛盾逐渐激化。这对于正在日益加强王权的国王是不能容忍的。西班牙、葡萄牙的国王都逐步加强了对殖民地的直接控制,削弱甚至剥夺了早期征服者拥有的巨大的权力和土地,在整个美洲殖民地逐步建立起一套适应于封建专制统治需要的国家机器。

二、殖民地的政治结构

(一) 西班牙美洲殖民地的政治区划和专制政府

1524 年,西班牙国王卡洛斯一世在马德里首次建立了统一管理美洲殖民地的中央机构——西印度皇家最高事务院(Realy Supremo Consejo de las lndias),作为协助国王处理美洲殖民地事务的最高机关。西印度事务院拥有管辖殖民地的行政、立法、司法、财政、军事等各项大权;负责选编殖民地法律;选任殖民地官吏和进行监督,等等。西印度事务院只对国王负责,该院的四十多个咨议大臣中,只有六人到过美洲,绝大多数大臣都缺乏对美洲的实际知识。这是一典型的高高在上的封建官僚机构。

西班牙对殖民地的统治方法是“分而治之”的政策。殖民地被划分为几个独立的总督辖区(Virreinato),分别直接听命于国王。总督由国王从忠于自己的贵族中选派,代表国王直接统治殖民地,掌管殖民地的民政、军事和司法大权。最早设立的是新西班牙总督辖区(1535 年)。第一任总督是安东尼奥·德门多萨,总督府设在墨西哥城,统辖北美、中美、加勒比海和委内瑞拉地区。其次是秘鲁总督辖区(1542 年)。第一任总督是努涅斯·贝拉。总督府设在利马城,统辖南美殖民地。这两大辖区分管美洲殖民地近两个世纪之久。由于南美地域辽阔,到 18 世纪时又将南美殖民地一分为三:除原来的秘鲁总督辖区外,新增加新格拉纳达(1739 年)和拉普拉塔(1776 年)两个总督辖区。这样,西班牙美洲共有四个总督辖区:新西班牙总督辖区包括现今墨西哥、中美、古巴等岛和美国南部地区,首府墨西哥城。新格拉纳达总督辖区包括现今哥伦比亚、委内瑞拉、厄瓜多尔等地区,首府波哥大。秘鲁总督辖区包括现今玻利维亚和智利地区,首府利马。拉普拉塔总督辖区包括现今玻利维亚、阿根廷、巴拉圭、乌拉圭等地区,首府布宜诺斯艾里斯。

在各总督辖区之下,以一些重大城市为中心,划分为各种大小不等的军事管辖区即都督辖区(Capitania general)和司法管辖区即检审庭辖区(la presidencia de audiencia)。分别管治总督府较远的边远地区。都督和庭长都由国王任命,听命于国王,[①]名义上受总督管辖,实际上是小总督,用以分享总督的权柄。

在殖民地的各大城市(即总督府、都督府和边远重镇)均设有检审庭(Audiencia),置庭长和听审官若干人,检审庭是代表国王在殖民地执行司法职能的最高法庭,也用以监视殖民地各级行政官吏,直接上报国王和印度事务院。它事实上还具有相当广泛的行政职能,在总督缺位时,可自动代行总督职权。在殖民地的早期,检审庭在政治生活中具有重要作用。

殖民地的各级地方行政区划分比较混乱,但一般都以市和镇作为主要的地方行政单位。在印第安人居住的地区,则设印第安人村镇。到18世纪后期,西班牙为加强对殖民地的专制统治和更好地控制对殖民地的征收,仿效法国的体制,将各总督辖区和都督辖区划分为若干郡(intendencia)。这个新的行政系统分化和削弱了总督、都督、检审庭的职权,加强了王室的中央集权,从而激化了宗主国和殖民地之间的矛盾。

殖民地的全部高级官员都由西班牙国内派来的所谓"半岛人"充任。殖民地出生的西班牙人即土生白人(Criollo)只能充当低级官吏。各级官吏都进行专制统治,尽量搜刮人民,贪赃枉法,贿赂公行。宗主国为弥补国库空虚,甚至公开卖官鬻爵。殖民地的人民没有任何民主自由。唯一有一点民主气息的机构是市议会(Cabildo)。这是中古时期西班牙城市自治机构的移殖。市议员最初从城市的殖民显贵和富豪中选出,后来逐渐变成世袭,或由前任市

① 凡设在总督府和都督府所在地的检审庭,总督和都督为当然的检审庭庭长;设在边远城市的检审庭,由国王任命庭长,是为庭长辖区。

议员指定,也可用金钱买得。这种市议会的自治权当然极其有限,只能多少反映一点殖民地土生白人上层阶级意见。在拉普拉塔地区,由于未发现贵金属,较少受到宗主国的重视,因而那里的市议会享有稍多一点自治权利。但对殖民地广大人民群众来说,都一直处在毫无政治权利的被压迫者的地位。

在反动的殖民专制官僚机构的统治下,殖民地的政治是极其腐败、黑暗、落后和保守的,到处充斥着官僚主义,营私舞弊和贪污腐化。由于宗主国远在数千里之外,鞭长莫及,这一套殖民专制制度并不能真正维护宗主国专制王权的利益,殖民地各级官吏都把皇家法令视为"没有供过神的圣饼",他们的口头禅是"尊而不从",为所欲为,称王称霸。这是拉丁美洲的考迪罗主义(Caudillismo)的重要根源之一。

(二)葡萄牙在巴西的殖民机构

葡萄牙在巴西的殖民政治制度同西班牙相似。在最初,葡萄牙政府几乎是完全利用封建贵族的力量来开拓殖民地。葡萄牙王把巴西沿海岸地区划分为 15 个将军辖区(Capitanias)(每个辖区长 25 里格到 60 里格不等,深度达到教皇子午线),分赐给 12 个领主即多纳达里奥(donatario),作为世袭的采邑。这些封建式的受赐领主负担殖民活动的全部费用,负责招募殖民者,独揽殖民地的民政、经济、军事等全部大权,形同一个独立王国。1549 年,葡萄牙王任命托梅·德索萨为巴西的总督,以国王个人代表的名义治理殖民地,削弱了多纳达里奥的权力,使分散的零乱的殖民地初步得到了统一的管理。

1580 年,葡萄牙王位空缺,西班牙菲利普二世成为葡萄牙国王,两个王朝的合并一直延续到 1640 年。17 世纪时,葡萄牙仿效西班牙的制度，设立海外事务院，作为协助国王进行殖民统治的主要机构。巴西被划分为两个大区划：东北部为马拉尼昂州，以圣路易斯为首府；东南部为巴西州，以巴伊亚为首府。两个殖民地的首脑都取得总督头衔。每个殖民地之下划分为若干大都督府和小都督府。

18 世纪中叶以后，葡萄牙首相庞巴尔侯爵当权。葡萄牙王室为了更有效地搜刮和剥削殖民地，加强了对巴西的集权统治。统一和整顿了殖民地行政管理机构，取消了私人世袭的封地制，驱逐了耶稣会。并把殖民地的统治中心从巴伊亚南迁到里约热内卢。巴西的土生白人(mazambos)被允许担任行政官吏、法官和军官等。

由于葡萄牙国势不断衰弱，它对巴西殖民地的统治也相对地弱一些。殖民地的政治生活实际上是掌握在地方市政机关手中。这些市政机关管辖数百甚至数千平方英里的地区，拥有类似葡萄牙的封建城市的特权，不但敢于顶犯总督，有时甚至敢于顶犯国王。市政机关的成员一般代表地方土生白人大地主和大种植园主阶级的利益，到后期也有新兴的中小商业资产阶级的少数代表参加。这是葡属巴西不同于西班牙美洲的一个特点。

(三) 教会

天主教本来是欧洲中世纪封建制度一个基本组成部分。西班牙和葡萄牙都是信奉天主教(旧教)的国家。而且在王权取得胜利的西班牙，“教会已成为专制政体的最牢固的工具”。① 西班牙王实际上是天主教会的最高首脑，直接控制教会。也就是说，国家

① 马克思：《革命的西班牙》。《马克思恩格斯全集》第 10 卷，人民出版社，1962 年，第 461 页。

机器和教会组织实质上是合二而一的。西班牙封建专制主义的这一特点决定了天主教会在殖民地政治生活中起着特殊的作用。葡萄牙的情况同西班牙大致相似。因此,西、葡在拉丁美洲的殖民制度可以说是王权和教权相结合的天主教殖民制度。这是拉丁美洲殖民地不同于由新教统治的一些殖民地的一个重要特征。

天主教会在美洲殖民地一开始就具有双重的职能,既是宗教的,又是政治的。福斯特在《美洲政治史纲》中指出:"在征服与掠夺美洲殖民地的时候,各种教派的教会具有两重特殊任务:第一,它提供了一张精神上的和宗教上的布幕,用以掩盖全部殖民生活过程中的野蛮行为;第二,它用统治阶级所提倡的麻痹人的宗教来征服人民的心,软化他们的抵抗。"①为了执行这双重职能,西、葡都在殖民地建立了一套庞大的教会系统,作为殖民专制统治体系的一个重要组成部分。在西班牙美洲,与总督和检审庭的行政组织平行地设置了一套复杂的教阶制度。在16世纪时,共有5个大主教区和27个主教区。到殖民地末期,增至10个大主教区和38个主教区。大主教和主教都由国王直接任命,听命于国王。教会的显贵人物正式被授予官职。大主教在殖民地是仅次于总督的重要人物。有时代行总督职权。各类教派在殖民地到处建立众多的教堂、修道院和寺院,拥有数以万计的神甫、僧侣和修道士。在巴西,设立了一个大主教区和四个主教区(后主教区增至10个)。其权势与西班牙美洲的教会相同。这一支由神职人员组成的十字军,甚至比世俗的专制官僚机器对殖民地人民的统治更有成效。在政治上,它是统治殖民地人民的一把杀人不见血的软刀子,用宗

① 福斯特:《美洲政治史纲》,三联书店,1956年,第114—115页。

教法庭特别是异端裁判所残酷镇压人民;在经济上,它是殖民地最大的地主和剥削者,一般拥有殖民地全部土地的三分之一,在文化教育方面,它是殖民地的唯一的精神统治者,公开宣扬“黑人是为着做奴隶而生”的奴隶主哲学。

天主教会进行殖民统治的一种特殊组织形式,是所谓传教会制度。为了对付难以用武力征服的印第安人,天主教会就以传教的方式,在一些地区(主要是边远地区)建立独立的教会管辖区和教会村落,进行神权统治。这种传教会盛行于巴拉圭、乌拉圭、阿根廷北部、墨西哥和巴西南部等地。其中以耶稣会从 1605 年开始在巴拉圭亚松森创建的传教会中心最为著名,到 18 世纪中,在当地建立了近 30 个归化区(reducciones),统治着约 15 万瓜拉尼印第安人,历时近两个世纪。这些传教区拥有自己的军队和教会法庭,占有广达数千平方英里的耕地和牧场,利用印第安人原始公社制的形式,建立起一套神权专制,把政治、经济、宗教合为一体,组织印第安人的廉价劳动力,建立起巨大的种植场和各种工场,搜刮和生产了大量的财富。到 1767 年耶稣会被逐出殖民地时为止,耶稣会教士在西班牙美洲统治和剥削了总计约七十多万印第安人。在巴西,耶稣会的势力及其所起的作用比在西班牙美洲还更大,是深入内陆进行殖民征服的一支最重要的力量。

二、殖民地剥削制度的建立大地产制的形成

(一) 对土地的强取豪夺

殖民征服的主要目的是掠夺殖民地的财富。埃尔南多·科尔特斯踏上古巴的土地时说过一句很典型的话:“我是来搞黄金

的，不是来当农民耕种土地的。"这一语道破了西班牙殖民者的罪恶目的。在最初，掠夺财富是以抢劫、勒索、盗窃等方式进行的，是极其原始的，纯粹掠夺性的。这种殖民劫掠方式不论在任何地方都不能维持长久。"但是要能够劫掠，就要有可以劫掠的东西，因而就要有生产。而劫掠方式本身又决定于生产方式。"①这是马克思主义的一个基本观点。在殖民初期，不论在西班牙美洲和巴西都没有发现金银矿藏，而那里的土地却是极其辽阔的，原著居民是现成的。因此，如何占有殖民地的土地和剥削印第安人的劳动力，就成为早期殖民者统治殖民地所面临的一个重要的问题。

西、葡在美洲建立的剥削当地原著居民的殖民制度，是经过相当长的时期逐步建立起来的，同时也是受西、葡两国本身的生产方式所决定的。当哥伦布等殖民冒险家占有西印度群岛以后，就把岛上的土地和土著民居民作为自己的战利品加以随意支配。1499年，根据西班牙殖民者的请求，西班牙王授权哥伦布把圣多明各岛上的土地分配给每个殖民者。后来，这种强占印第安人土地分配给殖民者的办法，随着殖民征服的扩大推广到了西班牙美洲各地。当科尔特斯征服墨西哥之后，得到了包括 22 个市镇的大片土地的"赏赐"，这片土地面积不少于 25000 平方英里，住有 115000 印第安人。皮萨罗在秘鲁得到了差不多相同的土地"赏赐"。较次的头目得到上千英亩的土地。一般随从得到 500 到 1000 英亩的骑兵份地(caballerias)甚至普通士兵都分得 50—60 公顷的份地(peonias)。从上到下，莫不有赏。这种封建赏赐形式的土地占有制度，是拉丁美洲大地产制的最初的起源。

---

① 马克思：《〈政治经济学批判〉导言》，《马克思恩格斯选集》第 2 卷，第 100 页。

（二）委托监护制、征派劳役制和债役雇农制

殖民者掠夺印第安人村庄的土地，变成自己的私有财产，还必须霸占印第安人劳动力，才能实现殖民剥削。西班牙殖民者对印第安人的奴役和剥削方式，从最初掳掠印第安人为奴隶任意役使的混乱状况，逐渐走向制度化，大体经历了三个发展阶段：委托监护制，征派劳役制和债役雇农制。需要说明的是，这三种制度在一些地区往往同时存在，相互并用，并非是简单地一个替代一个的关系。西班牙殖民帝国地域辽阔，各地实行的情况往往又有很大的差异。

首先推行的是委托监护制（encomienda）。1503 年在伊斯帕尼奥拉（今海地）实行，后来推行到殖民地广大地区。根据西班牙法令，印第安人以区域为单位（最初以酋长为单位）委托给白人殖民者“监护”，白人“监护主”有责教化土著人皈依天主教，有权在自己的监护区内征收贡赋和征用印第安人服劳役。据 1542 年的“新法律”，印第安人在名义上是自由人，保有自己的村庄和土地，其内部事务由卡西克（酋长）管理，监护主不得强迫印第安人做奴隶。监护制在形式上看起来比较缓和，蒙上一层宗教的幕纱，实质上是一种变相的、特殊形态的封建农奴制。

1542 年，新法在殖民地遭到白人土地贵族的激烈反对和坚决抵制。这项法律被迫进行了有利于殖民地土地贵族的修改。最初规定监护权只以两代人为限。但随着历史的发展，殖民者都把监护区看成是自己的世袭的私产，并且还竭力侵占印第安村社的土地，以扩大自己庄园的范围，把印第安人从公社的土地所有者变成束缚于个人庄园上的农奴。据 1574 年调查材料，在西班牙美洲大约有 4000 监护主，共计约有 150 万印第安人向他们交纳贡税。加

上教会和其他殖民者的土地占有，被纳入监护制剥削形式的印第安人估计约有500万人之多。

16世纪中叶，西班牙王室取消监护区主享有私人劳役的权利，委托监护制开始衰落，转而推行“征派劳役制”(repartimento)。在此制度下，原来的监护区和非监护区里的印第安村社的成年男子，除酋长、头人外，都必须应召服役；雇主对服役的印第安人则要付给一定的报酬。但是，所付工资极为微薄，征派制实际上是一种强迫劳动制。这种制度在殖民征服初期就曾在一些地区实行过。但到16世纪中叶墨西哥和秘鲁发现大量银矿后，为满足对劳动力的大量需求，征派制得到了广泛的发展，尤其成为矿山劳动力的主要形式。这种剥削形式，在墨西哥叫“瓜特奎尔制”(Cuatequil)，在秘鲁叫“米达制”(mita)。米达制原为印加国的一种劳动制度，现在被殖民者用来为波托西和其他矿场征集劳动力的主要手段。规定每个印第安村庄的成年男子，除纳贡以外，需要经常征派七分之一的成员为殖民者服劳役。白人殖民者的矿山、种植园、蔗糖作坊、纺织工场等，都可通过这种方式取得所需要的劳力。服役的印第安人必须自带口粮到很远的地方去劳动。在矿山上没有住处，露宿在地上。在暗无天日的矿坑中，用原始的方法采掘金银矿石，每天工作12小时，很快就折磨死了。据说围绕矿场四周的道路和岩穴中堆满了饥饿和劳累而死亡的印第安人尸骸，只有踏在死人尸骨上才能通行。这种征派制常常使印第安人倾家荡产和家破人亡。有的在被征调离家前，先要为他举行葬礼。

到17世纪中期，随着委托监护制的进一步的衰落，大庄园制最终被确立为农业发展的新模式，成为拉美土地所有制的主要形式。大庄园广泛实行债役雇农制(peonage)。庄园主通过预付粮食、租赁或赊售小块土地等办法，把欠下债务的印第安人变成长年雇工,以工偿债。这些雇工定居于庄园内,成为固定的劳动力。尽管并非每个雇农都负债,但一旦欠下债务,就难以偿清,父债子还,使不少印第安人世代成为债务奴隶。这种具有强迫劳动性质的债役雇农制,反映了印第安人对庄园主的超经济人身依附关系。

为了利用殖民地的土地资源,殖民者从欧洲输入了小麦、水稻、甘蔗等作物和马、牛、羊、猪等牲畜。这些新的经济因素对美洲的农业生活起了巨大影响,促进了甘蔗、烟草等大种植场的建立,扩大了对土地的侵占。在墨西哥、拉普拉塔、巴西等地辽阔的大草原上,建立了巨大的牧场。少数最大的大地产和种植园主占有的土地,足够建立一个王国。

(三) 巴西的大地产制——种植园制

葡萄牙殖民者在巴西推行的土地占有制度,同西班牙美洲有相同之处,但也有自己的特点。在最初,多纳达里奥拥有所辖区域中的大片"赐地",并把其余的土地分给一般殖民者作为份地(sesmarias),其实是封建采邑,面积也很大。这些拥有份地的殖民者对多纳达里奥居于封建臣属的地位。在巴西没有实行过西班牙美洲的那种委托监护制,而是建立和发展了另一种大地产制——种植园制。16 世纪 20 年代,在东北部伯南布哥等热带地区,首先建立了甘蔗种植园(fazenda),最初是使用印第安人奴隶,后来主要是使用黑人奴隶。种植园经济是一种奴隶制的生产关系。种植园的面积十分巨大,最大的甚至超过葡萄牙本国的面积。每个种植园都构成一个自足的经济体系,有自己的寨子、碉堡、教堂、学校、钱局、基地等,形成一个小小的独立王国。大种植园奴隶主实行父权制的家族统治,拥有自己的卫队,过着极其骄奢淫逸的寄生生活。

（四）教会与大地产制

不论在西班牙美洲还是在巴西，教会都是大土地占有者。教会通过布施、购买、抵押等各种方式占有土地（特别是传教会建立的归化区）。这些教会地产一代一代扩大而不被分割，因此自然而然形成为殖民地最大的大地主。到 19 世纪初，新西班牙至少有一半的土地财产掌握在教会和寺院的手中。教会自己并不耕种土地，占有的大量土地中只有一小部分耕种，也完全是剥削印第安农民的劳动。在耶稣会主持的传教归化区，实行农奴制与奴隶制相结合的残酷剥削度。

随着对土地的大量占有，封建的长子继承制也被移殖到了美洲。这种制度使土地不被分割地传下去，便利了地产的不断集中。尽管在 18 世纪中逐步废除了监护制并没收了耶稣会的地产，监护区的土地并没有归还原主，白种人对土地的持有权并没有改变，印第安人仍然被旧的习惯和新的债务制度束缚在原来的土地上，大地产制也仍然保持下来。

除了大土地占有制外，在西班牙美洲和巴西都存在一些独立的小庄园。这种小庄园属于下层土生白人和混血种人所有。在殖民地末期的新西班牙，据估计小庄园有六千多个。殖民地社会的两极分化使这种小农受到排斥。巴西的小农庄（caboelo）靠全家劳动，有的小农庄有一两个黑人奴隶。

殖民地的印第安人仍保持自己的公社土地所有制。特别是在边远地区的印第安人长期地捍卫了自己的独立和公有土地制。根据殖民当局的法令，印第安人公社有权拥有土地，非经准许不能被分割。印第安市镇也不受白人殖民者侵犯，但事实上强占印第安人村社土地的事经常发生。随着印第安人古老社会秩序的被破坏,村社土地所有制受到愈来愈大的侵蚀。

四、奴隶贸易和奴隶制度

(一) 奴隶贸易

在美洲殖民地获得充分发展的奴隶制是黑人奴隶制,它差不多是同殖民侵略同时输入美洲的。

葡萄牙和西班牙殖民者是近代最早的奴隶贸易的贩子。大概在14世纪末,即开始把非洲黑人、摩尔人、摩洛哥人劫掠到欧洲,贩卖为奴(后两者被称为“白奴”)。但是只有美洲被殖民地化以后,才提供了最大的国际市场,使活人变成近代资本主义贸易体系中一本万利的商品。早在1501年,西班牙王颁布了向圣多明各岛输入奴隶的第一道敕令,但规定输入的人数甚少。1510年,国王费尔南多批准向美洲输送200个黑人奴隶。1518年,西班牙国王第一次批准从非洲向美洲殖民地直接输入黑人,从此万恶的奴隶制就开始逐步兴盛起来。

在16世纪时,拥有美洲巨大奴隶市场的西班牙和控制西非海岸的葡萄牙,基本上垄断了这一贸易。里斯本和塞维尔成为西欧最大的贩奴中心。到18世纪,荷兰变成了最大的贩奴主。到18世纪,法属几内亚公司在1702年取得了西班牙美洲的黑奴专卖权,承担在10年或12年内每年供应38000黑奴。英国通过乌特勒支条约(1713年)取得了在西班牙美洲的黑奴专卖权30年。几乎所有欧洲的殖民国家都把奴隶贸易变成为自己的重要的殖民政策,从参与这个血腥的买卖中赚取暴利。

奴隶贸易一般采取所谓“三角贸易”的航程。欧洲或北美的奴隶贩子满载粗劣货物的商船，先驶往非洲海岸，在那里交换大批黑人奴隶。在奴隶的脸上或身上打盖奴隶的烙印—— 一边烙上“S”(slave)，一边烙上主人姓名的缩写字母，然后戴上脚镣，像牲畜一样塞入拥挤不堪的货船，横渡大西洋，驶往西印度群岛、巴西、北美等地，在那里换取蔗糖、棉花、烟草以及金银等，返回欧洲或北美。一次“三角贸易”可做三次买卖，获利极大。在18世纪中，英国从与西印度群岛的贸易中获得的收入，其价值比它与世界其余地区的贸易收入大四倍。这时奴隶贸易对英国贸易的厚利，甚至超过英国从印度得到的殖民利益。

(二) 巴西的黑人奴隶制

在美洲各殖民地，奴隶制经济最早获得巨大发展的地区是巴西。

1521年，葡萄牙殖民地首次把甘蔗从欧洲输入巴西，在以伯南布哥为中心的沿海地区建立起甘蔗种植园。甘蔗种植园是为满足欧洲对蔗糖日益增长的需要而建立的一种商品生产，为了解决它所需要的大量劳动力，葡萄牙人把早在非洲几内亚湾圣托麦岛上推行的黑人奴隶制带到了巴西。最初每年输入2000—3000黑人，后来逐年增长。据保守的估计，在三个世纪中共输入黑人约350万人，其中16世纪约100万人，17世纪约60万人，18世纪约130万人，19世纪约160万人。在19世纪初，黑人大约占巴西总人口的半数，是殖民地人口中最主要的居民，并分布到巴西的各个行业中。

葡萄牙殖民者在残酷剥削黑人奴隶的基础上，在巴西建立了大面积的甘蔗种植园经济。每个种植园都设有十分原始的榨糖工场。奴隶每天在高温炉边劳动15—16小时。往磨上送料时，稍一不慎，就会把手或胳臂压断。干活稍有差误，皮鞭就打到奴隶的身上。黑人奴隶的血汗浇灌了巴西的土地，把巴西开拓成为世界最大的蔗糖产区，供应了当时欧洲食糖的绝大部分。其次是生产大宗的烟草和可可，也是供输往欧洲。到 18 世纪时，欧洲工业的发展需要大量的棉花，于是棉花种植园又代替甘蔗种植园而起，巴西一跃而为世界上的主要棉花输出地。

黑人奴隶不仅使用于农业生产，同时也使用于采矿业、工业和殖民地生活的各个方面。17 世纪末，在巴西的里约热内卢西北的米纳斯吉拉斯省地区，发现了金矿。1728 年又发现了金刚石矿。这些贵金属的发现在 18 世纪上半叶的巴西掀起了采金狂潮，从而也刺激了巴西的黑人奴隶贩入的数量达到了高峰。有时每年要输入两三万人之多。采矿的方法十分原始。奴隶打洞穴、爬坑道，有的洞穴深入地下三千英尺。矿石一桶一桶地用手传递运输。奴隶经常被崩塌的土石压伤压死。矿区粮食缺乏，饥饿和瘟疫流行，物价飞涨。矿区是欧洲殖民者的黄金天堂，是黑人和印第安人奴隶的人间地狱。

来自非洲的黑人奴隶对巴西经济和文化的发展作出了巨大的贡献，产生了深刻的影响。他们在殖民地的农业、畜牧业、金银矿、纺织、炼铁等各方面都是主要的劳动者。他们从非洲带来了新的作物如红胡椒、黑豆等，带来了许多新技术。他们是出色的木匠、画师、泥水匠、珠宝石工、雕刻工、铁匠、烤面包师、裁缝。他们还是守卫巴西的战士和内陆的开拓者。黑人奴隶在巴西殖民地有不可磨灭的历史功勋。

（三）西印度群岛的种植园奴隶制

除巴西以外，西印度群岛是拉丁美洲盛行黑人奴隶制的最大的地区。早在 1502 年，黑人奴隶第一次被输入到圣多明各。1524

年，古巴输入了300个黑人奴隶，开采日阿瓜的金矿。接着在波多黎各、牙买加、墨西哥海岸都输入了黑人奴隶。但西印度群岛的大规模的黑人奴隶的输入，是随着加勒比海地区各殖民地种植园经济的建立而巨大发展的。

17世纪，随着荷兰和英国商业资本主义的兴起，荷、英等国的殖民海盗加剧了对加勒比海各岛屿的侵袭，并在安的列斯群岛中侵占了殖民地。他们除了劫掠西班牙的殖民地并大搞走私贸易之外，还在自己的殖民地上建立起小规模的种植园，种植烟草等作物。17世纪中叶，荷兰殖民者把他们在巴西从事奴隶制种植园经济的经验带到了西印度群岛，并大量输入黑人奴隶。于是甘蔗种植园在西印度群岛各国殖民地上都空前繁荣起来，形成了著名的热带商业经济体系。从1701年到1810年，在英属殖民地输入了约140万奴隶，在法属殖民地输入了约134万奴隶，在荷属殖民地输入了约46万奴隶。西属古巴变成为奴隶贸易的主要"贸易站"之一。从1791年到1840年，在古巴上岸的奴隶不下100万人。

在西印度群岛上建立起来的奴隶制种植园，靠压榨黑人奴隶的血汗，变成了欧洲蔗糖的最大供应地。后来又成为欧洲所需要的棉花、咖啡、蓝靛等的最大商品作物产地。欧洲各国商人和投机家大量拥向西印度群岛，其获利之丰，不下于奴隶贸易和开采黄金。在18世纪时，欧洲人常用"富得像个西印度人"的话来形容当时暴发的大亨们。例如，法国在海地的殖民地，是法国在海外最富庶的领地，比法国所有其他殖民地加在一起都更有价值。海地生产的蔗糖和咖啡占当时世界产量的大部分，进出口贸易额达14000万美元，使当时英国在北美的13个殖民地相形见绌。

一直到19世纪中叶，由于拉丁美洲殖民地取得独立并废除了奴隶贸易和奴隶制，西印度群岛上的奴隶制种植园经济受到沉重打击，才逐步衰落下去。

（四）对奴隶制度的批判

在殖民地的整个时期，黑人奴隶制度事实上盛行于整个西半球。马克思有一句名言："消灭奴隶制就等于从世界地图上抹掉美洲。"①

黑人奴隶制在美洲的盛行不是偶然的。这种奴隶制是资本主义和殖民主义的孪生兄弟。它是资本主义血腥起家的一个必备条件。在资本主义原始积累时期，奴隶贸易是原始积累的主要方法之一，它为欧洲殖民国家带来了巨额利润。据英国的材料，在18世纪末，利物浦的贩奴船每贩运一个奴隶，少者可赚取纯利5英镑9先令，最高纯利有达36英镑者。利物浦在10年中贩运约30万名奴隶，获利约236万英镑。英国的最大的工业中心利物浦是靠奴隶贸易发展起来的，而另一个工业中心曼彻斯特则是靠制造用以换购奴隶的棉织品而大发其财的。

在工业资本主义和产业革命时期，商业资本转化为工业资本，于是"欧洲的隐蔽的雇佣工人奴隶制，需要以新大陆的赤裸裸的奴隶制作为基础"。② 巴西、西印度群岛、北美殖民地的奴隶制种植园为近代资本主义工业提供了廉价的原料。英国棉纺织业的发展就是依靠美洲供应的棉花。马克思指出："没有奴隶制就没有棉花，没有棉花，现代工业就不可设想。奴隶制使殖民地具有价值。殖民地产生了世界贸易，世界贸易是大工业的必备条件。"③

---

① 马克思：《政治经济学的形而上学》，《马克思恩格斯选集》第1卷，第110页。

② 马克思：《资本论》，《马克思恩格斯全集》第23卷，第828页。

③ 马克思：《政治经济学的形而上学》，《马克思恩格斯全集》第23卷，第110页。

可见，正是亚非拉殖民地人民的血汗喂养了的近代资本主义的工业文明。

与此同时，野蛮的奴隶贸易和奴隶制度给美洲和非洲的社会经济造成了极其严重的恶果。在三个多世纪中，估计从非洲运往美洲的奴隶总计约达1500万人，加上猎奴和转运中的死亡人数，非洲损失的人口至少有6000万人之多。这个无可补偿的损失对非洲的社会生产力带来难以估量的损失。奴隶制在拉丁美洲强化了暴力统治的殖民地政权。拉丁美洲的殖民剥削制度实质上是封建农奴制与奴隶制相结合的殖民剥削制度。奴隶制是社会机体中的一个毒瘤，它在社会上造成了严重鄙弃劳动的恶习，助长了殖民地社会的寄生性和腐朽性。至于处在奴隶制下的广大黑人和印第安人所受的苦难及其心智上所受的摧残，更是一幅血淋淋的图画。

五、殖民地商业和工农业的畸形发展

（一）贸易垄断制

不论在西班牙美洲还是在巴西，殖民地的全部财富和经济生活都处在宗主国的殖民专制制度的严格控制下，没有任何的自由。宗主国铸造了各种经济垄断制度的锁链来束缚殖民地经济的发展。

在16—17世纪时，西、葡和其他欧洲国家的经济政策都以重商主义作为指导思想，即认为国家唯一真正的财富是金银，而不是社会生产及其产品；国家的繁荣依靠多卖少买，通过贸易的顺差赚取金银货币。这反映了新兴的商业资产阶级力图靠发展对外贸易，掠夺殖民地，开展商业战争等方法来积累金银财富的阶级利益。在重商主义思想指导下，西、葡等国的经济政策是：国家大力奖励本国商品出口，并给予本国商人以经营各种商业的专利权，甚至用炮舰保护本国的商船队，发展对外贸易；同时厉行保护关税，限制外国商品的入口，以促成对外贸易的出超，为国库和本国商人贵族赚取金银货币和积累财富。重商主义思想支配下的殖民政策，就是把殖民地作为宗主国无限制地掠夺金银和廉价原料的对象。“殖民地的任务不是生产自己人民所需要的东西，而是生产殖民国家中统治阶级经济上所需要的东西或者生产其野心勃勃的商业资本家能在迅速扩大的世界市场中很快卖出去的东西。”①因此，殖民地的经济发展不是服从殖民地人民的需要，而是服从于宗主国封建贵族和商产资产阶级的利益，处在宗主国的高压的商业垄断政策的控制下。

西班牙对美洲殖民地经济生活进行专制垄断的机构，是 1503 年成立于塞维尔的贸易署(Casa de Contratacion)。这个机构拥有管理对殖民地的贸易、殖民、航运、税收、地理探险等广泛的权力。对殖民地进行贸易是一种只有西班牙商人享有的特权。而这种垄断体系中的一个重要措施是规定“垄断港口”。在 1717 年以前，所有来往美洲殖民地的船只都必须通过塞维尔港口。1717 年，开放了加迪斯港口。这样，塞维尔和加迪斯的大商家事实上垄断了殖民地贸易。另一方面，在殖民地也规定了几个垄断港口，即韦拉克鲁斯、卡塔赫纳、波多贝略等地。为了防止大西洋上的海盗打劫和走私贸易，从 1526 年起，所有的海运船只都由舰队护送。后来发展为“双船队制”。第一支船队在每年春天开往韦拉克鲁斯，运送货物到墨西哥和西印度群岛；第二支船队在每年 8—9 月份开往巴拿马，运送货物到南美北部港口。两支船队在次年 3 月集合于哈

① 福斯特：《美洲政治史纲》，第 74 页。

瓦那一同返回西班牙。一般运到殖民地的是呢绒、丝织品、麻布、金属制品、铁、葡萄酒等等，运回西班牙的是金银、宝石、蔗糖、可可、烟草、棉花、洋红、蓝靛、皮革等。这种双船队的贸易量十分有限，根本不能满足殖民地日益增长的各种需要。同时在整个南美大陆都没有开放口岸。货物必须从巴拿马转运到利马，再用骆马和骡子通过艰险的长途运输到达拉普拉塔地区。货物运到后价格比原来的贵八倍。

在这种垄断制度下，殖民地禁止同任何别的国家进行贸易，就是各殖民地之间也禁止相互贸易。外国货物在课以重税之后，由宗主国商人转运到殖民地。这一套反动的垄断制度把殖民地的财富和全部商业利润都尽可能地搜刮回了宗主国。殖民地内部市场的容量十分狭小，广大居民的购买力很低，从而严重地阻碍了殖民地社会经济的正常发展。

在整个殖民地时期，巴西的贸易处在里斯本的垄断控制之下，王室垄断的商品有盐、饮料、红木、造船木材、鲸鱼，其中以盐的专卖对人民为害最大。但由于葡萄牙国势的衰落，它的垄断程度远不如西班牙的严格。一些欧洲国家，特别是英国，较早地就打入了巴西的市场。

垄断体系给宗主国带来了不可解脱的矛盾。在16世纪时，西班牙和葡萄牙都在美洲建立了巨大的殖民帝国，但它们本身是十分落后的农业国。世界市场的扩大虽然也推动了西、葡贸易和工农业的发展。但封建主义的西班牙、葡萄牙缺乏进行资本主义殖民掠夺的经济基础，因此，它们不可能真正从经济上占领殖民地的巨大市场。它们的贸易垄断愈来愈变成一种虚假的表象。它们的船只上运载的是英国、法国、荷兰等国的货物。在17世纪初，西欧国家大约供给西班牙以六分之五的工业制成品，供给西班牙运往美洲的十分之九的工业制成品。外国商人的走私贸易愈来愈严重,有的时期甚至超过了正规贸易。在内外夹攻之下,西班牙的贸易垄断的专制堤防终于一步步地崩塌了。到18世纪后期,从1765—1778年,西班牙相继开放了国内的九个港口和美洲殖民地的各个港口,进行不受限制的贸易。舰队护航制度也逐步取消。但对外国的贸易,仍然受到禁止。

(二)殖民地的税收制度

宗主国套在殖民地人民身上的另一条经济锁链是税收制度。这是较之贸易垄断制更为直接的掠夺殖民地居民的方式。实际上是一种贡赋形式的勒索。

西班牙、葡萄牙王室一开始就把殖民冒险作为分取股利的赚钱买卖和投机事业。殖民地建立以后,为了吸吮殖民地人民的血汗,采取了巧立名目的税收制度,以西班牙美洲为例,主要有以下几种税收。

1. 关税:这是从殖民地贸易中征收的一种主要税收。西班牙运往美洲殖民地的本国货物,征收进口税9.5%;西班牙加工的外国产品收进口税12.5%;外国生产的产品收进口税29%。

2. 皇家伍一税:殖民地的矿藏是国王的产业。凡私人承租开采者,需将开采的贵金属的五分之一上交国王,作为矿产提成。此外还征收矿区使用费、附加税等等。这是王室最赚钱的收入。

3. 售品税:殖民地的一切贸易和买卖,不论是否售出,均征收2%的售品税,17世纪增为4%。

4. 印第安人贡税:印第安人成年男子(18—50岁),每年征5—8比索的现金或实物,称为贡税或人头税。到18世纪末,这项收入增至100比索,成为国库的重要收入来源。

5. 教会什一税：凡土地上出产的一切农畜产品，抽 10% 的税上缴教会。此外，在新西班牙教会每年出售免罪符的收入即达 30 万比索。

6. 国家专卖：重要日用品如酒类、盐、水银、纸牌、火药、胡椒、烟草等物，属于国王的专卖权，由商人承包经售，王室从专卖中抽取巨大的利润。在 17 世纪 70 年代，新西班牙仅从烟草专卖中即收入近 150 万比索。

以上是几种主要的固定税收。事实上，税额常常加码。此外，还有各种临时摊派，强迫献金，为保护加勒比海港口的“向风舰队”捐募款项，等等。在西班牙王位继承战争时期，新西班牙向宗主国的“献金”即达 200 万比索。墨西哥历史学家埃·格伦宁在他的《墨西哥及其遗产》中写道：“对每一个人，对任何一个人事活动，对任何一件公私事务，都是名目繁多的课税、捐款、征收、垄断权、义务、佣金、专卖权、提成、优待权等等。王室的垄断权扩及到如此五花八门的名目上，如盐、烟草、水银、从高山上运下来冷藏的雪水、火药、纸牌、斗鸡……抽彩票。一直到买卖官职。到殖民地末期，把新西班牙的收入吸入王室的钱库的方法有 60 种以上。”

（三）殖民地的工农业生产

在垄断贸易和苛捐杂税的重压下，殖民地工农业生产的发展受到很大的障碍。凡是可能与宗主国发生竞争的商品，都受到限制或禁止生产。唯一受到宗主国鼓励的工业是开采金银。16 世纪 40 年代以后，在墨西哥的萨卡特卡斯和上秘鲁的波托西等地发现了蕴藏量丰富的银矿。主要的黄金矿藏则在哥伦比亚。采矿大多是小业主，技术十分原始，糟蹋了不少低级的矿苗和矿坑。

葡萄牙在 17 世纪末 18 世纪初发现金矿和金刚石矿后，国王占为王室的产业，采金者必须将所得的五分之一上交国王，并对采矿者进行各种苛刻的限制和监督。为了垄断矿藏，甚至把矿区的居民驱逐出境，为了防止奴隶偷藏金刚石，甚至强迫奴隶吃泻药。采矿是用最粗暴和最原始的方法进行的。由于大量居民拥向采金业，在一个时期内造成了农业人口的急剧下降，引起了严重的经济失调和人民生活的极端贫困。

在整个殖民地时期，大量的金银流到了宗主国。欧洲殖民国家总共从拉丁美洲劫走了多少金银，很难作出确切的估计。据有的材料估计，至殖民末期，哥伦比亚生产了大约 3000 万盎司的黄金[①]，约值 10 亿美元。巴西在 18 世纪时生产了 983000 公斤黄金，300 万克拉[②]金钢石。在三个世纪中，从拉丁美洲运往欧洲共计约 200 万公斤黄金(1500 年，欧洲仅存 55 万公斤黄金)。白银主要产自西班牙美洲。在三个世纪中，运往欧洲约共计 9000 万至 10000 万公斤白银(1500 年时，欧洲仅存 700 万公斤白银)。至 19 世纪初，拉丁美洲大约生产了当时世界贵金属总产量的 90%。

殖民地其他的工业和制造业的发展，受到重重限制。西班牙禁止墨西哥制作丝绸，甚至把已有的桑树砍掉。为了保护宗主国酒商的利益，竭力破坏秘鲁和智利的葡萄园和酿酒业。葡萄牙禁止巴西酿酒、制精糖，甚至禁止制造金银、铁制品和丝织品，只许小规模地生产奴隶穿的衣服。尽管有种种规章的限制，由于实际行不通，殖民地仍逐步发展了供应地方市场的某些工业。在西班牙美洲建立了如纺织、制革、制酒、磨面粉、丝绸、铁制品、银制品、马具、火药、肥皂、制砖、烟草业等等。在墨西哥、秘鲁和智利还有家

① 1 金盎司＝31.1035 克。

② 克拉是宝石的重量单位，1 克拉＝200 毫克。

具木器业，拉普拉塔有腌肉业、哈瓦那和巴拿马等地有造船业。这些工业基本上是手工业性质的小型作坊，到殖民地晚期还有一些手工工场。在这些企业里干活的雇工，大都是衣不蔽体的债务奴隶。每个工场实际上是一座监狱。雇主可以任意毒打雇工。从清晨到日落，雇工同受雇的罪犯一起锁在工场里干活。

殖民当局很少重视农业，耕作技术很原始，最好的情况下，不过是在木棍上按一个铁头当犁使用。印第安人村落更是难以得到欧洲的牲口和工具，保持原来的落后的农业生产水平。谷物的生产限于保证本地区的供应。只有可供输往欧洲赚钱的少数几种农产品，如甘蔗、棉花、可可、烟草、洋红、咖啡、蓝靛、畜牧业等，受到殖民当局重视。这些农畜产品在大西洋贸易中的地位逐步增高。于是殖民者就大力种植单一的经济作物。这种畸形的发展在巴西殖民地表现得最突出。在16—17世纪时，甘蔗和烟草的种植占压倒一切的优势。后来棉花的生产逐渐取得了重要地位。到19世纪中，咖啡取代甘蔗而成为巴西的作物之王。

18世纪下半叶，由于宗主国放松了对殖民地的贸易限制，西班牙美洲和巴西的农业和畜牧业生产都有较大的提高。据洪堡特提供的材料，19世纪墨西哥的农产品估计约值3000万比索，矿产品约值2500万比索，工业品约值七八百万比索。农产品的年产值已超过贵金属的年产值。

六、殖民地社会的阶级矛盾和阶级斗争

（一）殖民地阶级社会的形成

西班牙和葡萄牙的灭绝人种的殖民政策，不仅破坏了美洲

原著居民印第安人氏族公社制的社会基础，甚至也破坏了印第安人原有的种族基础。在殖民地时期，大量的欧洲移民和非洲黑人奴隶的输入，使拉丁美洲变成了美、欧、非三洲各族人民种族融合的大熔炉。在三个多世纪中，通过大量的复杂的种族融合，逐步形成为许多新的民族。这是拉丁美洲殖民地社会的一个重要特点。

按种族、社会出身和社会经济地位的不同，殖民地社会形成许多不同利益的社会集团。但最基本的阶级结构是两大对抗的阶级，即白人殖民者、剥削阶级，这是殖民地社会财富的占有者；有色人种、被剥削阶级，这是殖民地社会财富的生产者。

不论在西属美洲或在巴西，殖民地社会的阶级划分同种族歧视都结合在一起，形似一座等级森严的金字塔梯级。站在殖民地社会顶端的统治者阶级，是宗主国派到殖民地的高级官员、高级军官、高级僧侣和大商人等等。这些人大多出身西班牙、葡萄牙的显贵和富商家庭，或者是早期征服者的后裔。他们把持了殖民地行政、军事、教会的全部高级职位，经营垄断贸易，是殖民地的高级官僚、统治阶层和特权阶级。荒谬的是，只是因为他们是在宗主国出生的白人，就自认为血统高贵，不但歧视殖民地有色居民，甚至也鄙视殖民地出生的、与自己同一血统的土生白人。这些来自宗主国的特权阶层，统称为“半岛人”(Peninsulares)，占殖民地人口的极少数。到19世纪，在西班牙美洲大约只有30万人(占总人口的1.9%)；在巴西的人数更少。

其次是土生白人(criollo)。这是早期殖民者或后来的宗主国移民的后裔。这个社会集团与宗主国生人同属白人血统。它的上层大多是殖民地显贵的后代，同宗主国统治阶级有千丝万缕的联系，在美洲拥有地产，是殖民地社会地主、种植园主阶级的核心。

土生白人名义上与宗主国白人完全平等,实际上不论在政治上、经济上都受到宗主国殖民贵族官僚统治阶层的排斥。在西班牙美洲的170个总督中,只有四个是土生白人;在706个主教和大主教中,只有100人左右是土生白人。一般土生白人只能充任殖民地的市议员和小官僚。只有巴西的种植园主构成强大的地方豪强势力,在殖民地政治和经济生活中有较大的支配作用。随着殖民地社会的发展,土生白人同半岛人之间的矛盾愈来愈尖锐。

在殖民地的半岛人和土生白人并非都是富裕的所有主。随着移居到美洲的宗主国和欧洲其他国家移民的逐渐增多,大量的手艺人、工匠、小商人、自由农民在殖民地定居下来,这些人大体保持原有的社会地位,构成为殖民地社会的中等阶级和小资产阶级。

殖民地的有色人种,不论是印第安人、黑人奴隶还是大部分的印黑混血种人(sambos),都处在殖民地社会的最下层,是遭受殖民奴役和种族压迫最深的被剥削阶级,同时也是殖民地社会财富的主要创造者。

美洲大陆上原有的原著居民印第安人,除极少数世袭的氏族贵族阶级以外,广大的印第安人都处在半农奴半奴隶的地位,不但被强迫服劳役,上交人头税,而且还受强迫摊购商品制度的重利盘剥。有的镇长甚至规定自己区里的印第安人如不买一副眼镜戴上,就不许去见他。在整个殖民地时期,印第安人的贫困和落后面貌几乎没有任何改变。在西班牙美洲,1720年废除委托监护制以后,土生白人地主用各种方法掠夺印第安人村社的土地。丧失土地的印第安人仍然固着于白人地主的土地上当雇农、佃农和债农,或从役夫逐渐变为雇佣的工资劳动者。只有处在边远地区或山区的印第安人,仍长期保持自己的独立的自由生活。

在盛行奴隶制的巴西和西印度群岛,一直到19世纪中叶,黑人奴隶的悲惨境况没有丝毫的改变(海地除外)。

在白人上层阶级和印第安人、黑人奴隶之间,有着数量众多的各种混血种人(包括少数自由黑人)。混血种人,特别是印欧混血种人,即"梅斯提索"(mestizos),是自由人,处境不像奴隶或债奴那样坏,但事实上也毫无公民权利,极少担任公职,社会地位很不稳定。混血种人的上层形成殖民地的小资产阶级,最下层变成无业游民。在南美大草原上的自由牧民,如阿根廷的高乔人(gauchos)、委内瑞拉的良诺人(llaneros),大都是印欧混血种人,他们是出色的骑手。

(二) 印第安人反对殖民奴役的斗争

不论在西班牙美洲和巴西,在殖民地广大人民同宗主国之间,殖民地内部各阶级之间,不同的种族之间,世俗社会力量同教会势力之间,都存在着深刻的矛盾。殖民地社会的各种阶级斗争中,最主要的是印第安人反对白人殖民奴役和种族压迫的斗争,黑人奴隶反对奴隶制度的斗争,土生白人反对宗主国的垄断和歧视政策的斗争。在三个世纪中,这些斗争此伏彼起地交织在一起,形成拉丁美洲人民的光荣的革命斗争传统。

欧洲殖民者征服和奴役美洲印第安人民的历史,也就是印第安人民反抗殖民统治和争取解放斗争历史。从沦为殖民地的那一天起,身受殖民统治、白人地主剥削和教会迫害三重压迫的印第安人,就不断举行反抗和起义斗争。印第安人反抗斗争的特点是,常以他们的古老的光荣祖先作为斗争的旗帜,号召本族人民起来用武力驱逐白人的殖民者,恢复本族的统治。这一趋势在后来促使形成强烈的"印第安主义"。

在殖民地时期,西班牙美洲各地不断爆发印第安人奋起推翻西班牙殖民统治的英勇斗争。其中著名的有:1657年,卡尔查克印第安人在图库曼(阿根廷)发动的起义。起义领导者佩得罗·波奥尔克斯自称是阿塔瓦尔帕的后裔,采用印加王称号。1645—1675年,新墨西哥普埃布洛印第安人反对天主教权的剥削和压迫的长期斗争,在1680年爆发为大起义。起义者攻克了首府圣大非,占有新墨西哥达12年之久。18世纪时,从新西班牙到秘鲁,到处呈现出印第安人的反抗斗争。在墨西哥奇亚巴斯、尤卡坦、米却肯等地都发生过起义。1767年塔拉斯坎印第安人的大起义,占领了米却肯100多个村镇。在这些斗争的沉重打击下,迫使西班牙殖民当局宣布废除委托监护制(1785年)和取消向印第安人强迫摊购商品的制度。在秘鲁,1742年坎巴族印第安人胡安·桑托斯,自称是古代印加统治者的后代,领导本族人民用标枪、弓箭、木棍武装自己,发动起义,坚持斗争达数年之久。18世纪80年代,在秘鲁爆发了震撼西班牙美洲的印第安人大起义。

1779年,西班牙为了同英国进行战争,把沉重的军事负担强加在殖民地人民头上,强行征收一些多年没有征收过的捐税,地方官吏更借此大肆敲诈勒索。殖民当局横征暴敛终于激起了印第安人的群众性大起义。起义的领导者何塞·加布雷尔·康多堪基(1740—1781年),是秘鲁廷塔省通加苏卡村的印第安酋长(据称是古代印加统治者图帕克·阿马鲁的后裔),受过高等教育。1780年11月,他领导当地印第安人起义。起义者捉住并处死作恶多端的白人镇长,分发了他搜刮的财富。康多堪基自称是图帕克·阿马鲁二世,提出了废除米塔徭役制,取消人头税,恢复印加国等口号,起义者迅速发展到10万人,在初期的战斗中取得了很大胜利,控制了秘鲁南部以及玻利维亚、智利和阿根廷等部分地区。但是由于起义军缺乏训练和严密组织,武器简陋而且数量很少,同时也未能把土生白人争取到自己的一边，因而在受到利马和布宜诺斯艾利斯的西班牙正规军的夹击之下，起义遭到失败。1781 年 5 月，康多堪基及其妻子等被捕，被极端野蛮地处以四马分尸的极刑。这一暴行激起数以千计的印第人投入新的斗争，一直到 1782 年初，起义才被全部镇压下去。据估计这次战争中双方死亡不少于八万人。1780 年秘鲁大起义是整个大陆即将到来的伟大独立革命战争的光荣的先驱。

殖民地时期印第安人的反抗斗争，大多是单纯的自发的农民运动，缺乏具有远见的纲领，组织也较差。起义者不仅反对殖民统治，甚至企图把全部白人居民都赶出美洲大陆，带有强烈的印第安主义倾向。这些弱点使它难以发动最广泛的人民群众形成强大的力量，以推翻殖民统治。

（三）黑人奴隶反对奴隶制度的斗争

黑人奴隶反对白人奴隶主和奴隶制度的斗争，是贯穿整个殖民地时期的另一场激烈的阶级斗争。

黑人奴隶身处异乡，遭受非人的残酷虐待，受到奴隶主的严密监视和防范。并不许携带武器，因此黑人组织起义比印第安人困难得多。但不甘愿做奴隶的黑人仍进行各种反抗斗争。在从非洲到美洲的贩奴船上，就不时发生奴隶的暴动。加勒比海地区的第一次黑人奴隶起义发生在 1533 年古巴的霍巴博矿场。1538 年，奴隶乘法国海盗袭击哈瓦那的时机暴动，捣毁了这个城市。在海地、牙买加、马丁尼克、巴巴多斯岛等地，到处都发生过奴隶的重大的反抗斗争。在美洲大陆上也是一样，1570 年，一艘贩奴船在厄瓜多尔附近海岸遇险，船破后黑人逃到岸上山中同当地印第安人共同建立了一个独立的社会，保持自己的自由达数世纪之久。

奴隶争取自由的斗争的一种常见的形式是集体逃跑山林中，建立独立的村落，用武装捍卫自己的独立自由。在加勒比海地区，这种自由黑人称为锡马龙人（cimarrones）。在巴西，这种逃亡黑人的小村落被称为“逃奴堡”。在整个拉丁美洲，从16世纪下半叶以来的几世纪中有若干个这种黑人避难所同时存在着。

在拉丁美洲殖民地时期黑人奴隶反抗斗争中最著名的事件，是17世纪巴西逃亡奴隶建立的帕尔马瑞斯黑人国。1630年，在巴西伯南布哥省的黑人奴隶，乘荷兰殖民者入侵的时机，大量逃往内陆，建立了许多“逃奴堡”，并联合成为一个联盟形式的国家。这些自由黑人按照非洲班图族的社会习俗，建立了井井有条的政治机构，组织了自己的社会经济生活，在棕榈丛林中建筑了坚固的村寨，居民约2万人。“帕尔马瑞斯”的自由黑人与印第安人建立了联系，甚至同某些葡萄牙商人保持贸易接触。巴西的种植园奴隶主对这个黑人国家恨之入骨，先后多次派遣远征队前往攻剿都未能取胜。一直到17世纪末，伯南布哥种植园奴隶主联合圣保罗的强大的猎奴武装队伍，经过几年的战斗，最后动用了大炮，才在1697年最后摧毁了这个黑人国。“帕尔马瑞斯”的黑人进行了十分英勇的抵抗，宁愿战死也拒不投降。这一英雄的史迹被巴西史学家誉为“黑人的特洛伊”，“真正的伊利亚德史诗”。

帕尔马瑞斯黑人国是一座历史的丰碑，它显示了黑人奴隶争取自由的伟大创造力量，驳斥了黑人是没有能力独立创造生活的劣等民族的殖民主义谰言。但是，在殖民主义的“分而治之”的反动政策的影响下，印第安人的斗争很少能同黑人的斗争结合起来，相互支援。这是印第安人和黑人奴隶的斗争力量都共同受到限制和削弱的一个重要因素。

（四）土生白人的不满和反抗斗争

土生白人同宗主国的矛盾也随着殖民地社会的发展而日益加深。几乎从殖民地早期起，土生白人就同宗主国王室及其派遣的殖民官吏之间存在着冲突。早在16世纪40年代西班牙美洲各大城市的土生白人地主阶级几乎普遍发生骚动，反对1542年新法律。1544年在秘鲁发生了贡萨洛·皮萨罗领导的武装叛乱，驱逐了派来的总督。1566年，科尔特斯后裔在新西班牙参加监护主的叛变，以武力反对收回特权。

17世纪以后，土生白人的不满和反抗主要集中在反对宗主国的贸易垄断和政治歧视政策。土生白人同半岛人之间的鸿沟愈来愈深，甚至彼此敌对和仇视。在一些城市里发生过驱逐总督和反传教会等的激烈行动。18世纪中，西班牙波旁王朝为加强宗主国的中央集权而实行的改革，在殖民地引起了土生白人的很大不满。随着殖民地经济的发展，要求打破贸易垄断制的呼声日益强烈。1765年，在基多（新格拉纳达）发生了城市贫民（主要是混血种人、印第安人）不满殖民当局对酒类的专卖和高额关税而引起的暴动。规模更大的一次流血斗争，是与秘鲁1780年印第安人大起义先后同时爆发的新格拉纳达的市民大起义。

这次大起义的起因同秘鲁发生的情况相似。西班牙为了增加国库收入，将在新格拉纳达已合并为一的关税和售品税分开征收，特别是向土生白人也强征人头税，引起了土生白人的极大愤慨。与此同时，国家专卖的烟草和甜酒等日用品价格却提高一倍。1780年底，新格拉纳达北部的居民开始发生骚动。1781年3月，索科罗城的市民群众撕毁了征收新税的告示，高呼“打死巡按使！”（巡按使是宗主国派来监督征税的大员）在城市举行了游行。这一事件很快就引起了其他城市居民的强烈响应。一个空前规模的抗税斗争在新格拉纳达各处爆发了。起义群众不仅有土生白人和混血种人,同时也有印第安人参加。起义者袭击了官家的烟草仓库,捣毁税务机关和一些官家店铺。4 月 16 日,参加抗税斗争的邻近各城市的代表在索科罗城集会,宣布成立“公社”作为领导机构。富有财势的土生白人胡安·弗兰西斯科·贝尔比奥被推举为领导者。“公社社员”组成的起义队伍开始向波哥大进军。但是贝尔比奥通过谈判取得了废除某些捐税和专卖制的诺言后,就出卖了这一斗争,下令撤军。殖民当局等待援军开到之后,立即撕毁诺言,对起义者进行反攻倒算。由于叛徒贝尔比奥的阻挠和破坏,起义军在同年 10 月被击败。许多起义领导人惨遭杀害。

18 世纪末各处殖民地人民的斗争浪潮表明:宗主国的殖民统治已陷入深刻危机,腐朽的殖民体系的崩溃已为期不远了。

第四章 民族独立革命与拉丁美洲独立国家的建立

一、殖民统治危机的加深

欧洲殖民主义者的残暴的专制统治,使宗主国和殖民地之间的鸿沟愈来愈深,矛盾愈来愈尖锐。印第安人和黑人奴隶占殖民地人口的大多数,他们深受宗主国殖民贵族和商人、天主教会、当地的白人地主阶级的重重压榨和剥削,阶级仇恨最深。在三个世纪中,他们不断进行反抗殖民统治和阶级压迫的起义和斗争。17 世纪中巴西黑人逃入丛林中建立自己的国家,坚持斗争达半个世纪。1780 年,秘鲁印第安人继承其光荣先辈图帕克·阿马鲁的斗争传统，发动起义，号召印第安人复兴独立的印加“帝国”。参加起义者达七至八万人之多，在几个月内就扩及秘鲁南部广大地区。这些斗争虽然都遭到失败，但表明印第安人和黑人从未屈服于殖民统治，他们是争取殖民地独立解放的伟大的革命动力。

不仅受尽压榨和剥削的印第安人、黑人奴隶、贫困的混血种人反抗暴虐的殖民制度，连殖民地出生的欧洲人，即所谓土生白人，对殖民制度也愈来愈不满。特别是从18世纪下半叶以来，日益衰落的西班牙和葡萄牙在各种内外因素的冲击下，被迫稍微放松对殖民地的经济贸易限制。增加了殖民地通商口岸和允许殖民地和宗主国的自由贸易之后，拉丁美洲殖民地经济发展了，扩大市场的要求增长了，这样，宗主国落后的殖民制度的重重束缚与殖民地的社会经济发展的矛盾愈来愈尖锐化。美洲出生的欧洲人中的地主和商人，日益要求成为殖民地社会的支配力量，他们同宗主国殖民贵族之间在政治和经济利益上的斗争，被推到殖民地政治生活的首位。

18世纪末19世纪初，在北美和欧洲掀起的资产阶级革命风暴影响下，欧洲启蒙运动思想家的学说和著作，美国的独立革命思想和法国的《人权宣言》等等，秘密地传入了拉丁美洲。1794年在哥伦比亚第一次翻译和秘密印刷了《人权宣言》。在拉丁美洲的一些大城市，土生白人贵族和知识青年组织了各种秘密结社。进行争取独立的舆论准备和密谋活动。

18世纪末和19世纪初在法国、西班牙、葡萄牙等国爆发的资产阶级革命，拿破仑在欧洲发动的侵略战争和反拿破仑战争，为拉丁美洲的独立运动提供了一个十分有利的外部条件。法国、西班牙、葡萄牙在美洲的殖民地几乎和宗主国同时掀起了空前巨大的革命和战争，是这一时期殖民地革命的一个重要特点。

二、海地黑人奴隶独立解放战争(1790—1804 年)

(一) 法国在圣多明各岛上的殖民统治

1790 年,在法国革命的直接影响下,在加勒比海的圣多明各岛西部(海地)的法属殖民地,数十万黑人奴隶首先点燃了拉丁美洲独立解放运动的战斗怒火。

圣多明各岛在古巴东南,是加勒比海中的第二个大岛。西班牙殖民者在岛上建立了第一个殖民地——伊斯帕尼奥拉(即小西班牙)。17 世纪法国殖民海盗侵占了这个岛的西部,建立了法属殖民地,并将该岛命名为圣多明各岛,岛的东部仍是西班牙殖民地,岛上原来的印第安人早被欧洲殖民强盗虐杀殆尽。法国殖民者从非洲运来大量黑人奴隶,在岛上建立了甘蔗、咖啡、棉花等热带作物的大种植园,在这个仅占全岛约三分之一面积的法属殖民地,出产了当时世界市场上的大部分的糖和咖啡,其出口贸易额占法国殖民贸易总额的一半以上,成为当时世界最富有的热带殖民地,岛上法国奴隶主们坐的马车是镀金的,可见其豪奢。

在独立革命爆发前夕,圣多明各岛上大约共有 70 万黑人、7—8 万白人。在法属殖民地上,黑人奴隶约 50 万人,占总人口十分之九;此外约有三万多自由的有色种人(黑白混血种人和自由黑人),拥有少量的土地,是岛上的小商人和手工业者,在政治上和经济上都受到白人殖民者的严格限制和歧视。长期以来,黑人奴隶前赴后继地不断进行起义和逃亡斗争,几乎每 5 年到 10 年要发生一次黑人起义。法属殖民地的 3—4 万白人殖民者也发生了显著的分化;法国派去的殖民官僚和早期前往岛上的法国大种植园主、大商人,是岛上的统治阶级,来得较晚的欧洲人则大多是小商人、匠人和小种植园主。阶级压迫和种族歧视交织在一起。当时有人写道:这个殖民地“就像一座外表青葱的火山,没有人察觉到内部的烈焰即将喷射而出”。

(二) 圣多明各岛上黑人奴隶起义的爆发

1789 年,法国大革命爆发。当时法国资产阶级的激进派人物组织“黑人之友社”,提出过废除奴隶制的主张,圣多明各岛上的自由有色人首先行动起来,争取政治上和经济上的平等权利。岛上的大种植园主大为惊骇,力图维护自己的特权阶级利益,并伺机夺取殖民地的完全的统治。1790 年,岛上爆发了自由有色人领导的第一次武装起义。由于起义只是孤立的发动,很快就被镇压下去了。

这次起义迫使法国制宪会议不得不注意殖民地的问题。1791 年 5 月法国制宪会议通过法令,宣布自由有色人与白人政治平等。但这个只使少数人得益的新法令仍遭到殖民地的白人特权阶级的坚决反对。

1791 年,圣多明各岛的自由有色人再次领导了武装起义。大批逃亡黑人奴隶投入了斗争。他们打着鼓高呼:“宁愿死也比当奴隶好!”放火焚烧了咖啡和甘蔗种植园,把白人种植园主投入火中烧死。在斗争中涌现出杰出的黑人领袖杜桑·卢维图尔(1743—1803 年)。杜桑原是一个奴隶出身的马车夫,开始起义时只有 600 黑人,很快发展到 4000 人,在战斗中锻炼成一支纪律严明、所向披靡的革命队伍。愈来愈多的黑人奴隶投入起义军,从而开始把自由有色人领导的争取自由的斗争扩大成为打碎整个黑人奴隶制度的斗争。

1793年春,英国、荷兰、西班牙组成反法联盟。英国和西班牙出兵侵入海地。杜桑·卢维图尔等领导起义军先加入西班牙军,联合攻打法军,占领海地北部的大批土地。起义军要求西班牙废除占领区的奴隶制度,遭到拒绝。法国资产阶级中最激进的雅各宾派执政以后,在1794年2月4日通过了废除奴隶制的法令。这个法令号召了圣多明各岛上的广大黑人回到法兰西共和国的一边来反对西、英侵略者。杜桑·卢维图尔转而同法军联合。1795年,西班牙在对法战争中失败,把圣多明各岛的东部割让给法国。这时,岛上有色人的上层富裕阶层对黑人奴隶的声势日益恐惧,开始公开转向反革命,进行叛乱和分离阴谋活动。杜桑·卢维图尔领导起义军经过英勇奋战,赶走了英国殖民军队,并解放了岛上东部原西属殖民地的黑人奴隶,统一了全岛。

1801年7月,圣多明各岛召开了制宪会议,制定了废除奴隶制度的新宪法。杜桑·卢维图尔被选为终身总督。圣多明各岛形式上仍保持对法国的从属关系。

(三) 海地国家的独立

但是,这时新取得政权的法国大资产阶级对圣多明各的黑人奴隶革命充满阶级仇视,拒不批准圣多明各的宪法。不可一世的拿破仑妄图用武力重新恢复岛上的奴隶制度,并在美洲重建法国的殖民大帝国。他派遣自己的亲信勒克莱尔将军率领精兵三万、战舰54艘,前往征讨圣多明各。杜桑率领全岛人民奋战强敌。在给敌人以重大打击后,将主力退到内地坚持斗争。勒克莱尔看到不能在战场上迅速取胜,就伪装进行和平谈判,诱骗杜桑出席会议,然后背信弃义扣留了他。杜桑被押送法国,死于狱中。

敌人的卑劣罪行及其妄图使自由黑人重新沦为奴隶的罪恶阴谋,激起了圣多明各人民极大的革命义愤。他们展开了打击侵略者的游击战争,表现出誓死不屈的斗争精神。黑人游击战争的打击,热带的黄热病的侵袭,使拿破仑的侵略军遭受在历次战争中从来没有过的巨大损失。1803 年 11 月,黑人军队攻陷法军在岛上的最后堡垒。侵略军残兵败将 8000 人从海上逃走,又被法国的劲敌英国海军劫获。拿破仑向圣多明各前后派遣六万远征军,最后落得全军覆没的可耻下场。征服圣多明各的计划彻底破产。

1804 年 1 月 1 日,第一个摆脱了殖民统治和废除了奴隶制度的新国家在圣多明各岛上宣布了自己的独立。① 这个新的黑人国家恢复了圣多明各岛的印第安语原名"海地"(意为多山的地方),作为自己的国名。

海地黑人奴隶争取自身解放的斗争,把反对殖民主义和外国干涉者的斗争紧密地结合在一起,树立了奴隶们自己解放自己的光辉榜样。这一伟大的历史功勋鼓舞了拉丁美洲各殖民地争取独立自由的斗争,敲响了整个拉丁美洲殖民制度和奴隶制度彻底崩溃的第一声丧钟。

三、西班牙美洲殖民地的独立解放战争(1810—1826 年)

(一) 西班牙殖民统治危机的加深

西班牙在拉丁美洲建立的史无前例的殖民大帝国,囊括了北

---

① 在海地宣布独立时,圣多明各岛东部原西属殖民地仍被法国占领军所控制。1808 年法军撤退后,西班牙殖民者重新占领。1822 年,海地将东部置于自己的统治之下。1844 年东部宣布独立,建立多米尼加共和国。

美大片地区、中美以及除巴西以外的几乎整个南美大陆，这个极其辽阔的殖民帝国被划分四个总督辖区，即新西班牙、秘鲁、新格拉纳达和拉普拉塔，实行“分而治之”的专制统治。

独立战争前夕，在1500万殖民地人口中，大约有750万印第安人和78万黑人，即占总人口一半的居民，处于毫无权利的被压迫被剥削的地位。各种混血种人约五百多万人，占总人口三分之一，名义上是“自由人”，实际上不享有政治权利，经济地位低下，构成殖民地的小商人、手工业者、城市贫民和自由农民，是城乡小资产阶级的基本队伍。美洲出生的西班牙人即土生白人约有三百多万，占总人口约五分之一，其上层富裕阶层拥有殖民地很大部分地产。土生白人名义上与西班牙人完全平等，事实上被排斥在殖民地政治、经济、军事、教会的一切高级职位之外。在殖民地时期的170个殖民地总督中，只有四个是土生白人。宗主国出生的西班牙人，即所谓半岛人，只有30万人，大都是从西班牙派来统治殖民地的高级官僚统治阶层，垄断了殖民地的政治、经济和教会的事务。殖民地各阶级之间，不同肤色的居民之间充满着深刻的对立和矛盾。18世纪后期，日益衰落和腐败的西班牙被拖入了一系列的欧洲战争，国库空虚，不断加紧对殖民地的经济压榨，更加深了殖民地人民对宗主国的殖民统治制度的不满，首先从土生白人的富裕阶层中发出了彻底改革殖民制度的呼声。

18世纪下半叶以来，拉丁美洲殖民地的经济较过去有较大的发展。墨西哥的银产量在一个世纪中增长四倍。19世纪初墨西哥每年出口的银子为当时欧洲所有银矿的出产量的10倍。轻工业如制革、纺织、陶器、铁器、木器、马具等制作业或手工工场也建立起来。农业和畜牧业有了发展。墨西哥的农产品的生产总值开始超过金银的产值。南美的阿根廷地区的肉类和皮毛业的生产有很大发展，在1787年建立了第一家腌肉工场。西班牙美洲的内部市场扩大了，商品和货币关系发展了，并出现了当地的早期的商业资产阶级。随着经济的发展，西班牙美洲殖民地人民对宗主国的贸易垄断制等重重封锁和限制，就愈加不能忍受了。

18世纪末法国资产阶级革命和19世纪初拿破仑发动的欧洲战争引起的巨大政治动荡，使西班牙同美洲殖民地之间的联系中断，殖民地贸易一时几乎完全瘫痪。殖民地人民迫切要求取消贸易垄断制，得到与其他外国自由贸易的权利。与此同时，英国殖民主义者伺机侵入南美，用炮舰和走私贸易强迫打开西班牙美洲的通商口岸，扩大英国货的海外市场。1805年，西班牙的舰队在海战中被英国彻底击溃。英国舰队在拉丁美洲各海岸巡行，畅通无阻。拉丁美洲殖民地人民争取独立自由的斗争同欧洲资本主义列强的自由贸易要求，互相影响，瓦解着西班牙的美洲殖民体系。

（二）西属美洲独立战争的两个阶段

1808年，拿破仑派军队侵入西班牙，囚禁了西班牙国王费尔南多七世，把这个国家置于法国刺刀的统治之下。西班牙全国爆发了自发性的起义，开始了延续六年之久的反对法国占领者的独立战争（1808—1814年）。西班牙由此开始的“可歌可泣的斗争”，“是现代史中最激动人心、最有教益的一章”①。法国的入侵，使整个殖民官僚机器开始陷于瘫痪和混乱。殖民地人民也像西班牙人民一样，拿起武器投入了争取独立解放的革命战争。1809年，在秋基萨卡（玻利维亚）、基多（厄瓜多尔）、瓦利亚多利德（墨西哥）

① 马克思：《革命的西班牙》，《马克思恩格斯全集》第10卷，第464页。

等城镇，土生白人独立派就开始发动地方性起义，驱逐西班牙官吏，争取殖民地自治权利，但没有获得成功。1810 年，法国侵略军几乎占领了整个西班牙，西班牙的中央政权实际上不存在了。在这一新形势下，西属美洲殖民地土生白人独立派到处都打出反对法国干涉者和维护西班牙的合法正统的旗号行动起来，驱逐西班牙总督和殖民官吏，建立革命的市议会和临时革命政权，在从新西班牙到拉普拉塔的辽阔的大陆上，许多大城市都爆发了武装起义。

在西属美洲殖民地独立战争的第一阶段(1810—1815 年)，除秘鲁这个西班牙殖民统治的顽固堡垒外，西属美洲大部分城市和地区的政权都从西班牙殖民当局手中转到了土生白人独立派手中，初步建立起革命政权，废除了许多殖民立法。但是革命的领导者土生白人独立派大都出身大地主阶级，他们没有也不可能提出符合殖民地广大人民利益的、完全独立的政治经济纲领，也没有广泛发动和争取广大的印第安人、黑人参加斗争，因此革命政权都不巩固。1814 年，西班牙国王费尔南多七世恢复了王位。这个反动王朝复辟之后，立即恢复了全部专制制度，镇压国内的爱国力量，同时急忙派遣远征军前往美洲，重新征服起义的美洲殖民地。到 1815 年，除遥远的拉普拉塔地区外，西属美洲其余地区的独立的新政权大都遭到了残酷的镇压。但是，费尔南多七世对殖民地独立运动的残酷镇压，不但没有恢复旧殖民统治秩序，反而搬起石头砸自己的脚，迫使土生白人独立派更加坚定地走与宗主国彻底决裂和完全独立的武装斗争道路。

1816 年 7 月，拉普拉塔联合省正式宣布脱离西班牙而独立，革命军在委内瑞拉重新登陆并建立第三共和国，标志着独立战争进入一个新阶段(1816—1826 年)。在这一阶段，由于提出了争取完全独立的明确的战斗纲领，争取了广大人民群众特别是印第安人和黑人参加斗争，组织了强大的革命武装力量，独立战争开始夺取了一个又一个的胜利。1820 年，西班牙爆发了新的资产阶级革命，准备派往美洲的西班牙远征军在国内发动起义。西班牙殖民主义者重新征服美洲殖民地的迷梦彻底破产。1826 年 1 月，西班牙残军在秘鲁卡亚俄港投降，标志着西班牙美洲独立战争的最后胜利。

西属美洲殖民地独立战争有三大中心区域：南美南部地区、南美北部地区和新西班牙地区。

（三）南美南部地区的独立战争

拉普拉塔地区是西班牙美洲独立战争最南的中心区域。这个区域距离宗主国最远，大部地区没有发现金银矿藏，在殖民时期，这里长期处于落后状态，宗主国殖民统治力量比其他总督辖区相对地要弱一些。拉普拉塔河口的布宜诺斯艾利斯是南美南部的最大港口，也是这个地区的政治、经济和文化中心。18 世纪末和 19 世纪初，英国殖民主义加强对拉普拉塔地区进行贸易扩张，大搞走私活动。布宜诺斯艾利斯等城市的土生白人新兴商人、畜牧主和资产阶级分子，在政治上和经济上较早就有了要求自由贸易和独立的趋向。

1806—1807 年，英国利用西班牙在欧洲战争中被严重削弱的时机，阴谋用武力夺取拉普拉塔殖民地。英国海军两次登陆并占领布宜诺斯艾利斯。西班牙总督逃跑了。布宜诺斯艾利斯城的居民不畏强暴，自动组织民兵队伍，包围了城市，打败并赶走了英国的正规军队。反英斗争的胜利显示了拉普拉塔人民保卫自己的土地和自由的信心和力量。在这一斗争过程中，土生白人独立派的政治力量不断加强，取得了对市政的支配权，争取开放港口，实行自由贸易。

1810年初，拉普拉塔地区组织了秘密的结社，从事争取独立的运动。同年5月25日，西班牙被法国占领的消息传来，布宜诺斯艾利斯立即发生了群众示威，推翻了西班牙任命的总督，成立由土生白人独立派组成的临时政府，开始了著名的阿根廷“五月革命”。附近各省随即纷纷响应。1811年，巴拉圭土生白人独立派发动起义，逮捕了西班牙省长，成立了以弗朗西亚为首的临时的政府。同一时期，在东岸省(乌拉圭)也爆发了弗朗西亚为首的武装起义。这样，拉普拉塔各省的政权都先后从西班牙人手中转到土生白人手中。

布宜诺斯艾利斯为了消除西班牙殖民武装力量的军事威胁和统一原来的总督辖区，派遣了远征军去帮助各省争取独立的斗争。1816年3月，各省代表在图库曼开会成立“拉普拉塔联合省”，脱离西班牙而独立。大会并通过了鼓励自由贸易、铸造新币、禁止发行强迫公债、取消对印第安人的人头税和劳役制、禁止输入黑人奴隶等项进步法令。由于各省区之间在经济和政治利益上矛盾重重，联合所有各省建立统一国家的设想未获成功。①

为了巩固地捍卫自己的独立，彻底摧毁西班牙的殖民武装力量，阿根廷的杰出的军事领袖何塞·圣马丁(1778—1850年)制订了目光远大的军事计划，用两年多时间训练了一支坚强的革命军队(其中招募了大量被解放的黑人奴隶)，并争取英勇的阿劳坎印第安人的支持。1817年初，圣马丁率军翻越了高达三千多米

---

① 1826年，“拉普拉塔联合省”改组为阿根廷联邦共和国。在此前后，玻利维亚、巴拉圭、乌拉圭各自建立独立的国家。

的安第斯山隘，出其不意地进攻智利的西班牙守军，彻底击溃了敌人。这次决定性的胜利是南美独立解放战争从防御转向进攻的一个重大转折点。1818 年 2 月，智利正式宣布独立。接着，圣马丁的解放军汇合智利的革命力量，组建了一支小小的舰队，从海上向西班牙在美洲的最顽固的殖民巢穴秘鲁进军。1821 年 7 月，解放了秘鲁首府利马。秘鲁宣布独立。这一系列光辉的军事上的胜利使拉普拉塔、智利和整个南美南部广大地区巩固了自己的独立。

（四）南美北部地区的独立战争

南美大陆北部的新格拉纳达地区是独立解放战争的又一个中心区域。在这个区域，特别是在委内瑞拉，殖民地人民为争取自己的独立解放，同西班牙殖民者进行了长期的反复搏斗。

委内瑞拉面临加勒比海，比其他殖民地距欧洲较近。18 世纪末，在这里即已传入了美国革命和法国大革命的思想，秘密印刷了法国的《人权宣言》。因此这个地区土生白人独立派的政治密谋活动较其他殖民地更早些。委内瑞拉人米兰达（1750—1816 年），参加过法国大革命，在欧洲进行过长期的反西班牙的密谋活动。1806 年，他在国外组织了一支远征队，在委内瑞拉海岸突袭登陆。这次起事由于脱离国内人民群众，几乎马上就失败了。

1810 年 4 月，委内瑞拉的首府加拉加斯城得到法国占领西班牙的消息后，城里发生骚动。土生白人独立派驱逐了西班牙殖民官吏，建立了执政委员会。其他各省纷纷响应。激进的独立派组织了“爱国会”，坚决要求立即宣布委内瑞拉独立。1811 年底，委内瑞拉联合省召开了国民代表会议。以“爱国会”为代表的独立派和主张与西班牙人妥协的保守派在国会内展开了激烈斗争。最后在广大群众的压力下，宣布成立委内瑞拉共和国，并制定了共和国的第一部宪法。宪法规定保障基本的民主自由，废除封建徭役、贵族爵位和教会特权，禁止贩卖奴隶，印第安人和混血种人在权利上与白种人平等。哥伦比亚的革命形势同委内瑞拉大致相似，也建立了革命政权。

但在共和国的政权尚未巩固和革命阵营内部纷争不已的时候，盘踞在沿海地区的西班牙殖民军队同天主教反动势力等内外勾结，向共和国猛烈反扑。1812 年，委内瑞拉第一共和国失败，革命人民遭到血腥的大屠杀

第一共和国的领导人之一西蒙·玻利瓦尔（1783—1830 年），出身土生白人巨富家庭，年青时代游学欧洲，接受了法国大革命的思想影响。他从失败中总结教训，即革命的战争必须进攻。1813 年，他率领一支几百人的解放军重新开始战斗，并发出号召："向可恨的奴役者宣布一场决死战！"经过殊死的战斗，革命者从西班牙人手中解放了加拉加斯等大片地区，重建了委内瑞拉共和国——第二共和国。但 1814 年殖民军得到西班牙的增援部队，并用蛊惑性宣传煽动强悍的草原自由牧民反对共和国。共和国再次遭到失败，革命者受到更大的残害。

委内瑞拉革命者遭到两次失败，斗志却愈战愈强。新获得独立的海地共和国和邻近的哥伦比亚人民给予了委内瑞拉的革命者以巨大的支援。大量的欧洲革命志士组成的志愿兵，参加了拉丁美洲人民争取自由解放的斗争。草原牧民在认识到争取独立的意义后，也转到革命一边来。1816 年，玻利瓦尔率领革命军再次在委内瑞拉东部登陆，远离敌人盘踞的加拉加斯，于 1817 年 7 月建立了第三共和国。玻利瓦尔采取了新的革命措施，宣布废除奴隶制，没收西班牙王室和反革命派的财产，应允战后分

配土地给参加革命军的士兵，大批的黑人和混血种人投入了革命斗争，其中有些人后来成为独立战争的著名将官。黑人奴隶彼得罗·卡美何获得了“共和国第一黑人”的称号。解放奴隶的措施使西班牙殖民者十分恐惧，诬蔑地惊呼“这是一场黑种人反对白种人的战争”。

1819 年 5 月，玻利瓦尔率领军队长途跋涉，穿过原始森林，翻越安第斯山，开始了解放哥伦比亚的艰巨的长征。在高山上连马匹都大量死亡，但革命军仍奋勇前进。经过艰苦的战斗，哥伦比亚地区获得最后解放。1819 年 12 月，哥伦比亚共和国宣布独立，其疆域包括格拉纳达和委内瑞拉。玻利瓦尔被选为共和国总统。又经过三年的军事行动，取得卡拉博博和皮钦查战役的胜利，解放了加拉加斯和基多地区。

在南美大陆上，只剩下秘鲁这个殖民主义的最后堡垒。1822 年，南美大陆南北两支大军的领导人玻利瓦尔和圣马丁在瓜亚基尔（厄瓜多尔）相会，商讨了重大的军事问题。1824 年 12 月，由哥伦比亚将军苏克雷统帅的革命军在阿亚库乔的决战中大获全胜。参加这次会战的有哥伦比亚人、秘鲁人、智利人、阿根廷人等，象征着拉丁美洲人民团结战斗的胜利。

1825 年 8 月，上秘鲁宣布独立，并以玻利瓦尔的名字命名了这个新共和国——玻利维亚。1826 年 1 月，西班牙残军最后撤离秘鲁的卡亚俄港。至此，南美大陆全部获得解放。

（五）新西班牙地区的独立解放战争

新西班牙（即墨西哥地区）是独立战争最北部的中心区域。这个地区距离宗主国也比较近，是重要的金银矿产地，因而殖民统治最强，土地贵族和教会势力最大，印第安人和混血种人所受的压迫也最深。这一特点使墨西哥的独立解放运动经历了更为复杂和曲折的斗争。

墨西哥和西属美洲其他地区的革命发动不同,这里的殖民当局和亲西班牙的保守势力一开始就严厉镇压一切革命活动,首都的土生白人独立派没有能够形成足以控制市议会和动员广大群众的独立的政治力量,因而革命的领导权落到了外地的下层神甫、小地主、低级军官的手中。1810 年 9 月 16 日,瓜纳华托州多洛雷斯教区神甫米格尔·伊达尔哥发动起义。他敲响教堂的钟,召集了印第安人教徒群众,号召他们奋起夺回 300 年前西班牙人从他们祖先手中夺去的土地。在“独立万岁!”“打倒坏政府!”“绞死加秋平(西班牙人)!”的口号下,印第安农民、市镇的劳动者、银矿工人、下层神甫和军官们,组成了浩大的起义队伍,拿起斧头、砍刀、棍棒,到处攻打大地主庄园,烧毁西班牙人和土生白人大地主的房子,夺取财物,把旧的殖民统治秩序打得大乱。起义者提出了推翻西班牙殖民统治、把土地归还印第安人、废除奴隶制度、取消各种苛捐杂税等纲领,在一个多月时间内,起义队伍就猛增至 8 万人,震动了新西班牙。墨西哥革命一开始所具有的鲜明的阶级性质,不仅引起了殖民当局、天主教会上层分子、亲西班牙分子的极端仇恨,也引起了土生白人上层富裕阶层的恐惧和敌视。

起义军本来可以乘敌人混战的时机一举攻下首都墨西哥城,但伊达尔哥错误地下令撤军,丧失了战机。此后革命阵营内部发生分裂,战斗力削弱。1811 年 3 月,伊达尔哥率领的队伍遭敌伏击,他本人也被敌人杀害。在墨西哥南部领导武装斗争的阿塞·莫瑞洛斯(1765—1815 年),成为独立战争的新领导者。莫瑞洛斯是出身下层的混血种人,在庄园做工到 25 岁,后来当了一个低级的神甫。他率领的起义军在两年时间内几乎控制了整个墨西哥南部。1813 年 9 月，起义者召开了有地主和资产阶级分子参加的国民代表大会。11 月正式宣布墨西哥独立。莫瑞洛斯提出了种族平等，废除教会和军官特权，征收教会土地，没收富人财产，将大地产分成小块土地分配给农民，普遍选举制等等社会经济要求。这是拉丁美洲独立运动中提出的最激进的社会革命纲领。但在 1814 年费尔南多七世在西班牙复位后，西班牙殖民军在军事上获得了大量增援，并强征土生白人组织反革命武装，对革命进行疯狂反扑。在战斗的紧急关头，莫瑞洛斯被国民代表大会解除了最高统帅权，起义军连连失利。1815 年底，莫瑞洛斯被捕，牺牲前拒绝忏悔认罪，表现了坚贞不屈的革命气节。被打散的部队转往山区，坚持进行游击战斗。

1820 年，西班牙再次爆发革命，资产阶级自由派掌握政权，并迫使费尔南多七世接受了 1812 年资产阶级宪法。消息传到美洲，墨西哥殖民当局、教会、军队和土生白人上层阶级大为恐惧，他们害怕宗主国的革命风潮再次引起墨西哥革命的爆发，连忙策划政治阴谋，企图使墨西哥脱离革命的西班牙。1821 年初，西班牙殖民军队的一个将官，双手沾满革命者鲜血的刽子手伊图尔维德上校，眼看独立已是大势所趋，马上伪装拥护革命，提出了独立、种族平等、保护教会的三保证纲领，把保守派到独立派等各派政治力量都暂时笼络到一起。9 月，伊图尔维德率领军队进入墨西哥城，宣布墨西哥脱离西班牙而独立。

伊图尔维德夺取了国家权力后，在 1822 年 5 月依靠军事政变把皇冠戴在自己头上，自立为“奥古斯丁一世”，建立了墨西哥帝国。但不到 10 个月时间，这个窃国大盗就弄得身败名裂，被人民推下了皇帝的宝座，后被逮捕处决。1824 年，墨西哥新宪法确定墨西哥为联邦共和国。

在墨西哥独立运动的影响下，中美地区也于1821年脱离西班牙宣布独立，并一度加入墨西哥共和国。1823年又脱离墨西哥，建立独立的联邦共和国——中美联合省。1838年，中美联合省分裂为危地马拉、萨尔瓦多、尼加拉瓜、洪都拉斯和哥斯达黎加5个国家。

四、葡属巴西争取独立的斗争

葡属巴西面积为851万多平方公里，是拉丁美洲最大的国家。在殖民地时期，巴西是拉丁美洲最落后的地区之一，除沿海部分地区外，广大内陆完全没有开发。19世纪初，殖民地巴西大约有350万人口，其中二分之一左右都是黑人奴隶。白种人大约有80万人，其余是自由黑人、印第安人和各种混血种人。在巴西建立的甘蔗、棉花、咖啡的大种植园、黄金和金刚石矿场，几乎全是使用奴隶劳动力。据英国旅行家记载，黑人和混血种人在所干的每个行业中，都比他们的主人显得更聪明和更有技巧。

巴西的印第安人和黑人奴隶为反抗殖民剥削和种族压迫进行了长期的斗争。17世纪时，数以万计的逃亡的黑人在棕榈丛中建立了自己的国家——帕尔马瑞斯，在与世隔绝的条件下表现了他们的巨大的组织才能，捍卫自己的自由和独立达67年之久。这是世界史上黑人争取自由的光辉史迹之一。

18世纪末19世纪初，在海地奴隶革命和西属美洲殖民地独立运动的影响下，巴西多次发生奴隶起义、印第安人起义、土生白人的起义密谋。

1807年底，拿破仑军队入侵葡萄牙。封建王朝面临严重危机。但和西班牙情况不同，葡萄牙王室在英国舰队护送下逃到了巴西。王室迁到殖民地后，加强了对巴西的直接统治。巴西暂时变成了葡萄牙王国的政治中心。葡萄牙政府开放了巴西的口岸，为英国货物的输入打开大门。与此同时，巴西的经济和文化也较过去有了一些发展。欧洲的资产阶级革命思潮也随同贸易来往传入了巴西。位于巴西东北沿海地区的伯南布哥省成为当时独立共和运动的一个中心。1817 年 3 月，伯南布哥省爆发起义，建立起临时政府。起义由当地的独立派商人、地主和军官们领导。葡萄牙当局立即派兵前往镇压，起义很快就失败了。

1820 年，在西班牙革命的影响下，葡萄牙国内也发生了资产阶级革命。消息传来，伯南布哥、巴伊亚等地区即爆发了土生白人独立派领导的独立运动。葡萄牙王若昂六世面临着宗主国和殖民地的王位可能同时丢失的危险。1821 年 4 月，若昂六世起程回葡萄牙，把他的儿子佩德罗留下统治巴西，据说在临行时嘱咐佩德罗：万一形势恶化，巴西要求独立，就自己宣布独立，把王冠戴在自己的头上。

由资产阶级自由派掌握的葡萄牙议会不承认巴西的平等地位，力图使巴西完全听命于宗主国，继续保持对巴西的殖民统治，并准备用武力征服巴西。巴西南部大种植园主、大商人和上层保守分子既不满葡萄牙的专横压制，又害怕国内人民群众的发动引起真正的社会革命。他们夺取了对独立运动的领导权，把运动引入危险性最小的君主立宪的轨道。在内外形势的逼迫下，1822 年 9 月 7 日，佩德罗发表了独立宣言。独立的巴西变成为君主立宪的帝国。昔日葡萄牙的王子把皇冠戴在自己的头上，称皇帝佩德罗一世。但北部的共和派仍坚持建立独立共和国的斗争。1824 年，北方各省发动起义，宣布建立联邦共和国——赤道联盟。坚持六个月的斗争,最后归于失败。此后,共和制和君主制的斗争始终没有停止,贯穿了整个帝国时期。

由于葡萄牙王室对巴西的直接统治和巴西资产阶级力量的十分软弱,巴西取得独立以后政权仍掌握在以佩德罗一世为最高代表的旧统治势力手中。这个反动势力与巴西的大蓄奴主、大种植园主结成联盟,建立了比较稳固的土地贵族的专制统治。此后,经过近70年的斗争,到1889年,巴西人民终于砸碎了黑人奴隶制度,推翻了君主专制,建立了巴西联邦共和国。

五、拉丁美洲独立革命的主要成果

18世纪末19世纪初拉丁美洲独立解放运动,其波及的地区之广,卷入斗争的人口之多,斗争时间之长,在世界殖民地革命运动史上是空前的。整个拉丁美洲(除西印度群岛少数地区外)都参加了战斗,摆脱了殖民主义的枷锁而取得独立。这个波澜壮阔的革命运动同欧洲北美的资产阶级革命运动相配合,加速了封建主义欧洲的崩溃和死亡。这是世界历史上的一个伟大事件。

拉丁美洲独立革命运动基本上属于资产阶级革命的范畴。由于独立前各殖民地的社会经济条件存在着很大的差异,因此各国的独立运动都带有各自的特点。总的来看,这次独立运动取得的共同的主要成果是:第一、赶走了法、西、葡旧殖民主义者,建立了一系列民族独立国家,除西印度群岛等地外,基本上形成了今天拉丁美洲各国的政治布局。到19世纪30年代,拉丁美洲建立起18个独立国家:在法属圣多明各建立黑人共和国海地;在西属美洲建立了16个国家,即墨西哥、危地马拉、萨尔瓦多、尼加拉瓜、洪都拉斯、哥斯达黎加、多米尼加(以上原属新西班牙)、委内瑞拉、哥伦比亚、厄瓜多尔(以上原属新格拉纳达)、秘鲁、智利(以上原属秘鲁)、阿根廷、巴拉圭、玻利维亚、乌拉圭(以上原属拉普拉塔);葡属巴西成为一个独立国家。新国家的建立加速了种族融合,逐步形成为新的民族。第二,除巴西以外,各新兴国家都确立了资产阶级民主制形式的共和国(海地有短时期实行过帝制),废除了殖民贵族称号等封建法律。第三,天主教会和政府分离,废除了极端反动的宗教裁判所,削弱了教会的政治经济权势。第四,海地彻底砸碎了黑人奴隶制度,摧毁了大地产制;其他各国(巴西除外)废除了奴隶贩卖,到19世纪中叶都废除了奴隶制,同时也逐步取消了印第安人的徭役制和贡纳。第五,废除了限制各国工业和商业发展的殖民垄断制度;墨西哥的土地革命纲领提出了今后一个世纪中的重大斗争目标。拉丁美洲的独立解放运动推进了拉丁美洲社会的发展,开辟了拉丁美洲历史的新时期。

然而,由于拉丁美洲各国资本主义因素的薄弱,资产阶级十分软弱无力,而半封建的大地产制却根深蒂固,因此,独立革命后政权一般都从欧洲殖民贵族的手中转移到土生白人地主、种植园主阶级的手中,而没有触动原有的殖民地的社会经济基础——大地产制。独立后各国资本主义的发展十分缓慢,在经济上也没有真正摆脱对欧洲殖民主义国家的附属和依赖地位。列宁说:"资产阶级革命面前只有一个任务,就是扫除、摈弃并破坏旧社会的一切桎梏。任何资产阶级革命完成了这个任务,也就是完成了它所应做的一切:它加强资本主义的发展。"①从这个意义上来说,拉丁美洲独立革命没有完成资产阶级革命的任务。

① 列宁:《俄共(布)第七次代表大会》,《列宁全集》第27卷,人民出版社,1958年,第77页。

第五章 古巴独立战争和墨西哥革命

一、独立后拉丁美洲各国政治经济发展概况

（一）考迪罗主义

独立后的拉丁美洲各国在形式上建立了资产阶级共和制（巴西除外），由土生白人大地主阶级把持政权（海地除外）。大地主阶级同天主教反动势力结成联盟，利用独立战争中发展起来的军队作为夺取政权和维持反动统治的工具，从而形成了拉丁美洲政治中常见的军阀独裁的统治——“考迪罗主义”。考迪罗，意即军阀或军人独裁者，是各国大地主阶级和地方豪强势力的政治代表。许多国家，从中央到地方，都被大大小小的考迪罗统治和割据。考迪罗、大地主、天主教会反动僧侣，形成三位一体的寡头统治。这是以半封建的大地产制和落后的地方农业经济为特征的拉丁美洲各国大地主阶级专政的一种特殊形式。

各国的考迪罗即军阀独裁者把持国家政权，抢劫国库，搜刮民财，残酷地压迫人民，反对社会改革和国家的工业化。每个考迪罗上台都要大肆搜刮一番，结果造成国库空虚，经济紊乱，引起财政危机，而财政危机的发展往往引起新的政治危机和军队叛乱。如此恶性循环，使各国陷于反动独裁统治和无政府混乱状态之中，至少达大半个世纪之久（只有巴西帝国的政局较为稳定一些）。墨西哥在1824—1848年间发生了200多次军事政变，更换了31个总统。玻利维亚在74年中发生过60次“革命”。哥伦比亚在独立后的70年中发生过27次内战。智利在12年中制定了五部宪法。各国广大人民群众处于贫困和无权地位，印第安人和黑人仍受到

种族歧视。

军人独裁者为了维持自己的反动统治,经常向外国借债,他们拍卖国家的主权和利益以换取欧洲大国的借款。这就为外国资本的渗入和帝国主义的干涉,大开方便之门。考迪罗主义是帝国主义侵略拉丁美洲的政治上的支柱。

(二)大地产制的发展及其危害性

独立以后,许多殖民地时期的大地产从西班牙、葡萄牙的王室、贵族和教会土地持有者转往土生白人和混血种人手中。独立战争中的将军和大批新的官僚政客强取豪夺,变成了新的大地主。各国宪法都规定保护私有财产和土地所有权的不可侵犯。旧殖民统治的经济基础——封建的大地产制没有被触动。印第安人虽然在法律上取得了同白人平等地位,但印第安人村社的土地进一步被剥夺,村社土地所有制逐步瓦解。

在独立后的一个世纪中,拉丁美洲各国的大地产制以不同的形式得到了发展和巩固。据估计,19 世纪各国大地产所有者夺取的土地,相当于前三个世纪中大地产所有者夺得土地的总和。土地大量集中,一种是大肆掠夺印第安人村社的土地和公有土地,一种是拍卖教会产业,转为一般地主庄园。在墨西哥,到 20 世纪初,一般庄园很少在 2500 英亩(一英亩合六市亩)以下,占地 25000 英亩以上的庄园有 51 个;还有 11 个庄园各占地 25 万英亩之多。在阿根廷,适应世界资本主义市场的需要建立起巨大的牧场,其中最大的牧场主占地达 125 万英亩。巴西的大咖啡种植园的面积更是大得惊人,2000 个大地主拥有的土地比意大利、荷兰、比利时、丹麦四国面积的总和还大。到 19 世纪后期,随着铁路的兴修和资源的开发,英、美、德、法等国公司和外国资本家大量购买拉丁美洲各国的土地，进一步加速了土地的集中和投机活动，并发展了资本主义土地所有制。1899 年在中美洲建立的美国联合果品公司，霸占了中美各国大量的土地，建立了美国垄断资本家的“香蕉帝国”，被称为榨取拉美人民血汗的“绿色魔鬼”。

这种大地产制的存在和发展，是拉丁美洲各国贫困和落后的内部根源。被剥夺土地的广大农民（特别是印第安人）变成了债务雇农或出卖劳动力的短工，他们因无力偿付大地主、大农场主的债务，世世代代当变相的奴隶。“特别是墨西哥奴隶制采取债役这种隐蔽的形式”。[①] 在智利，丧失土地的农民变为佃农，依附于大庄园，每周要在地主的土地上干三天活，其贫困生活与农奴相似。在这种条件下，农民没有什么生产积极性，农业技术十分原始，劳动生产率很低，大片土地荒置未能利用，国内市场萎缩。所有这些，加上外国殖民主义的侵略，严重地阻碍了各国的工业化，使拉丁美洲各国在经济上长期处于落后的农业国地位。各国工农业原有的殖民地经济性质，不但没有改变，反而由于单一作物制的发展，在经济上更加依赖欧洲和美国，变成了西方殖民主义国家的农业附庸国，其生产和对外贸易等都受到帝国主义国家愈来愈大的控制。

在大地产制的残酷剥削下，各国丧失土地的农民、草原牧民、印第安人，不断掀起争取土地和生存权利的斗争。1896 年，在巴西的巴伊亚州康诺多斯地区，爆发了巴西历史上最大的一次农民战争。参加起义者达数万人之多。1910 年，在墨西哥爆发了震撼整个拉美大陆的伟大的农民革命。

---

① 马克思：《资本论》，《马克思恩格斯全集》第 23 卷，第 191 页注。

(三) 资本主义的缓慢发展

尽管受到国内封建关系的束缚和外国资本的剥削,拉丁美洲各国的农业、采矿工业和某些轻工业部门(如纺织工业),在 19 世纪中仍取得了一定程度的发展。19 世纪后期,随着铁路的修建,外国资本的大量流入,欧洲移民的迁入和新技术的采用,拉丁美洲各国工农业中的资本主义生产关系有了不同程度的发展,对外贸易迅速增长。1870 年各国对外贸易总额为 7 亿美元,到 1913 年猛增至 30 亿美元。19 世纪末 20 世纪初,阿根廷发展成为世界最大的小麦、牛肉输出国,巴西供应了世界出产的咖啡的四分之三,智利在 19 世纪末几乎独占了世界的天然硝石的生产,玻利维亚是国际上主要的锡市场,墨西哥在一个时期内是占世界第二位的石油输出国。

为了运输农产品和矿产品出口,由外国资本修建的铁路伸向各国的内陆。大西洋沿岸的一些大的商业中心(如布宜诺斯艾利斯、蒙得维的亚、里约热内卢等),逐步建设成为现代化的大城市。大量的欧洲移民涌入拉丁美洲,1885 年时约有 100 万人,到 20 世纪初增至三倍,其中以前往阿根廷、巴西、乌拉圭和智利等国的为最多。此外还有大量的亚洲移民作为廉价劳力输入西印度群岛、墨西哥、秘鲁、英属圭亚那等处。据估计,19 世纪后半期前往拉丁美洲的"契约"华工有 25 万人到 50 万人之多。外国移民对拉丁美洲各国经济和生产技术的发展起了重要的作用。

拉丁美洲资本主义工业的建立和发展,使各国社会的阶级结构逐渐发生变化。在与帝国主义和大地主有密切联系的大进出口商人和资产阶级发展的同时,各国无产阶级和民族资产阶级也发展起来了,并在一些国家中形成为重要的政治力量。作为半封建寡头统治形式的考迪罗主义在智利、阿根廷、乌拉圭、墨西哥等国逐步地衰落。在广大人民群众的推动下，巴西终于在1888年最后完全废除了黑人奴隶制，并在1889年推翻了帝制，建立了巴西联邦共和国。

（四）无产阶级和工人运动的诞生

随着无产阶级队伍的成长，拉丁美洲在19世纪60年代出现了第一批工人组织。巴黎公社失败后，部分公社成员流亡到拉丁美洲，传播社会主义思想。阿根廷、墨西哥的早期工人组织同第一国际、第二国际都有联系。恩格斯说：马克思是"新旧两大陆无产阶级的经常被请教的和永远乐于帮助的顾问"①。他们和布宜诺斯艾利斯的拉伊芒德·维尔马尔（第一国际成员）等人有通讯联系。19世纪70年代初，在布宜诺斯艾利斯建立了三个按不同语言组成的国际支部（法国、意大利、西班牙），阿根廷成为拉丁美洲工人运动的一个重要的中心。墨西哥早在1878年就出现了社会党，出版了《社会革命报》。80年代，在许多国家都发生了罢工斗争。19世纪90年代到20世纪初，阿根廷、智利、乌拉圭等国成立了社会党。1905年，这些国家的工人组织举行示威，声援俄国革命。由于各国的近代产业无产阶级数量较少，小生产者人数众多，欧洲移民工人数量较大，无产阶级工团主义在拉丁美洲工人运动中有着较深的影响。各国的马克思主义者同形形色色的小资产阶级思想和无政府主义思想进行着长期的艰巨的斗争。

---

① 恩格斯：《关于共产主义者同盟的历史》，《马克思恩格斯选集》第4卷，第206页。

二、欧洲资本主义列强对拉丁美洲的侵略 美帝国主义在加勒比海地区霸权的建立

(一) 独立后的国际形势门罗主义

独立后,拉丁美洲各国为捍卫和巩固自己的独立和主权,进行着复辟和反复辟、侵略和反侵略的尖锐复杂的斗争。西班牙和葡萄牙不甘心丧失在美洲的殖民地。西班牙妄图以它在加勒比海残存的殖民地古巴为基地,实现殖民统治的复辟。西班牙在以沙俄为首的"神圣同盟"的支持下,拒不承认拉丁美洲大多数新国家的独立。拉丁美洲各国为了加强相互之间的团结以对付共同的敌人,1826 年 6 月在巴拿马召开了一次国际会议。会议的倡议者玻利瓦尔试图依靠英国的庇护,建立一个拉丁美洲独立国家的联盟。但是,由于各国之间的利益冲突和分歧,这个团结合作的计划失败了。

随着西班牙、葡萄牙在美洲的殖民体系的瓦解,英国利用它的海上霸权优势和资本主义经济实力,加紧向拉丁美洲进行殖民扩张。19 世纪以前,英国殖民海盗早就在加勒比海地区占据了牙买加、洪都拉斯、巴巴多斯、圭亚那等殖民地。拉丁美洲独立解放战争爆发以后,英国打着"同情"和"支持"殖民地独立解放运动的幌子,对巴西、阿根廷、乌拉圭、智利、委内瑞拉、中美等地区进行贸易扩张。在这一时期,英国对西班牙美洲的输出增加了 15 倍之多(624 万英镑),投资达 2500 万英镑(1827 年),一跃而为拉丁美洲主要投资国和债权国。为了独占拉美市场,英国以拉丁美洲独立国家的"保护人"自居,反对"神圣同盟"插手干涉拉丁美洲的事务。在 19 世纪中,英国殖民主义者在拉丁美洲独立国家中攫取了大量

经济特权，把拉丁美洲变成为英国的新的殖民势力范围。

1823年春，法国在“神圣同盟”的支持下，出兵干涉并镇压了西班牙革命，复辟了波旁王朝在西班牙的反动统治。这一事件引起了国际震动。英国害怕法国要挟西班牙出让美洲殖民地的利益，把“神圣同盟”“干涉欧洲各国内政所依据的原则应用于美洲国家”①，损害自己在美洲的殖民利益，因而向美国政府提出了关于英美联合反对欧洲干涉拉丁美洲的建议。狡猾的美国新兴资产阶级不愿受英国的约束。1823年12月，美国总统门罗在国会咨文中单独发表声明，宣称美国不干涉欧洲事务和任何欧洲国家在美洲已有的殖民地，但也反对任何欧洲国家干涉美洲事务和在美洲进行新的殖民扩张。门罗主义是打着反对欧洲干涉威胁的幌子出笼的，但事实上在19世纪末叶以前，美国从来没有根据门罗主义原则反对过欧洲列强干涉拉丁美洲的活动，而美国自己却一直以门罗主义为工具，大肆干涉和侵略拉丁美洲新独立国家。

（二）欧美殖民主义的武装入侵和拉美各国人民的反侵略斗争

马克思说：“不断扩张领土，不断扩展奴隶制度到旧有界限之外，却是联邦各蓄奴州的生存规律。”②从19世纪初开始，美国南部奴隶主一直把夺取邻近的西属殖民地古巴作为美国的重要国策之一。随着美国向西进行领土扩张，美国移民大量涌入墨西哥。1836年，美国扩张主义分子在墨西哥的得克萨斯制造叛乱，宣布

---

① 马克思：《对墨西哥的干涉》。《马克思恩格斯全集》第15卷，人民出版社，1963年，第386页。

② 马克思：《美国内战》。《马克思恩格斯全集》第15卷，第353页。

“独立”。1845年得克萨斯被强并入美国。接着美国又利用墨西哥的国内政治危机发动侵墨战争(1846—1848年)。墨西哥人民奋起抵抗,沉重地打击了美国侵略者。但由于卖国贼和上层统治阶级采取投降政策,墨西哥战败,并被迫割让了墨西哥整个北半部领土(加上得克萨斯,共约230万平方公里)。这是美国对拉丁美洲最大的一次野蛮掠夺。

19世纪60年代初,欧洲几个殖民主义国家差不多同时对拉丁美洲发动了武装入侵。首先,1861年3月,西班牙在多米尼加共和国内的亲西班牙势力支持下,伺机恢复了它对多米尼加的殖民统治。同年年底,英、法、西三国以墨西哥革命政府宣布暂停支付外国债款为借口,先后派遣侵略军在墨西哥登陆,妄图干涉当时的墨西哥革命,建立一个恢复欧洲殖民秩序的新的神圣同盟。马克思把三国干涉墨西哥称作是“国际史上最凶恶的勾当之一”①。1864年,西班牙派遣舰队强占了秘鲁的钦查群岛,并在1865年封锁和炮轰智利港口。这一系列侵略活动,严重地威胁了拉丁美洲各国的独立和安全。

欧洲殖民强盗的入侵激起了拉丁美洲各国人民的极大愤怒。墨西哥革命政府号召广大人民坚决抗击外国干涉者,并武装一切有战斗力的居民,组织游击战争。由于参加干涉各国之间矛盾重重,英、西两国在1862年年初撤退了侵墨的军队。法国拿破仑三世妄图恢复法国在美洲的殖民帝国,继续派遣大军进攻墨西哥。1864年,在法国刺刀的支持下,墨西哥实行了君主制复辟,法国傀儡马克西米连被扶植为墨西哥皇帝。墨西哥全国掀起了反对外国

---

① 马克思:《对墨西哥的干涉》。《马克思恩格斯全集》第15卷,人民出版社,1963年,第386页。

干涉者的卫国战争(1862—1867 年),坚决打击侵略者。这场正义的战争使法国侵略者耗费近三亿法郎,死亡约 6500 人,在国内激起人民的强烈反对。最后法国被迫撤军。1867 年 6 月,傀儡皇帝马克西米连在逃出国境途中被捕获处死。侵略者及其走狗都受到了应有的惩罚。

1865 年,多米尼加人民也赶走了西班牙殖民者,重新获得了自己的独立。南美各国人民在反对西班牙侵占钦查群岛的斗争中加强了团结与合作。1865 年 1 月,秘鲁、玻利维亚、厄瓜多尔,智利等国家签订了同盟和防御条约,一致对敌。西班牙被迫于 1866 年撤走了侵略军。一直到 1879 年,西班牙才最后承认了秘鲁的独立。

60 年代中叶拉丁美洲人民团结御敌、捍卫民族独立的英勇斗争,写下了拉丁美洲历史上反对殖民主义斗争的光辉一页。

(三) 美国在加勒比海霸权的建立

19 世纪 60 年代初期,美国因忙于南北战争而暂时放松对拉丁美洲的争夺。战争结束后,美国资本主义飞速发展,一跃而为西半球最强大的国家,逐步走上了攫取西半球霸权的帝国主义道路。

美帝国主义的首要目标是夺取加勒比海地区的霸权,为此与英帝国主义展开了激烈的争夺。长期以来,英国殖民主义者利用英属圭亚那作为基地,向委内瑞拉边界进行领土扩张,引起了英属圭亚那和委内瑞拉之间的边界纠纷。1895 年,美国国务卿奥尔尼宣称,美国在美洲大陆上实际拥有最高权力,"它的意旨就是法律",坚持美国有权干预英、委两国之间的纠纷,强迫英国接受美国的仲裁,并逐步排挤英国在加勒比海地区的优势地位。1898 年,美国通过美西战争强占了波多黎各,把古巴变成自己的保护国,进一步加强在加勒比海的地位。1901—1902 年,英、德、意三国以债务问题为借口,用军舰封锁了委内瑞拉港口,引起加勒比海新的国际危机。美帝国主义再次插手进行干涉和"调解",并公开露骨地宣称,美国政府根据门罗主义原则,具有干涉拉丁美洲国家事务的"国际警察权"。美国对门罗主义的这一帝国主义解释,把"美洲是美洲人的美洲"变成了"美洲是美国人的美洲"。门罗主义与泛美主义相配合,成为美帝国主义侵略拉丁美洲的方便工具。

接着,美帝国主义展开了控制和夺取中美地峡地带的疯狂的罪恶活动。1901 年,美国从英国手中夺取了在尼加拉瓜开凿地峡运河的权利。然后美国又同哥伦比亚政府谈判,强迫哥伦比亚把在巴拿马地峡修筑运河的权利也让给美国,这个方案遭到哥伦比亚人民的拒绝后,1903 年 11 月 3 日,在美国总统西奥多·罗斯福的幕后操纵下,由巴拿马运河公司的工程师兼大股东、法国投机商布诺·瓦利拉一手策划,在巴拿马城制造叛乱,宣布巴拿马脱离哥伦比亚而独立。不到半个月的时间,美国就从巴拿马政府手中取得了运河开凿权和霸占运河区域的永久租让权。巴拿马运河区实际上变成了巴拿马共和国的"国中之国"。美帝国主义强占巴拿马运河区的强盗行径,是近代国际关系史上最卑鄙无耻的帝国主义罪行之一。

此后,美帝国主义公开提出所谓"大棒政策"和"美元外交",①作为它侵略拉丁美洲的两手策略,肆无忌惮地用美国海军陆战队粗暴干涉尼加拉瓜、多米尼加、海地等国,对这些国家实行长期的军事占领,控制各国的海关和财政,镇压中美各国人民的革命运动,用炮舰为美国垄断资本侵入这些国家打开了道路。1914 年,

① 马克思:《美国内战》。《马克思恩格斯全集》第 15 卷,第 353 页。

美国在巴拿马地峡凿通了沟通太平洋和大西洋的两洋运河，进一步加强了对加勒比海地区的战略控制，把加勒比海实际上变成了一个“美国湖”。

19 世纪末 20 世纪初，美国对拉丁美洲的贸易扩张和投资迅速增长，直追英国。在 1913 年拉丁美洲的输入总额中，美国占 25%，英国占 24.4%；在输出总额中，美国只占 30.8%，英国只占 21.2%。但在投资方面，同年英国投资达 50 亿美元，美国只有 12.4 亿美元（主要是在墨西哥、古巴和智利）。英国在南美仍保持优势地位。与此同时，德国和法国也积极向拉美各国进行经济扩张。

三、古巴人民争取独立的三十年解放战争（1868—1898 年）

（一）奴隶制经济和黑人起义

古巴是西印度群岛中最大的岛（面积 11 万多平方公里），北隔 90 海里与美国遥遥相望，南临南美大陆，西扼中美地区的交通要道，是西半球航线的重要枢纽。哥伦布赞美古巴岛是“从未见过的最美丽的岛屿”。但在殖民征服时期，岛上的印第安人被西班牙殖民者全部灭绝，他们另从非洲输入大量黑人奴隶，建立了巨大的甘蔗和咖啡等种植园。古巴殖民地以“糖和奴隶”闻名于世。19 世纪一位古巴诗人辛酸地概括了古巴人民的苦难：“生命是微贱的，糖却是金子。”

19 世纪中，邻近古巴的海地和西印度群岛许多地方的奴隶植场经济都逐渐衰落，只有古巴的奴隶制经济仍有发展。从 1800—1840 年，古巴的糖产量增加三倍，此后 20 年又增加一倍。到 19

世纪 50 年代，糖的出口占古巴全部出口 80%以上。古巴生产了占世界市场上 30%的蔗糖。制糖技术也不断革新。甘蔗种植园的数目和规模都不断增大。从 1821—1831 年开始远渡太平洋输入中国“契约劳工”，总计达 14.3 万人之多。

19 世纪初，在海地奴隶革命的直接影响下，1812 年，在古巴东部爆发了一次规模巨大的黑人起义。起义者提出了建立独立的黑人共和国的口号。哥伦比亚和墨西哥等国家取得独立后，曾支持古巴人民争取独立的斗争。岛上的土生白人奴隶主阶级害怕南美大陆上黑人奴隶的解放会引起古巴奴隶制度的危机，因而甘心屈从西班牙的统治，不愿独立。美国南部奴隶主早有吞并古巴的野心，也宁愿古巴暂时保留在衰朽的西班牙手中，不希望古巴取得独立。各种内外复杂因素使西班牙继续维持了对古巴的殖民统治。但是，古巴人民争取自由的斗争从来没有止息过。1848 年，马坦萨斯省的黑人奴隶秘密策划了新的大规模起义，准备用革命暴力粉碎奴隶制度，建立黑人与白人权利平等的共和国。这次起义虽因叛徒告密而流产，但对此后的禁止奴隶贸易和废除奴隶制度的运动发生了巨大的影响。

（二）十年战争——三十年解放战争的初期阶段

19 世纪中，古巴的土生白人领导的独立运动分裂为三派。亲西班牙的大种植园主、大商人害怕革命，特别是害怕奴隶起义，主张通过温和的改革取得自治权，废除西班牙对贸易的限制和歧视。但西班牙对殖民地的高压和欺骗政策证明了这条道路根本走不通。另外一部分与美国有联系的大奴隶主种植园主，在美国扩张主义者的支持下，主张古巴脱离西班牙而合并于美国。这一派在 60 年代美国南部奴隶主在南北战争中失败后，也受到了很大的打击。只有独立派反对殖民统治，主张废除奴隶制度，以革命手段争取古巴完全脱离西班牙而独立。这一派以经济比较落后和西班牙统治较弱的东部（奥连特）为活动中心，代表中小种植园主、自由农民和小资产阶级的利益。他们从长期的斗争中逐渐认识到：要取得古巴的独立，必须把白人小农、自由黑人和奴隶联合起来，进行共同的斗争。

1868年10月10日，在东古巴奥连特省马埃斯特山区亚拉村的一个甘蔗种植园，由土生白人地主塞斯佩得斯领导了反对西班牙殖民统治的武装起义。起义者发出了"打倒西班牙统治！""自由古巴万岁！"等号召，提出了"平等，秩序，正义"三原则和逐步解放奴隶的愿望，因而获得了广大自由农民、混血种人和自由黑人的拥护。起义很快就扩展到东部三省。1869年4月，独立的共和国——"自由古巴"——宣布成立。"自由古巴"在亚热带丛林中建立了基地，生活十分艰苦。起义者缺乏武器弹药，也没有粮饷，靠采集野果、香蕉维持生活，穿棕榈纤维织成的粗衣。农民、被释放的奴隶是革命军的主要组成部分。这次独立战争从1868年到1878年前后持续10年之久，史称"十年战争"。数以千计的"契约"华工参加了争取古巴独立的解放战争。

起义者同比自己强大10倍的西班牙正规军和反革命的地主武装"自卫队"进行着奋不顾身的斗争。在斗争中涌现出大量英勇的革命战士。黑白混血种人安东尼奥·马塞奥，人称"青铜巨人"，全家七弟兄两姊妹全都献身解放斗争。马塞奥说："自由不是乞求来的，而是用刀刃赢得的。"他坚信古巴人民能够依靠自己的力量赢得独立解放，马塞奥在战斗中锻炼成为古巴起义军的杰出的军事领导人之一。在十年战争中，西班牙伤亡14万余人，耗费7亿比索，始终未能从军事上击败"自由古巴"。但参加十年战争的右翼自由地主势力和一部分资产阶级分子，主要是为了保护本阶级利益而反对西班牙殖民制度，不愿采取激进的社会经济改革措施。他们在敌人异常强大的军事压力下，时时动摇和准备妥协，因而引起革命阵营内部的分裂。1877 年 10 月，革命军在军事上遭到失利。敌人伺机进行政治收买和分化瓦解。“自由古巴”政府中的动摇妥协分子同意与敌人议和。1878 年 2 月，双方签订了妥协性的桑洪协定。桑洪协定迫使西班牙放松对古巴的经济限制，进行一些表面的政治改革，最重要的是宣布参加解放战争的黑奴和“契约”华工享有自由；两年后又颁布了废除全岛奴隶制的法令。

以安东尼奥·马塞奥等人为代表的革命左翼拒绝接受桑洪协定，转到国外组织武装力量，继续坚持斗争。在此后 10 年中，不论在古巴或海外侨民中，反抗西班牙的斗争此伏彼起。1879—1880 年的“小战争”，1884—1886 年的起义，都给了西班牙殖民统治以新的打击。

与此同时，古巴大甘蔗种植园的合并和集中的速度加快了，加工工业和轻工业也获得一定程度的发展；特别是美国资本对古巴的经济渗透大大加强，古巴蔗糖的 75%、烟的 60%都送到美国加工，古巴输入的工业品绝大部分来自美国。另一方面，西班牙殖民当局竭力加强对古巴的经济掠夺，税收猛增，造成了大量中小农场的衰落和破产，社会矛盾更加尖锐。随着古巴经济中的资本主义关系的发展，古巴的无产阶级和民族资产阶级也逐步形成了。

（三）何塞·马蒂和 1895 年解放战争的爆发

1893 年 4 月 10 日，古巴国内外各种分散的革命组织在美国组成统一的古巴革命党。古巴革命党的组织者和领导者何塞·马蒂(1853—1895年),出生于哈瓦那一个贫苦西班牙移民的家庭,父亲当过西班牙皇家炮兵联队的上士。马蒂从小生活贫困,16岁时开始参加革命活动,受到政治迫害,长期流亡在美国。何塞·马蒂坚持在古巴的独立斗争中依靠古巴的劳动阶级。他在古巴侨民的烟草工人和小资产阶级群众中做了大量工作。他尖锐地批判当时合并主义派崇美、亲美的奴颜婢膝的思想,坚决揭露和反对美国吞并古巴的野心和阴谋,有远见地号召古巴和拉丁美洲人民用胸膛来堵塞“嚣张的残暴的北方国家吞并我们美洲国家的道路”。何塞·马蒂的这些光辉思想表明他是拉丁美洲的杰出的革命民主主义者。由何塞·马蒂主持制定的古巴革命党的纲领,提出通过解放战争“实现古巴的完全独立,并帮助波多黎各得到解放”,建立独立的共和国。但是在这个纲领中没有提到废除大地产制等迫切任务,反映了古巴激进的资产阶级民主派的阶级局限性。

在古巴革命党的领导下,1895年2月24日,起义在有深厚革命基础的奥连特省爆发。三十年解放战争的最后阶段从这里开始了。同年9月,独立的古巴共和国政府在东古巴宣布成立。10月,十年战争的老战士马克西莫·戈麦斯和安东尼奥·马赛奥率领解放军从岛的东端向西横扫,展开了出色的“突进战役”。西班牙企图不惜一切代价进行垂死挣扎,先后派遣二十多万装备精良的正规军前往镇压,叫嚣要“打到最后一个人和最后一文钱”。在岛上建立了惨绝人寰的“集中区”。解放军在数量上处于1∶4的绝对劣势,但在人民群众的支持下,愈战愈强。这时更多的旅古华工投入了解放战争,为古巴的独立献出了自己的鲜血。经过三年多的英勇奋战,解放军把西班牙殖民者打得兵尽财穷。西班牙发出了“不再出一个人和不再给一文钱”的哀鸣。1892年11月,西班牙被迫同意古巴获得自治。

(四) 从美西战争到普拉特修正案

在古巴人民的独立解放战争即将取得最后胜利的关键时刻，美帝国主义突然插手进行武装干涉。自 1895 年解放战争开始后，美国人民积极地给予古巴人民以物质上和道义上的支援，但美国政府却一直采取各种办法阻止古巴解放军获得军火物资，拒绝承认古巴为交战国一方。一直等到西班牙即将最后失败时，美国统治集团认为夺取古巴的时机已到。1898 年 2 月，美国战舰"缅因号"在古巴港口突然爆炸。美国政府利用这一事件作为借口，大肆制造战争舆论。美国总统迫不及待地在 4 月 20 日批准两天前通过的决议，派遣军队在古巴和远在亚洲的西班牙殖民地菲律宾登陆。美西争夺殖民地的帝国主义战争就这样爆发了。

美国军队打着援助古巴独立的幌子，在古巴解放军的全力支持下，很快就攻占了圣地亚哥海港，打败了在岛上实际已濒于垮台的西班牙殖民军。8 月，美、西签订了停战协定。美国军队在古巴登陆后，立即背叛了古巴人民。美国不但不让古巴解放军的代表参加对西班牙的和约谈判，甚至不准古巴解放军进入圣地亚哥城。12 月，美、西签订了巴黎和约。西班牙把菲律宾、关岛、波多黎各等殖民地割让给美国，同时放弃对古巴的一切权利。美国取代西班牙对古巴实行了军事占领。

由于古巴杰出的革命战士何塞·马蒂和安东尼奥·马塞奥在 1895 年战争爆发后不久就在战场上牺牲，这时古巴革命的领导权已转到亲美派资产阶级分子手中。但是，古巴人民争取独立自由所表现的不屈意志和顽强的战斗精神，使美帝国主义不敢直接并吞古巴。美帝国主义采取了狡猾的新殖民主义方式。在美国军事当局的监督下，古巴通过选举组成了制宪会议，制定了宪法。1901

年,美国参议员普拉特在美国国会提出一条修正案,规定美国"为保护古巴的独立""有权对古巴进行干涉";古巴应给予美国以建立加煤站和海军基地所需的领土,古巴不得将自己的领土转让给其他任何国家,等等。普拉特修正案激起了古巴人民的强烈反对。但在美国的强大压力下,古巴制宪会议被迫接受普拉特修正案作为古巴宪法的附录。

1902 年古巴共和国成立。美国占领军撤出古巴。关塔那摩和翁达湾租借给美国作为海军基地。古巴国家一成立就被套上了一副"普拉特修正案"的美制殖民主义枷锁,成为名义上的独立国而实际上的美国殖民地。

此后,1906—1909 年、1912 年、1917—1922 年,美国多次引用普拉特修正案派遣军队占领古巴,肆意干涉古巴内政。灾难深重的古巴人民刚刚推翻了西班牙的旧殖民主义统治,又开始了反对新殖民主义统治的斗争。

四、墨西哥资产阶级民主革命

(一) 19 世纪中叶的革新运动

继古巴独立战争之后,20 世纪初在墨西哥爆发了震撼拉丁美洲的资产阶级民主革命。

墨西哥与美国邻接,是拉丁美洲国家中人口占第二位(次于巴西)、面积占第三位(次于巴西和阿根廷)的大国。国内大高原约占全国总面积的四分之三,可耕地面积只占十分之一。全国 70%的劳动人口集中在 7%的土地上。在获得独立后的 50 年间,墨西哥长期处于军阀混战的状态中;财政赤字每年高达 1000 多万比索,依靠借外债过日子。在 1846—1848 年的美墨战争中,墨西哥丧失了国土的一半。频繁的内忧外患，严重地阻碍了墨西哥资本主义的发展。人民生活十分困苦，迫切要求改革。

19 世纪中叶，墨西哥出现了一个革新运动。在墨西哥伟大的民主主义者、出身于印第安贫苦农民的贝尼托·胡亚雷斯总统(1851—1872 年)的领导下，制定了各项改革法令：教会与国家分离，限制教会势力，没收和出售教会的大地产，封闭修道院，改革国民教育等等。革新运动遭到以天主教会为首的反动势力的疯狂破坏，最后爆发为国内战争(1858—1860 年)，史称“改革战争”。革新运动按其社会性质来说，是一次资产阶级革命，它沉重地打击了反动的教权主义和军事独裁制度，有利于墨西哥资本主义的发展。但这次改革没有消灭大地产制，反而以没收教会土地和牺牲印第安人公社土地的方式巩固了大地产制。同时，墨西哥又受到了以法国为首的欧洲殖民势力的武装干涉。

(二) 迪亚斯的反动独裁和墨西哥革命的爆发

19 世纪最后 30 年和 20 世纪初，墨西哥进入了资本主义工商业逐步发展的时期。在军人独裁者波菲里奥·迪亚斯的长达 34 年(1877—1911 年)的统治下，外国资本首先是美国资本大量倾入墨西哥，侵占、控制了丰富的矿产资源、铁路修筑权和工商企业。1912 年，美国拥有墨西哥矿产的 78%、钢铁企业的 72%、石油开采的 58%。胡亚雷斯时代的许多反教会的改革变成了废纸。全国土地面积的四分之一以上被转让和赠送给外国公司、本国土地勘测公司和大地主。广大农民遭受到比西班牙殖民时期还要大的灾难。到 1910 年，全国 85%的土地集中在全国人口 1%的人手中。在 1000 万墨西哥农民中，有 950 万人以上贫无立锥之地。大约有 500 万印第安人被剥夺得连一分土地也不剩，沦为债务奴隶。

土地问题的空前尖锐化，激起了从北方的索诺拉州到南端的尤卡坦半岛的印第安农民的暴动。

随着资本主义工矿业和铁路的发展，出现了墨西哥新兴的无产阶级。这个阶级一部分来自丧失土地的农民，大部分来自西班牙等国的移民工人，熟练工人多来自美国。迪亚斯政权对工农大众进行血腥的统治。工人受到残酷剥削，无权组织工会。1905年，墨西哥小资产阶级革命知识分子组成自由党，号召推翻迪亚斯独裁统治，在少数工人中进行活动并领导罢工斗争。但由于墨西哥无产阶级还比较幼小和外国移民工人中无政府工团主义思潮的浓厚影响，墨西哥无产阶级还没有力量成为革命的领导者。

以迪亚斯为首的地主天主教反动集团独裁统治下的墨西哥，被人们称为“外国人的亲娘，她自己子女的后母”。不仅在下层劳动群众，而且在民族资产阶级中，对独裁统治的不满也日益增长。1906—1907年，北部卡纳尼亚铜矿工人和里约布兰科纺织工人发动了罢工斗争。1907年美国经济危机的影响和1909年的农业灾荒，引起饥饿的农民的自发斗争，农村到处动荡。迪亚斯总统为了引诱他的政敌自投罗网，虚伪地宣称他准备在1910年退休，并容许一个反对党的存在。民族资产阶级和自由地主的代言人弗朗西斯科·马德罗就竞选副总统的问题发表了自己的政见，主张副总统应由人民自由选举，提出了“有效的选举”和“不得连任”的口号。这个口号在人民群众中获得响应。

1910年总统选举前夕，迪亚斯逮捕了马德罗并把他投入监狱。但马德罗很快就逃了出来，并以维护宪法的名义号召人民起来推翻迪亚斯反动统治。全国立即响应。在北方，在逃亡的债奴潘乔·比利亚(1877—1923年)率领下，在墨美边境的奇华华城地区组织了债奴群众起义。中部莫瑞洛斯州是全国土地集中程度最高、庄园制最盛行的地区，在这里一个贫苦印第安农民、杰出的骑手埃米利亚诺·萨帕塔(1877—1919年)领导了逃荒的印第安农民展开夺取土地的斗争。在这两支农民起义军的夹击下，迪亚斯政权很快就土崩瓦解。1911年5月，迪亚斯潜逃出国。同年11月，马德罗就任墨西哥总统。

(三) 萨帕塔"土地和自由"的纲领和农民夺取土地的斗争

以马德罗为首的民族资产阶级和自由地主宪法派的主要政治目标，是推翻迪亚斯独裁统治，实现以改革选举制度为中心的政治改良。马德罗的纲领虽然也提出了归还从印第安人公社非法剥夺的土地的主张，从而获得了国内基本群众——广大农民群众的支持，但是马德罗上台以后，对解决农民土地问题的诺言根本不想兑现。农民群众感到极大的失望。1911年1月28日，萨帕塔在莫瑞洛斯州建立了革命委员会，宣布马德罗背叛了革命，提出了著名的"阿亚拉计划"。这个计划规定：在迪亚斯专政时期被地主剥夺的全部土地、森林、田庄归还给农民，剥夺大庄园主1/3的土地并没收反抗实现这个计划的地主的土地。萨帕塔派用"土地和自由"的新的社会革命纲领取代了马德罗的"有效的选举和不得连任"的政治纲领，发动农民拿起武器开始自行夺取土地的斗争，从而举起鲜明的农民土地革命的战斗旗帜。

迪亚斯政权倒台后，过去受到镇压的工人运动开始活跃，并建立起新的工会组织。但马德罗政府不仅不能满足工人阶级的要求，反而支持资本家镇压工人运动，因而也渐渐失掉了工人群众的支持。

特别重要的是美国改变了对马德罗政府的态度。马德罗开始进行推翻迪亚斯政权的斗争时，得到美国石油资本家的支持。但代表新兴民族资产阶级利益的马德罗政府上台后，美国资本家并没有得到他们所觊觎的优惠特权，于是，在美国策划下，反动军官韦尔塔发动反革命政变，杀害了马德罗。1913 年 3 月，韦尔塔就任墨西哥临时总统。他继承了迪亚斯的反革命衣钵，建立了血腥的恐怖专政。

韦尔塔的反革命政变激起了国内各阶层广大人民群众的反抗。以卡兰萨为首的资产阶级地主自由派组织了拥护立宪政府的宪法军在北方起事，同比利亚率领的北方军和萨帕塔的南方的解放军联合起来，进行了推翻韦尔塔暴政的斗争。有组织的工人群众也第一次参加了斗争。

（四）美国干涉墨西哥革命的失败

韦尔塔上台后，暗中与英国石油资本家相勾结。他在英美两国争夺墨西哥石油权益的斗争中偏袒英国，使美国石油企业家大为恼火。美国政府立即改变了对韦尔塔政权的态度。1914 年 4 月，美帝国主义借口美国水兵被墨西哥扣留一个半小时，公然派遣美海军陆战队在韦拉克鲁斯登陆，占领港口和海关。

美帝国主义的武装干涉激起了墨西哥人民强大的反美运动。韦拉克鲁斯的人民给予侵略者以沉重打击。拉丁美洲各国人民也奋起声援，举行反美示威。美国侵略军在拉丁美洲人民的一致谴责声中被迫撤出了墨西哥。

1914 年 7 月，韦尔塔反动政权垮台。卡兰萨派打着宪法军的旗帜攫取了反韦尔塔斗争的领导权，但拒不解决萨帕塔和比利亚提出的迫切的社会经济问题。矛盾的激化发展成为全国规模的内战。1914 年 12 月，萨帕塔的解放军和比利亚的北方军联合攻占了首都墨西哥城，控制了全国三分之二的地区。农民革命军所到之处，焚烧地主庄园，把土地分配给农民。然而，农民革命力量缺乏正确路线的指引，不了解掌握国家政权的重要意义，没有提出吸引全国各阶层广大人民群众的政治纲领，而只注意于土地问题，特别是没有同革命的工人阶级结成联盟。这些弱点和错误给了资产阶级自由派以可乘之机。卡兰萨派为了争取群众，笼络人心，第一次接过了农民领袖的革命口号，提出实现土地改革的诺言，颁布了土地法，并顺应人民的反美情绪，采取了一些反对美帝国主义的措施，特别是对工人群众进行蛊惑宣传，以争取无政府工团主义者领导的“世界工人社”等组织的支持。这样，力量对比的优势逐渐转移到卡兰萨派一边，经过两年的激战，比利亚和萨帕塔率领的农民革命武装都因孤立无援被各个击败。以卡兰萨为首的资产阶级和自由地主逐渐巩固了统治。

1916 年 3 月，美帝国主义再次借口边境事件侵入墨西哥，并陈兵十万于美墨边境。墨西哥人民再次掀起反对美帝国主义干涉的斗争。卡兰萨政府在人民的支持下，对美国采取强硬态度。由于美国忙于准备参加第一次世界大战，被迫在 1917 年初撤退了侵略军。第二次干涉也遭到失败。

（五）1917 年墨西哥宪法

1917 年宪法宣布：国家是土地、河流、矿藏的根本所有者，严格限制外国人利用墨西哥自然资源的权利，只有墨西哥人能领有这些资源；教会和股份公司不得领有土地；收回迪亚斯政权出卖给外国的租借地；废除大地产，发展小块土地所有制。宪法还规定了实行八小时工作制，承认工会权利，实现女工和童工的保护制度，废除封建借贷关系，等等。根据新宪法，卡兰萨政府颁布了调整外国人拥有的地产、增加石油出口税收、提高开发地下资源的租金等法令。这是当时拉丁美洲最激进、最革命的资产阶级宪法。

1910—1917年墨西哥革命是反对封建主义和帝国主义的资产阶级民主革命。这个革命沉重打击了反动的半封建大地主阶级、天主教会势力和外国帝国主义，使政权从大地主大军阀手中转到民族资产阶级和自由地主手中，从而为巩固墨西哥的民族主权和发展资本主义创造了有利条件。这次革命对墨西哥和整个拉丁美洲都产生了深刻的影响，被认为是拉丁美洲国家迈向现代社会，进入一个新历史时期的开端。

第三编

拉丁美洲史论

中国与拉丁美洲的历史联系

中国与拉丁美洲阻隔重洋，相距遥远，自有文字记载的历史以来一直到哥伦布发现美洲，迄未发现有过直接交往。这两个地区之间的接触与联系的建立，是近代欧洲殖民主义兴起的产物。

自哥伦布发现新大陆与达·伽马开辟通往亚洲的新航路之后，16 世纪初，伊比利亚半岛上的葡萄牙和西班牙的舰队分别从不同方向经由海上航行到达东亚，欧洲与中国之间的传统联系主干道开始从大陆转向海洋——印度洋和太平洋，中国与美洲开始发生间接接触。由此而发生的一系列历史事件引起了世界格局的大变化，也是中国对外关系格局的大变化。

中国与拉丁美洲之间的这种联系，与历史上中国同周边远近国家的联系是根本不同的，在很长一个时期内都是一种畸形的、特殊形式的联系。16 世纪以来形成的世界格局是：欧洲崛起成为新兴资本主义世界经济体系的中心(Core)，拉丁美洲则依附于欧洲殖民国家，处于这一体系的“边缘”(Periphery)，但亚洲广大地区特别是中国在 19 世纪以前还只是与这一体系保持联系而未被纳入这一体系。① 尽管如此，从总的来说，世界已被西方商业资本主

① 近代世界经济体系理论问题，参见沃勒斯坦：《现代世界体系之二，重商主义与欧洲世界经济的巩固，1600—1750》(I. Wallerstein, *The Modern World System II, Mercantilism and the Consolidation of the Europe World Economy, 1600—1750*, 1980)。

义初步连成一气,从而使原来相互隔绝、从无联系的地区与国家之间也被纳入某种国际联系之中。中国与拉丁美洲的联系就属于这一类型。这种联系不是通过长期接触自然形成的,而是通过欧洲殖民者的火与剑的征服活动,特别是殖民贸易活动而形成的一种有限的间接经济与文化接触。在很长时期中,这种次级接触只是欧洲与美洲、欧洲与亚洲之间双边殖民贸易联系的副产品,但中国在西方的新兴的殖民贸易体系中却占有一个特殊的位置。

马尼拉商帆贸易开辟了太平洋上的"丝绸之路"

中国从唐宋以来,就与日本及南洋各国有密切的贸易和文化交往。元代到明初,海外交通尤为发达。16世纪初即明代中叶,葡萄牙殖民者东渡印度洋,1510年占印度果阿,1511年占马六甲,1517年开始叩广州、澳门,1557年窃据澳门。与此同时,西班牙殖民者沿相反方向渡大西洋,1519年登陆并攻取墨西哥,1521—1522年首次横渡太平洋,1570年占菲律宾群岛首府马尼拉。这第一次划分世界的两大殖民势力从不同的方向在中国的南大门外会合了。当时按中国习惯,南洋被分为东西两洋①:以婆罗洲北岸文莱为界,文莱以东以菲律宾为中心的海洋叫"东洋";以西为"西洋",包括爪哇、苏门答腊、马来半岛、印度交趾等地及国家。这就是说,葡西两国在亚洲的势力划分,大致以菲律宾为界,葡萄牙控制西洋,西班牙控制东洋,各自进行殖民扩张,互争雄长。中国与

① 张燮:《东西洋考》卷九,舟师考,西洋针路及东洋针路。

南洋各国的传统联系从此为之大变。

葡萄牙占有非洲一些殖民据点和印度的果阿等处，在中国据有澳门，在美洲占有巴西，建立了地跨亚、非、美洲的海外帝国。① 在16世纪至18世纪时，往来于欧亚之间的"香料贸易"的船只，从亚洲驶回时，常先到巴西的巴伊亚(Bahia)港口停泊，把中国的丝绸及东方的香料带到巴西，然后再返回欧洲；②更多的是先驶返欧洲，再从那里把中国货物转运去巴西。澳门—果阿—里斯本—巴西(或先到巴西再返里斯本)，这是印度洋上的"香料之路"的延长，也是中国与美洲之间联系的第一条渠道。及至香料贸易衰落之后，中国与拉丁美洲之间经过欧洲中转的联系，也是常有的事。

西班牙在亚洲据有菲律宾，在美洲攫取从墨西哥到南美广大地区，建立了地跨南北美并远至亚洲的海外帝国。塞维尔(西班牙)—阿卡普尔科(墨西哥)—马尼拉(菲律宾)—闽粤口岸，这条西班牙海上帝国的"大商帆贸易"航线是中国与美洲之间联系的第二条渠道，也是中国与拉美之间联系的主航线。

中国与拉丁美洲的接触是通过西班牙人在亚洲的殖民地菲律宾为中转站。西班牙虽早在1521年就"发现"菲律宾群岛，但一直到1565年才开始成功地在菲岛建立殖民地，并于1571年在马尼拉建立殖民地首府，1585年设立都护府(captancy-general)，归新西班牙(墨西哥)总督区遥辖，作为西班牙在亚洲建立"东方帝国"的基地。由于印度洋航线被葡萄牙人垄断，西班牙人就在太平洋上开辟了一条新航线。这条航线的一端在墨西哥太平洋岸的阿卡

---

① 博克塞:《葡萄牙的海上帝国，1415—1825年》(C. R. Boxer, *The Portusguese Seaborne Empire, 1415—1825*, 1977), Chap. IX。

② 《剑桥拉丁美洲史》(*The Cambridge Histroy of Latin America, Colonial Latin America*, Vol. I, 1984)，第459页。

普尔科(Acapulco),一端在亚洲的马尼拉。西班牙人称太平洋为“南海”(South Sea),海域近7000万平方英里,比大西洋水域大两倍,比印度洋大三倍,激流汹涌,飓风横生,是世界上航程最长、最艰险的远洋航线。① 从阿卡普尔科到马尼拉的航线,借东风径直西航,中途经关岛,全程一般约需两三个月;从马尼拉回返阿卡普尔科的航行却很艰巨,不可能利用同一航线,要绕经北太平洋,利用季风与“黑潮”东航,靠近北美海岸再南下,往往需要半年左右时间。葬身海上的事故时有发生,行驶在这条航线上的西班牙船只,一般是一百多吨到三四百吨不等的三桅帆船。绝大多数船只是在马尼拉利用当地木材制作的,故称马尼拉大商帆(Manila galleon)。从1565年第一艘大商帆横渡太平洋,到1815年最后一次行驶,历时250年。② 在我国史籍中也有关于西班牙商帆的记载。如黄可垂《吕宋纪略》写道:

> 干丝腊(Castilla,即西班牙。——引者)所造板船极大,帆樯甚固,枪炮毕备,洋寇不得近。往来吕宋间皆用量天尺、照水镜,浅石沉礁无不洞悉,其法更妙于指南车。华人之客吕宋者,恒乐其舟楫之利,而喜其制度之巧焉。其夹板船来吕宋计程三月,迨其船回本国,水性不同,须五月。华人贸易往来,相安数百年矣。③

大商帆贸易线是为维持西班牙对美洲和菲律宾群岛殖民统治的运输线与供应线,它沟通亚洲与美洲之间,从而也间接沟通了中国与美洲之间的联系。这条海上通道揭开了太平洋历史的新页,

---

① 舒尔茨:《马尼拉大商帆》(W. L. Schurz, *The Manila Galleon*, 1959),第287页。

② 舒尔茨:前引书,第7章。

③ 黄可垂:《吕宋纪略》。见《小方壶斋舆地丛钞》第10帙,第469页。

也揭开了中国与拉丁美洲关系的新页。

中国与拉丁美洲之间建立贸易联系的连结点是在马尼拉。从中国东南沿海港口至马尼拉，相距只有650—700英里。在西班牙人到来之前，中国早就与菲岛有友好贸易往来。这一交往的历史可上溯到公元10世纪末。到宋元时代，我国商贾乘船至菲岛贸易，往来不绝。岛上的吕宋等国与中国有“朝贡贸易”关系，吕宋诸港成为中菲贸易的中心，一直继续到西班牙人领有该岛之时。①西班牙殖民者占有菲律宾对中国的影响是双重的：即一方面使中国与菲岛的直接联系与传统友谊遭到破坏；另一方面使中国通过马尼拉“中转站”的商帆贸易，与美洲建立起互通有无的经济联系。

当时建立这种联系是西班牙与中国双方共同的客观经济需要。从西班牙方面来说，是要控制菲岛这样一个既远离宗主国又远离美洲基地的殖民地，非求助于物产丰富的中国的商品供应不可；同时中国的大量货物通过马尼拉转运到墨西哥，也大有助于加强美洲殖民基地与菲岛的联系，何况还可以把它们从墨西哥转运回欧洲，投入欧洲的东方货物市场。从中国方面来说，明代对南洋的贸易日益发展，以后又开放海禁，准许商民往返东、西洋。凡中国出口到菲岛后转运到美洲的货物，均用美洲盛产的白银偿付，这对用银量日益求过于供的中国来说，又是非常迫切的需要。②

西班牙人据有马尼拉之后，立即与那里的中国商人发生贸易往来（1571年），并着手寻找与中国建立直接贸易的门路。1575

---

① 陈荆和：《十六世纪之菲律宾华侨》绪言与第1章，香港新亚研究所，1963年。

② 参见全汉昇：《明季中国与菲律宾间的贸易》，《中国经济论丛》第1册，香港新亚研究所，1972年，第417—434页。

年，马尼拉殖民当局首次派两名传教士与两名军官访问福建漳州。这是有关中国与西班牙最早接触的记录。① 1582年，弗兰西斯科·德·加利(Frallcisco de Gali)从阿卡普尔科起程赴澳门，大概是有关墨西哥通中国的最早记载。② 由于葡萄牙人的阻挠，此后西班牙直接来中国贸易的商船很有限，但前往马尼拉进行贸易的中国商人，由于1566年(明嘉靖四十五年)福建置漳州府海澄县治，翌年正式开放海禁准许商民往返东西洋，从而使中国商人得到较大的海外贸易自由；而据有菲律宾的西班牙人为维持这块亚洲殖民地，为保证墨西哥对它的经常联系而建立的大商帆贸易，又大量需求中国货物。这样，中国东南沿海口岸与马尼拉之间增长的贸易联系，就变成为菲岛与墨西哥之间大商帆贸易联系的真正基础。

据记载，西班牙人于1570年最初到马尼拉时，有华人商船4艘来航、有华商40人携眷来侨居。第二年，有三艘华舶来马尼拉港和五艘至近邻诸岛贸易，马尼拉的华人人数增至150人。此后来自中国的商船与日俱增。③ 据日人箭内健次的估计，在16世纪80年代时，每年平均20艘；90年代则增至每年平均30余艘；至17世纪初年，达到每年平均四五十艘之多。④ 这是中菲贸易的高

---

① 张维华：《明史欧洲四国传注释》引西人著述，称这次西班牙人来华是"意欲与华总督缔结商约"(上海古籍出版社，1982年，第60页)。据裴化行著《天主教十六世纪在华传教志》，这次活动主要是有关林凤事件与试探来华传教(商务印书馆，1936年，第143—152页)。

② 据休伯特·班克罗夫特：《北美太平洋沿岸各国史》。此处引自傅路德：《中国关于美洲的最早的知识》(L. Carrigton Goodrich, "China's First Knowledge of the Americas," *The Geographical Review*, Vol. XXVIII, 1938)。

③ 陈荆和：《十六世纪之菲律宾华侨》，第25—26、55—56页；舒尔茨：前引书，第27、71页。

④ 箭内健次：《菲岛华人之地方发展》，《南方民族》第7卷第1、2号。此处引自陈荆和：前引书，第4页。

潮。按皮埃·肖尼(Pierre Chaunu)根据历史记录整理的1586—1787年间每年进入马尼拉港口的中国船只的统计资料计算(其中有些年份无中国船入口记录),由中国船驶往马尼拉港的每10年的总船只及其年平均进港船数如下表①:

年代	总船只	年平均(只)	年代	总船只	年平均(只)
1580	98	24.5	1680	69	11.5
1590	94	23.5	1690	161	16
1600	266	26.6	1700	191	21
1610	108	36	1710	104	11.5
1620	55	13.7	1720	113	11.3
1630	287	28.7	1730	127	14
1640	153	15.3	1740	129	16
1650	57	7.1	1750	127	12.7
1660	45	6.4	1760	64	9.1
1670	29	4.8	1770	61	8.7

指出这一点是必要的:中国船只在驶往马尼拉的各国船只中占压倒的优势,有时全部进口船都来自中国。再从马尼拉海关每年对中国货物征收的入口税所占的份额来看,在这200年时间中,一般每年都占该港征收的入口税总额的50%以上;在17世纪上半叶,每年平均高达80%,最高年份达到92.06%(1641—1642年)。② 16世纪末还规定对食物、军需品及其原料等的入口不征税。即使除去这些食物不计,中国货物在菲律宾对外贸易中占绝对重要性也是肯定无疑的。

---

① 据肖尼《西班牙人的菲律宾与太平洋》(Pierre Chaunu, *Les Philippines et Le Pacifique des Iberiques*, XVIe, XVIIe, XVIIIe Siècles, S. B. V. P. E. N., 1960, Paris)一书资料计算。表中只包括由中国沿海口岸驶往马尼拉的船只,自澳门和台湾驶往者未计入。计算年平均数时,未将无中国船入口的年份计入。

② 肖尼:前引书,第199—219页。

从中国港口前往马尼拉的船,有少数来自澳门。据皮埃·肖尼的统计表,最多是在1620—1640年这段时间,共计有50艘。这些来自澳门的船只不是中国船,而是葡萄牙船。从16世纪中叶窃据澳门以来,葡萄牙殖民者一直以该处为据点建立它在远东的商业网。有鉴于中菲贸易的利润巨大,葡萄牙人也在广州市场上收购中国货物前往马尼拉,或者为中国货主把货物运销到马尼拉,称为“澳门—马尼拉贸易”。① 葡萄牙企图在马尼拉市场上垄断中国货物的贸易,甚至派出商船东航横渡大洋,试图建立澳门与阿卡普尔科之间的直接贸易航线,都因遭到西班牙人的坚决反对而未得逞。②

从马尼拉载运中国货物横渡太平洋至阿卡普尔科,是马尼拉商帆贸易的关键的航程,完全处于西班牙殖民者的控制下。这条航线几乎从马尼拉开埠之后立即开航。早在1573年,即有两艘马尼拉商帆运载712匹中国丝货、22300件精美的中国瓷器什物驶往阿卡普尔科。③ 由于这一贸易获利极大,墨西哥和秘鲁的西班牙商人都想分沾此利。殖民当局最初对此也没有限制。据1579年4月的皇家法令,新西班牙、秘鲁、危地马拉以及南美地区(Tierra Firme)的西班牙商人都被允许参与横渡太平洋的贸易。但在两年之后就加以限制,除新西班牙外,美洲其他西属殖民地不准直接与中国或菲律宾贸易。此后在1593年、1595年、1605年多次重申这一禁令。④ 新西班牙对菲律宾贸易虽获得王室认可,也

① 博克塞:《澳门来的大商船》(C. R. Boxer, *The Great Ship from Amacon, Annals of Macao and the Old Japan Trade*, 1555—1640, 1954),第74—75、102—104页。

② 舒尔茨:前引书,第130—134页;全汉昇:《自明季至清中叶西属美洲的中国丝货贸易》,《中国经济史论丛》第1册,台北,第460—461页。

③ 舒尔茨:前引书,第27页。

④ 同上书,第366—367页。

受到严格的限制。按1593年建立的贸易许可证制度(Permiso),大商帆属于西班牙国王产业,经营该项贸易是政府垄断的特权。从1593年起,限定每年用两只帆船运货,每只不得超过300吨,从马尼拉运往墨西哥的货物总值不得超过25万比索,回程不得超过上述总值一倍即50万比索。但事实上每年运输的船只并不经常都是两只;商船的载重吨位也愈来愈大,最大的达千吨或超过千吨。运货总值限额从1702年起有所放宽,每年从马尼拉运出货物总值可达30万比索,回程可达60万比索;后又再次放宽,分别达到75万比索和150万比索,直至1815年,大帆船贸易停止为止。① 除官方货物外,只有获得"特许权"的西班牙人才享有这种贸易特权。这些限制并未被严格遵守,航程中有大量走私货物,但对太平洋贸易的发展毕竟造成了硬性的限制。

在重商主义原则下,执行严格的限制政策,是为了保护西班牙塞维尔商人对美洲的贸易垄断(不受来自亚洲主要是中国货物的竞争),同时也为了防止美洲金银大量流向亚洲(首先是流向中国),因此大商帆贸易是商业资本主义时代的一种殖民特权贸易。除了官方货物外,只有获得"特许证"的西班牙人才享有这种贸易特权。到后来只准许住在菲岛的西班牙人参与这一贸易。这项特权实际上被菲岛总督、王家最高法院法官、马尼拉市议会议员、僧侣、大商人及其他一些殖民地特权阶层所把持。这就是说,新西班牙商人也禁止赴马尼拉经营此项贸易,除非迁居菲岛。19世纪初大商帆贸易宣布停止后,墨西哥的圣布拉斯(San Blas)、厄瓜多尔的瓜亚基尔(Guayaquel)、秘鲁的卡拉俄(Callao)于1820年开放

① 舒尔茨:前引书,第193—195页;李水锡:《菲律宾与墨西哥之间早期的大帆船贸易》,《中山大学学报》1964年第3期。

给在菲律宾的西班牙人贸易，仍按大帆船贸易末期的限额定为75万比索，限额的分配权依然操纵在马尼拉商会手里。①

从以上所述可知，太平洋上的西班牙商帆贸易虽说是美亚两洲之间的一座海上桥梁，但这座桥梁一直被套上殖民主义的锁链。因此，通过这条贸易线建立的美亚两洲之间的经济与文化联系，也是畸形的、受到重重限制的，是被两大洲以外的殖民势力所支配的。另一条由葡萄牙人所建立的印度洋贸易航线的情况也是如此。

"丝绸之船"到美洲

中国通过大商帆航路输往拉丁美洲的货物，包括了丰富的中国特产、工艺品和日用品，品种繁多。从17世纪的西班牙史家德摩加(Antonio de Morga)记载的一份中国商人携往马尼拉的货物单中，开列各种商品如下：

> ……大束生丝，精粗具备；素色和彩色精美的小卷散丝；大量天鹅绒，有些是本色的，有些绣有各种图案与彩色花款，有些色泽艳丽和嵌绣金线；织有金银丝的浮花锦缎；大量金银线；缎子、绫罗、平纹绸和各色衣料；亚麻布制品；不同品种的白棉布匹。中国人还带来麝香、安息香、象牙；大量床上装饰品、帐帷、被单、天鹅绒挂毯；各色织锦和丝毛混织品；台布、椅垫和地毯；用同类材料制成的嵌有玻璃珠和小珍珠的马饰；珍珠和红宝石；青玉和水晶；金属盘、铜壶、铜锅和铸铁锅；各式

---

① 《菲律宾群岛史料汇编》(*The Philippine Islands*, ed. by Emana H. Blair and James A. Robertson)第46卷，第58页。

各样的钉子、铁板、锡和铅；硝石和火药。中国人还供应西班牙人面粉，橘子、桃子、梨、肉豆蔻、生姜和其他中国水果制成的蜜饯；腌猪肉和其他腌制品；良种家禽和上等阉鸡；大量新鲜水果和各种柑橘；美味的栗子、胡桃、柿子（干货与鲜货水果均同样可口）；各式各样的线、针和小摆设；小箱子和文具盒；床、桌子、椅子、描金板凳。他们还带来水牛、形似天鹅的鹅、马、骡、驴；甚至还有会说话唱歌及逗趣的提笼鸟。中国人还带来数不清的外表好看而不值钱的小玩意和小装饰品，这些东西很受西班牙人重视！各种精美的瓷器……黑色和蓝色长袍；各种念珠，红玉髓，五光十色的宝石；胡椒和其他香料；还有种种稀见之物，如果都要提到，我将永远写不完，也没有这么多纸张来写。①

从上述货物单中可以看出，中国运往菲律宾的货物包罗万象，大致可以分为八大类：(1)生丝和各种丝织品；(2)亚麻布、棉布各类纺织品；(3)粮食、牲畜、腌肉、家禽、水果等；(4)陶瓷制品；(5)铁、铜及其他金属制品；(6)珠宝饰物和各种工艺品、小玩意；(7)硝石与火药；(8)从中国转运的其他外国货物（如安息香、象牙、香料等）。货单漏掉了茶叶和瓷器两项重要货物，可能是一次航程中运货品种不全。上述货物中的日常生活用品大都供应菲律宾市场的消费，而大宗的生丝、丝织品和珠宝玉器则是大商帆运往美洲的主要货物。丝货的体积和重量都很小，而价值却最大，是利于远程贸易的商品。自汉代以降，沟通欧亚大陆的“丝绸之路”即以此得名。明代中叶以后，我国的丝绸工业得到很大发展，技术先进，

① 德摩加：《菲律宾群岛志》(Antonio de Morga, *Sucesos de las Islas Filsipinas*)。英译本见《菲律宾群岛史料汇编》第16卷，第178—180页。

成本低廉，产量丰富，压倒欧洲同类产品。16世纪初，葡萄牙人即开始从印度洋航线运载中国丝货前往欧洲。太平洋贸易航线开始后丝货成为中国远销美洲获利最大的货物，[①]在运往马尼拉的各类货物中居第一位，这在明清史中有大量佐证。如：

是两夷者（指葡萄牙人与西班牙人。——引者），皆好中国绫罗杂缯。其土不蚕，惟借中国之丝到彼，能织精好缎匹，服之以为华好。是以中国湖丝百觔，价值百两者，至彼得价两倍。而江西磁器，福建糖品果品诸物，皆所嗜好。[②]

东西洋诸番，惟吕宋最盛，因大西洋干丝腊（Castilla）是班呀（Espana）番舶运银到此交易，丝绸布帛百货尽消。[③]

由于华商以经营丝货为最大宗，马尼拉华人聚居的八联市场（Parian）又被叫做"生丝市场"[④]（Alcaiceria）。马尼拉不仅是中国丝货及其他货物的集散地，而且还是这些货物的加工地。有些中国制品是由侨居马尼拉的中国工人在当地制作后再转销美洲的。据英人华尔特（Richard Walter）在《1740—1744年环球航行记》中记载：

从此处（马尼拉。——引者）对中国和印度诸地进行的贸易，主要是来办那些供应墨西哥和秘鲁王国的货物，这些货物是香料、各种中国丝织品和中国制品，特别是丝袜，我听说每只船经常携带不少于五万双；大量的印度原料如印花布和白

---

① 全汉昇：《自明季至清中叶西属美洲的中国丝货贸易》，《中国经济史论丛》第1册，第451—473页。

② 顾炎武：《天下郡国利病书》（上海涵芬楼影印版）卷九六，福建六，《郭造卿防闽山寇议》。

③ 陈伦炯：《海国见闻录》（序于1730年）。

④ 陈荆和：前引书，第58页。

洋布(这种布在美洲穿得很多);还有其他一些很精致的器物如金匠饰品等等。这些饰品大多系马尼拉城中的中国人制作的,因为据说至少有两万中国人常居该处,充当仆役、匠人或面包师。所有这些货物均荟集于马尼拉,从此处运往墨西哥王国的阿卡普尔科港口。①

从马尼拉开往阿卡普尔科的商帆,除少数年份外,都可以称之为"丝船"(又称来自中国之船,nuos de China),就是因为船中载运的货物以中国生丝和丝织品价值最大。在1636年以前,每船载运的各种丝织品约为三四百箱。但在1636年出发的船,其中一船运载的丝货就超过1000箱,另一艘多至1200箱。每箱的容量,以1774年启航的商帆为例,装有珠色广州光缎250匹、深红色的纱72匹,共约重250磅;装长筒丝袜的箱重230磅,内装1140双丝袜。② 同时还把大量生丝运往墨西哥出售。这些事实表明:从16世纪以降,中国通往西方的陆上"丝绸之路"开始转到太平洋上,形成了太平洋上的"丝绸之路"。③

从16世纪到18世纪初,西班牙在美洲的殖民地被划分为新西班牙和秘鲁两大总督辖区,前者包括墨西哥与中美洲地区,后者几乎包括除巴西以外的南美广大地区。大商帆贸易在美洲的到岸港口阿卡普尔科,因与东方贸易而变成美洲的中国货物重要集市。从墨西哥城南通向这个太平洋岸港口的道路,被称为"中国之路"。

① 转引自蒲塞尔:《中国人在东南亚》(Victor Purcell, *The Chinese in Southeast Asia*, 1952),第607—608页。

② 全汉昇:《自明季至清中叶西属美洲的中国丝货贸易》。

③ 葡萄牙人开辟的印度洋航线,从亚洲输往欧洲的货物中以香料居第一位,中国丝货所占份额很少,这时西方从东方采购的丝货主要来自波斯而非来自中国。参见施腾斯加尔德:《17世纪亚洲的贸易革命》(N. Steensgard, *The Asian Trade Revolution of the Seventeenth Century*, 1973),第166页。

每当满载中国货物的船只到达该港口时,这里要举行盛大的集市。来自美洲和西班牙的商人从这里把中国丝货及其他货物转运到中美洲、巴拿马、南美北部海岸、加勒比地区、秘鲁、智利、阿根廷等处,甚至有少数货物转运往西班牙。“中国船”到达美洲口岸时的盛景,在墨西哥著名诗人布兰西斯·布雷特·阿特的诗中写道:

每年来一次的中国船啊,
载来沉沉的橡胶、香料
和那么泽润的丝绸,
堆积在阿卡普尔科港口。①

中国丝绸远渡重洋而来,但仍比墨西哥市场和秘鲁市场上来自西班牙的丝织品便宜得多,质量也更好。由于西班牙的殖民垄断制度在美洲造成消费品昂贵而缺少的情况,价廉物美的中国丝绸成为殖民地美洲市场上的畅销货,不仅西班牙殖民贵族用中国丝绸打扮自己,西班牙僧侣用它来缝制法衣,装饰华丽的教堂,连印第安人的教堂也用便宜的中国丝织品做装潢饰物。不但墨西哥城等地的西班牙人和富有的混血种人穿中国丝绸,甚至连炎热地区的印第安人因西班牙法律规定必须穿衣服,对于售价低廉的中国丝绸也很欢迎。1720 年法规指出:“中国货物打扮了新西班牙土人们的日常穿着。”雷维拉吉杰多(Revillagigedo)总督说:“菲律宾货物在这个王国大受欢迎,因为那些商品销售给各地区的穷人。”②据 17、18 世纪到过墨西哥的外国旅行家们的记载:当地人们服饰之豪华与考究超过了西班牙。托马斯·盖奇 (Thomas Gage) 写道:“不论男人和女人,都穿得过分讲究,丝绸的衣料比呢料和布

① 许必华:《漫游印第安之邦》,安徽人民出版社,1984 年,第 320 页。

② 舒尔茨:前引书,第 362 页。

料用得更多”,甚至连“下层居民”也穿丝绸和上等中国亚麻布。①

秘鲁是世界著名的银矿产地,居民的购买力和消费水平高于墨西哥,是中国的丝货和珍贵货物的大好市场。西班牙曾颁令禁止秘鲁和马尼拉直接贸易,甚至一个时期禁止秘鲁与新西班牙之间的贸易往来,但中国商品仍然通过各种渠道,转到当地的“利马船”上,运入秘鲁,畅销不止。1602 年 5 月 15 日,蒙特瑞公爵(Conde de Monterrey)上书西班牙国王,他写道:

> 那里(利马)的西班牙人都过着非常豪奢的生活。他们都穿最上等、最昂贵的丝绸衣料。妇女们盛装丽服之繁多与奢侈为世界上其他国家所罕见;因此,每年只要有四艘商船开往秘鲁,所有的衣料都会销售一空,其他货物也是一样,因为商船要隔得很久才去一次,而人们却一向都穿新西班牙和中国运去的衣料。但就中国货物而论,只有非常贫穷的人、黑人和黑白混血种人(男女都有)、华印混血种人、大量的印第安人以及为数甚多的混血儿们才穿用。印第安人的教堂也多大量使用中国丝绸,把教堂装饰得气象庄重;在这以前,这些教堂因买不起西班牙丝绸而显得简陋不堪。现在只要中国丝货大量运来,秘鲁的供应便不虞匮乏,同时货价也比较低廉。②

从这段记载看,中国丝绸既然在秘鲁成为下层社会人士穿用的“大路货”,说明中国丝货在秘鲁售价便宜,耐用,销售量大。据另一记载,差不多同等质量的丝织品,中国货的价格只有西班牙货的价格的三分之一。③ 秘鲁上流社会人士穿非常昂贵的西班牙丝绸,意

---

① 布雷德利:《拉丁美洲跨越太平洋的联系》(Anita Bradley, *Trans-Pacific Relation of Latin America*, 1941),第 7—8 页。

② 《菲律宾群岛史料汇编》第 12 卷,第 63—64 页。

③ 同上书,第 30 卷,第 77 页。

在显示自己是西班牙人，出身高贵。这可能是早期情况。据17世纪时出版的《秘鲁总督辖区纪略》一书所记，“冠有‘贡’字的货物是从中国贩来的最好货色……特别是南京出产的有光泽的白绸，真是精美绝伦”。[①] 这说明，为了迎合西班牙殖民贵族的口味，很快就向美洲运销中国上等丝缎。为适合美洲市场需要，1686年，墨西哥和秘鲁的商人曾携巨资前来中国，给中国丝织工人带来所需货样。[②]

中国丝织品输入西班牙美洲，不仅影响了纺织工业的艺术风格和美洲人的衣着打扮，还为墨西哥的丝织工业提供了廉价的原料。16世纪30年代前后，西班牙殖民者开始在墨西哥经营养蚕业和建立丝织工场，这些工场以墨西哥、普韦布拉(Puebla)、安特克拉(Anteguera)等地为中心，就近使用米斯特加(Misteca)地区的生丝为原料，也使用西班牙生丝，发展较快。[③] 但价廉物美的中国生丝却胜过当地的土丝与西班牙运来的生丝，土丝受殖民政策的限制，产量有限，供不应求，与外在世界隔绝的墨西哥纺织工场通过马尼拉商帆获得中国生丝作为原料，使1.4万多工人获得了就业机会。[④] 18世纪初，英国旅行家伍兹·罗杰斯(Woodes Rogers)指出，当时墨西哥用中国生丝织成的锦缎可与欧洲制作的任何产品相媲美。[⑤]

可见，太平洋上的丝绸贸易不论对中国、菲律宾与西属美洲都有利，只是不利于宗主国大商人在美洲殖民地倾销西班牙丝绸。

---

① 张铠:《明清时代中国丝绸在拉丁美洲的传播》,《世界历史》1981年第6期。

② 舒尔茨:前引书,第364页。在中国史籍中尚未找到有关材料。

③ 《菲律宾群岛史料汇编》第27卷,第199、201—203页。

④ 哈林:《西班牙的美洲帝国》(C. H. Hating, *The Spanish Empire in Americo*, 1947),第237页。

⑤ 舒尔茨:前引书,第365页。墨西哥的丝织业生产在16世纪80年代达到顶峰,以后逐渐衰落。据说衰落的原因之一是敌不过中国丝货的竞争。

在宗主国垄断商的唆使之下，从 1593 年起，西班牙王室多次颁发种种命令对大商帆贸易的参与者、货物数量、船舶吨位等予以限制；还一度禁止丝货入口。菲律宾殖民当局也采取限制华商的政策，从 17 世纪中叶以后，商帆贸易度过了自己的高峰，输往美洲的中国丝货似也趋下降。

远越大洋的文化接触

往返在太平洋上的大商帆，不仅运送货物，也运送乘客、邮件，传递各种信息，把中国人带到墨西哥。① 据西文史料，在 16 世纪初，马尼拉大约有华侨 30000 人。② 最早前往墨西哥的，很可能就是马尼拉华侨中参与太平洋贸易的商人。据西班牙编年史家的记载，早在 1585 年(明万历十三年)，曾有三个中国商人到过墨西哥，从那里转赴西班牙和其他国家。③ 但更大的可能是，最早到墨西哥者是在马尼拉为西班牙商人充当仆役的中国人，甚至有些可能是当作奴隶贩往者。当时把从马尼拉运到墨西哥的亚洲奴隶都统称为“Chinos”，这些人不一定都是中国人，而是种族难以区别的亚洲人或混血种人的统称。④ 在马尼拉商帆的终点阿卡普尔科，相

① 据陈匡民《美洲华侨通鉴》，早在 1542 年时，即有意大利商人携带中国丝绸、瓷器渡太平洋前往墨国(该书第 490 页)。此说无法证实。当时如有意大利商人前往墨西哥，只可能渡大西洋而不可能渡太平洋。

② 华侨人数，有说 10000 人，也有说 20000 人。参见陈荆和，前引书，第 140 页。

③ 门多萨：《中华大帝国史》(J. Gonzalez de Mendoza, *The History of the Great and Mighty Kingdom of China and the Situation Thereof*, London: Hakluyt Society, 1853)，第 95 页。

④ 在西班牙文中，Chino 一词有两义：一是指中国人，一是指混血儿。见比维斯：《西班牙和美洲史》(J. Vicens Vives, *Historia de España y America*, Vol. 3, 1957, pp. 500—501)。由于西班牙王室自 1608 年以后多次颁令限制或禁止输入亚洲奴隶，太平洋上的奴隶贸易在这时未得到发展。

当数量的亚洲人杂居港口,其中包括中国人。① 在墨西哥京城也有华人居住,还有华人理发师营业,曾引起当地西班牙人理发师的抗议。1635 年,墨西哥市议会审议了关于华人理发馆应限制在 12 家的提议,规定这些理发馆不得设在市中心地区。② 这个城市共有多少中国人不可知,但据称在 16 世纪时墨西哥城已有"唐人街"。③ 此说如果属实,即使这个华人社区很小,也是引人注目的。世界上凡有唐人街的地方就有中国文化,就会作为"异国情调"在那里发生一定影响。即使影响很有限,很微弱,也没有持续性,但中华古文明既与墨西哥文明发生最初接触,就一定会在拉丁美洲留下中国人或显或隐的踪迹。

贸易的通道本来就是文化传播的通道。从 16 世纪中西海上通道沟通之后,中国文化就通过西方商人与耶稣会士的介绍,传播到了欧洲,使欧洲人较多地了解具有悠久传统的中国精神文明和物质文明。18 世纪时,中国的艺术风格与哲学思想曾经对欧洲特别是法国产生过重要影响,在西方产生过"摹仿中国风"(Chinoiserie)。④ 拉丁美洲文明是印第安古文明(从墨西哥到安第斯山地区)与伊伯利安文明两者的奇特结合,而以后者居于支配地位。伊伯利安文化属于拉丁文化系统,在哲学、文学、建筑、艺术等方面,

---

① 《菲律宾群岛史料汇编》第 30 卷,第 94—96 页。18 世纪法国史学家雷纳尔在《西印度拓殖与贸易史》(D. F. Raynal, *History of Settlements and Trade Indies*)一书中提到阿卡普尔科港中有 400 户华人、黑白混血种人和黑人居住(同上书,第 30 卷,第 54 页注)。

② 《1635 年墨西哥城的中国人》("Chinese in Mexico City in 1635", *The Far Eastern Quarterly*, No. 4, 1942)。

③ 哈林:《西班牙的美洲帝国》,第 197 页。

④ 参见利奇温:《十八世纪中国与欧洲文化的接触》,朱杰勤译,商务印书馆,1962 年;朱培初:《明清陶瓷和世界文化的交流》,轻工业出版社,1984 年。

其时髦风尚,以法国马首是瞻。马德里、里斯本的宫廷以模仿凡尔赛宫为荣,殖民地则以模仿宗主国为荣,因此,即使没有太平洋上的大商帆贸易,“摹仿中国风”也会在某一时期通过欧洲间接渗透到拉丁美洲殖民地上层社会。大商帆贸易使中国与墨西哥、秘鲁等地区发生器物层次上的文化接触,除上述丝绸贸易影响之外,还使中国文化不少方面在殖民地美洲留下明显痕迹。

瓷器是中国的伟大发明之一,很早就被西方视为中国的一种艺术特创,它可与丝绸并列为中国优美文化传统的象征。但在新航路发现之前,只有西方王公贵族才能享用来自中国的昂贵瓷器。由于海洋贸易使瓷器便于大量运送,而饮茶的西传与后来西方人喝咖啡的普及化,又使茶具日益成为广大消费者的需要,中国的粗细瓷器于是畅销西方。最初是葡萄牙商人,后来荷兰与英国商人都贩运中国瓷器转销欧美。① 达·伽马首航印度,就从加尔各答购了一些瓷器送给葡萄牙国王。此后每次葡属东印度公司商船东来,葡王都要委托购买瓷器。16 世纪初,在巴西的葡萄牙殖民贵族的家庭中已有人使用中国瓷器了。1599 年,玛利亚·贡萨尔维斯的家用器皿中,购自印度和马六甲的三件中国瓷器价值达 250 瑞斯。到 17 世纪时,在巴西上层社会家庭已广泛使用昂贵的中国瓷器,用于装饰房间,充当赌注,甚至有时用它来偿付殖民官员,抵当部分现金使用。有一座教堂,用中国陶器来装饰它的钟楼塔尖。在没收席尔瓦神父(Jose Cerrera da Silva)的货物时,查出其中瓷器三百余件之多。② 19 世纪初,葡萄牙王室因避欧洲战乱而迁往

① 约尔格:《瓷器与荷兰的对华贸易》(C. J. A. Jörg, *Porcelain and the Dutch China Trade*, 1983),第 93 页。

② 波德勒:《东印度公司的瓷器》(Michel Beurdeley, *Porcelain of the East India Companies*, 1962),第 80 页。

巴西。若奥摄政王不仅携带大量金银宝饰,还至少带有四套餐具。当时一套茶具一般是100件,一套午餐具是200—400件。1818年他即王位时,收到清嘉庆帝赠送的一套非常精美的茶具。1822年巴西独立革命时,一些爱国者为了表示纪念,在中国订制了一套瓷餐具,上面写有葡萄牙文“巴西独立万岁”字样。① 可说是中拉文化交流史上的一件逸事。

瓷器作为商品大宗输往拉丁美洲,始于大商帆贸易。1573年从马尼拉驶往阿卡普尔科的两艘大帆船中载有中国瓷器22300件,这是有史可查的最早记载。② 此后瓷器源源销往墨西哥。1730年《墨西哥公报》称:“‘萨克拉·费末莉亚号’船于1月19日停靠阿卡普尔科时,载有华瓷120桶。”1739年又称:“有108桶华瓷运到。”③这些远航的瓷器十分昂贵。在初入美洲时期,购买瓷器往往要用同等重量的白银。④ 在墨西哥殖民地的贵族中,以拥有中国瓷器之多少作为衡量其财富与文明教养的标志之一。中国陶器对墨西哥本地的陶瓷制作业,从造型到釉彩的运用,都发生过影响。普埃布拉城在18世纪末有46家制瓷工场仿造中国瓷器。⑤ 18世纪后期,有些贵族为了炫耀门第,专门在广州大量订制绘有家族纹徽或勋章图案的成套茶具或餐具。

中国实用工艺美术品及装饰风格与丝绸、瓷器等大宗输往美洲的同时,中国的实用工艺美术的技法与风格也随之传播。特别

---

① 波德勒:前引书,第81页。

② 舒尔茨:前引书,第27页。

③ 欧志培:《中国瓷器到美洲》,《百科知识》1980年第5期。

④ 特雷多:《新西班牙的工艺美术》(M. R. de Terrero, *Las Artes Industriales en la Nueva Espană*, 1923),第202页。

⑤ 张铠:《明清时代美洲华人述略》,《拉丁美洲丛刊》1983年第6期。

是品类繁多的瓷器上均可绘饰各种花纹、图案、中国风景、历史故事，最能反映时代风尚与审美观念，是传播东方古典情趣的媒介。除此之外，还有各种中国制作的家庭工艺品和日用小商品，也通过不同渠道输往美洲。例如，中国的各种折扇、羽扇、绢扇、画屏、漆器等，很早就由葡萄牙和西班牙的商帆运入美洲。18世纪的西班牙旅行家豪尔赫·胡安等在美洲进行科学考察时，发现远离墨西哥城的卡塔赫纳的人们爱摇着葵扇。中国制的梳子成为西属美洲妇女的喜爱物。仅1767年“圣卡洛斯”号大商帆的九名水手一次就带去八万把梳子。在住的方面，装饰墙壁的中国糊墙纸、屏风、精雕漆柜、镂花硬木家具，是美洲殖民地上流社会家庭为显示“东方情调”而常有的摆设。在行的方面，有中国式的轿子和轿式马车。娱乐方面则有中国纸牌、风筝、爆竹与礼花，等等。[①] 为了迎合天主教文化风尚，华商还制作耶稣受难的造像和模仿西洋式家具等，通过菲律宾运销墨西哥、秘鲁等地。这些中国文物对西班牙美洲的装饰艺术起了一种“新影响”。殖民地墨西哥的漆器的镶嵌金银的器饰上印有中国式的图案。墨西哥城大教堂的瓜达卢佩圣母的木雕像，就出自马尼拉中国工匠的手艺。[②] 历史学家写道：“甚至在今天，在墨西哥许多地方，特别是在普韦布拉，还可以在雕塑品、陶品和纺织品中看到一种精致的中国影响。”[③]

特别值得一提的是，一位流落到墨西哥的中国姑娘曾为墨西哥妇女设计过一种连衣裙。有关这一传奇故事的说法很多，其中

---

① 张铠：《明清时代美洲华人述略》。

② 蔡德：《菲律宾共和国的历史、政治与文明》(G. F. Zaide, *The Republic of the Philippines, History, Government and Civilization*, 1963)，第114—115页。

③ 派克斯：《墨西哥史》，瞿菊农译，三联书店，1957年，第81页。

之一是这样的:17世纪初,一位中国公主被商人带到墨西哥(一说是被海盗拐骗卖到奴隶市场),卖到普韦布拉大商人米洛尔索萨的家中当女仆。她设计成一种丝料女装,长裙,无袖,墨色底衣上加金色镶边和红、白、绿色的绣花,鲜艳夺目。后来墨西哥妇女模仿她的剪裁方法,制成了名为"中国村姑"(China Poblana)的女装,流行至今,是今天墨西哥妇女喜爱的一种民族服装。这位中国姑娘的西班牙教名叫卡塔利娜·德·圣胡安(Catalina de San Juan)。她的受人尊敬的事迹保留在墨西哥耶稣会教堂的刻壁之上。她手牵长裙、亭亭玉立的塑像,今天仍矗立在普韦布拉市的一处广场上。①

葡属巴西也同样受到中国工艺美术风格的影响。诸如中国的阳伞、扇子、轿子、瓷器等,也早就被葡萄牙殖民者带到巴西。著名的巴西社会学家弗雷耶尔(Gilberto Freyer)认为,巴西建筑受到了与东方有密切接触的葡萄牙的影响。巴西花园中有仿中国式的亭台和塔式建筑物。东方式的屋顶成了某些巴西房屋的特点。"对于巴西作为热带地区的一种新型文明的发展,中国甚至起过直接的影响。葡萄牙人从中国带给巴西以建筑价值观念和建筑技术,它们后来变成巴西自己的东西。长时期从中国输入一种美观大方的长袍,供巴西的法官和法学博士使用。"②

另外,中国与拉丁美洲属于两种不同的农业区,各自都有许多对方没有的农作物。旧大陆的重要作物如小麦、稻、甘蔗等都是由

① 伯里西摩:《墨西哥》(Erico Verissimo, *Mexico*, 1960),第138、158页。许必华:《漫游印第安之邦》,第322页。

② 弗雷耶尔:《赤道新大陆——近代巴西文化》(Gilberto Freyer, *New World in the Tropics: The Culture of Modern Brazil*, 1959),第27、66页。

西班牙人、葡萄牙人传到美洲去的。通过马尼拉商帆贸易,中国农作物也传入美洲,如茶树、柑橘、樱桃、芒果、罗望子等即是。[①] 在这些植物中,最重要的是茶树。茶与丝、瓷相似,也是中国文化的象征。中国茶树何时传入拉丁美洲,还不清楚。就史籍所载,19世纪葡萄牙王室迁往巴西之后,为了发展殖民地的农业和商业,曾于1810—1812年从中国引进茶树,同时从澳门招一批中国技工去里约热内卢近郊建立的植物园中传授种植茶树的技术。19世纪中叶,茶树种植在巴西圣保罗州和米纳斯吉拉斯州曾有过一定的发展。至今巴西人把茶叫作"Cha"(葡语),就是"茶"的译音。[②] 傅云龙《游历巴西图经》对此也有记载:"即如种茶一事,自嘉庆十七年中国湖北人至彼创植以来,已寝旺。""初植茶,华工二十余司之。"[③]除巴西外,墨西哥、危地马拉、牙买加、阿根廷、秘鲁、巴拉圭等地也均在19世纪末试种过茶,但似乎均未坚持下去。

以上所列举的中国传入美洲的众多器物与作物,就是中国文化在拉美留下的历史踪迹。正如它们对欧洲的艺术风格,特别是巴洛克(baroque)和罗柯柯(rococo)装饰艺术发生过影响一样,对殖民地美洲的艺术风格和社会风貌也发生过影响。18世纪末以后,一方面欧洲的"中国热"衰退,另一方面太平洋上的大帆船贸易也衰落下来,美洲与亚洲的贸易联系与文化接触反而

---

① 比利亚尔:《16至17世纪西班牙美洲在亚洲的扩张》(Enesto de L. Villar, *La Expansion Hispanoamericana en Asia*, Mexico, 1980, p. 155)。此处转引自张铠:《明清时代美洲华人述略》。

② 乌克尔斯:《茶论》(William H. Ukers, *All about Tea*, 1935),第1卷,第215页。

③ 傅云龙:《游历巴西图经》及《游历巴西图经余记》,《实学丛书》本,第15册。

一度被削弱了。

中国近代社会经济生活中感受到的美洲影响

中国从与美洲的间接接触中感受到什么影响，美洲文化在中国留下什么踪迹，是一个很难说明的问题，因为美洲文化的界说就很难确定。美洲土著的印第安文明在几个世纪殖民地化的过程中遭到了毁灭的厄运，除掠往欧洲的一些艺术品作为异教徒文明的"展品"保存在欧洲博物馆及收藏家之手外，其余大都荡然无存。欧洲殖民者所不能摧毁而且还加以传播的，主要是印第安人培植的旧大陆所没有的农作物——玉米、番薯、马铃薯、烟草、花生、西红柿，等等，以及外来殖民者在美洲采掘的大量金银。这是印第安文明对人类的重大贡献。这些美洲农作物与金银传到欧洲，对近代欧洲历史进程发生过不可估量的影响。① 它们也传到了中国，对中国近代历史也发生过很大影响，只是在我国史籍中论述不多、知者不广罢了。

美洲农作物何时传入中国，至今仍是学术界难下定论的一个问题。过去西方汉学家一般认为落花生、番薯、玉米、马铃薯大抵在16世纪末17世纪初即已传入中国。近年美国芝加哥大学何炳棣教授根据中国方志材料重新研究了这个问题，把有些美洲作物传入中国的最早年代大大提前，落花生传入的年代甚至被提早到

---

① 参见萨拉曼：《马铃薯的历史与社会影响》(R. N. Salaman, *The History and Social Influence of the Potato*, 1949)；汉密尔顿：《美洲金银与西班牙的价格革命，1501—1650》(Earl J. Hamilton, *American Treasure and the Price Revolution in Spain, 1501—1650*, 1934)，等。

16 世纪初,[①]但其论据仍颇令人质疑。美洲作物的传入中国,不外东、西两条线路。西班牙在 16 世纪 60 年代末 70 年代初才在菲律宾群岛正式殖民,通过太平洋线路传入的美洲作物不可能早于这个年代。葡萄牙人虽然早在 16 世纪初已通印度与中国,但这些殖民强盗在亚洲尚未建立垦殖殖民地;在 1500 年发现巴西,但一直到 1530 年以后才在巴西海岸建立第一个永久移民据点,移殖甘蔗,迈出有计划的殖民开拓的第一步。[②] 因此,关于美洲作物在 16 世纪中叶以前即通过许多中间传播站移殖到中国来的种种假说,几乎都很难成立。[③] 比较稳妥的说法是,美洲作物最早是 16 世纪中叶以后,由西、葡、荷等国殖民者通过不同渠道、不同时间多次传入中国的。

在我国历史文献中,以番薯(甘薯)引进我国的记载最为明确,传入的路线有书可查。据清初周工亮的《闽小记》,番薯最初由福建传入,时间在明万历年间即 16 世纪 70 年代至 17 世纪初,其大致过程如下:

> 番薯,万历中闽人得之外国,瘠土砂砾之地皆可以种。初种于漳郡,渐及泉州,渐及莆(田),近则长乐、福清皆种之。盖度闽海而南有吕宋国,国度海而西为西洋,多产金银,行银如

---

① 何炳棣:《美洲作物的引进、传播及其对中国粮食生产的影响》,《〈大公报〉在港复刊 30 周年纪念文集》下册,1978 年,香港版。其英文著作为:"The Introduction of the American Food Plants into China",*American Anthropolo Gist*,Vol. 57, No. 2,Part I,1955。

② 伯恩斯:《巴西史》(E. Bradford Burns,*A History of Brazil*,1970),第 23 页。

③ 美洲作物传入中国的时间被提前的一个主要论据是,一些研究者把中国古籍中出现的同名植物如"薯蓣"、"落花生"、"御麦"等指为美洲作物。这种孤立推论完全脱离美洲作物外传的历史背景。

> 中国行钱。西洋诸国金银皆转载于此以通商,故闽人多贾吕宋焉。其国有朱薯,被野连山……中国人截取其蔓咫许,挟小盒中以来,于是入闽十余年矣。①

这一记载清楚地说明了番薯是通过马尼拉商帆贸易引进的。此外,在我国广东、台湾、浙江等省也都有从海外引种番薯的记载,但以福建引进的成效最大,这完全符合福建与吕宋贸易的实际情况。据记载,福建前往吕宋经商的陈振龙父子于万历二十一年(1593 年)设法把薯种携入福建,而且上呈福建巡抚金学曾。正好第二年福建闹旱灾,经过试种并加以推广,获得极大抗灾成效。徐光启的《农政全书》(1625—1628 年撰成)中收有《番薯颂》,列举了这种新作物的高产、益人、凶岁不能灾等 13 项优点。到 18 世纪中叶,特别是经乾隆皇帝亲自谕令提倡种植,并将《甘薯录》(陆耀著)一书广为刊布,这种作物在我国东南、华中和华北等地得到迅速传播,成为我国最重要的救荒粮和辅助食物之一,深得我国劳动人民喜爱,②并从中国传到邻近国家。1765 年,朝鲜派人去日本引进番薯时,有诗云:“万历番茄始入闽,如今天下少饥人。”③

玉米,又叫印第安玉米,也是从美洲引进我国的重要作物之一。据最早到过中国福建的西班牙传教士厄拉达(Martin de Herrade)的记载,在 1575 年福建出产的农作物中即已列入玉米。

---

① 《小方壶斋舆地丛钞》第 9 帙。

② 关于番薯最早引进中国的问题,参见李德彬:《番薯的引进和早期推广》,《经济理论与经济史论文集》,北京大学出版社,1982 年。该文对何炳棣提出的在 16 世纪最初三四十年由云南传入的假说提出异议,论证翔实,此处不赘述。另参见陈树平:《玉米和番薯在中国传播情况研究》(《中国社会科学》1980 年第 3 期)。还可参考萨嘉渠:《番薯传入福建考》(载陈遵统编:《福建编年史》第四辑,福建省博物馆 1958 年油印本)。

③ 何炳棣:前引文。

据说在我国地方志中,1551年版《襄城县志》、1555年版河南《巩县志》、1563年版云南《大理府志》中,均发现农作物中有关于"玉麦"的记载,从而有人提出16世纪初(嘉靖初叶)从滇缅陆路传入玉米的假说。[①] 但从李时珍在16世纪末所修的《本草纲目》中称"玉蜀黍,种出西土,种者亦罕"以及徐光启的《农政全书》的正文中仍不提玉米的事实来看,这种作物在16世纪末叶以前输入中国的可能性很小;西班牙传教士厄拉达于1575年在访问福建时见过玉米的记载,系美国汉学家劳费尔(B.Laufer)提出,原书未见到。但翻检门多萨根据厄拉达携回的资料撰写的《中华大帝国史》(西班牙文初版刊于1585年)书中所提到的玉米疑窦甚多。本文篇幅所限,恕不详论。《大理府志》等书中所提到的"玉麦",看来颇类似薯蓣之说,未必是传自美洲的作物。《颍州志》未见原书,所记"玉米"为何物,待考。其在中国的传播大致也与番薯同时,即在17、18世纪。玉米本来是一切可种植的谷物中的"最好的一种",[②]是美洲印第安文明的基础。它对解决中国民食问题所起的重大作用,不下于番薯。据1841年《遵义府志》记载,农民们特别是山区农民,"岁视此为丰歉","价视米贱而耐食,食之又省便,富人所唾弃,农家之性命也"。

马铃薯,也叫"洋芋",有些地方叫"土豆",原产于南美高原地区,也是从美洲输入我国的一种繁衍于高寒地区的重要作物。据西方史料所记,在16世纪末17世纪初由荷兰人传入日本长崎。中国的最早记载见于台湾。17世纪中叶被荷兰人引进。18世纪

---

① 参见何炳棣:前引文;陈树平:《玉米和番薯在中国传播情况研究》。谢国桢在《明代社会经济史料选编》中提出玉米最早记载于明正德时(1511年)修的安徽《颍州志》(见该书上册,第41页)。

② 恩格斯:《家庭、私有制和国家的起源》。《马克思恩格斯选集》第4卷,第19页。

撰写的《台湾府志》称这种作物为"荷兰豆"。① 后引入大陆变成高寒地区的一种常见的度荒粮。因其味淡,它在中国作为辅助食物所起的作用不如在欧洲那样巨大。

以上三种作物的传入部分地改变了中国粮食生产的布局,促进了粮食生产总量的巨大增长,并对我国瘠土的利用、农业的商品化以及手工业和商业的发展,都发挥了重大的作用。我国人口在17世纪中期不过一亿左右,18世纪时出现人口爆炸,到1850年时增到43000万,由于美洲高产作物的引进,才大大缓和了人口增长的压力。这对长期以稻、稷、麦、菽等为传统粮食作物的中国,有人称之为第二个"粮食生产革命"。②

除此以外,从美洲传入中国的作物还有:

花生 又名落花生、长生果、番豆,有说自宋元间即来自海外(《滇海虞衡志》卷十),是指小花生而言。大花生大概是18世纪中叶从福建传入中国的。③

辣椒 又名番椒,学名Cayenne Pepper,原产巴西,18世纪末已传入中国,早已成为中国人民喜爱的佐料与食物。④

金鸡纳树 即奎宁。1692年康熙皇帝染疟疾,法国传教士献奎宁治愈,此药被引起重视,引进中国医药。但金鸡纳树似乎到19世纪初才输入。⑤

---

① 何炳棣:前引文,第715页。

② 同上书,第724页。

③ 花生传入问题有争议。此处从谢国桢之说,不从何炳棣之说。参见谢国桢编:《明代社会经济史料选编》上册,1980年,第32页。另参见胡先啸:《关于落花生的考证》,《光明日报》1962年3月7日。

④ 傅路德:《早期美洲对中国的影响》(L. Carrington Goodrich,"Early New World Influences on China",*China*,Vol. XII,No. 4,1936)。

⑤ 白晋:《康熙帝传》,马绪祥译,《清史资料》1980年第1辑,第228—231页。

菠萝　16世纪末由葡萄牙人经澳门传入中国。

番荔枝　1699年由耶稣会士进献康熙皇帝。

番麻、亚洲马盖麻　均属龙舌兰科作物，原产墨西哥，可能在19世纪末从南洋传入福建。①

烟草　汉译淡巴菰，来自葡文 tabaco，原系美洲印第安人土语对烟草的称呼。这种作物最早大概是明嘉靖末年由葡萄牙人传入广东。万历年间（1573—1619年），又从菲律宾传入福建。17世纪初传入台湾。最初原是一种药物。吸烟很快变成一种嗜好。明代人张岱的笔记《陶庵梦忆》中写道："余少时不识烟草为何物。十年之内，老壮童稚，妇人女子，无不吃烟；大街小巷，尽摆烟桌，此草妖也。"崇祯朝曾加以禁止，但禁而不止。到清初时，上至"公卿大夫，下逮舆隶妇女，无不嗜烟草者"。② 清人张问安《亥白集》引竹枝词："淡巴菰好解愁能，幽怨传来吕宋曾。一种湘筠和泪色，土花斑驳上洋藤。"③可谓有诗为证。

随着吸烟这种新的社会习俗的形成，各种烟具的制作就成为清代中国工艺美术中的一种新的文玩。在美洲主要是吸旱烟。传到亚洲后，烟草研为粉末，发展为水烟。据劳弗尔的考证，中国人吸水烟的记载最早见于兰州。④ 在烟草中混入香草或香料，通过鼻孔吸入，称为鼻烟。据说是1685年自法国传入。陆耀在《烟谱》中载有烟草歌，内有"以鼻代口事更奇，其法乃自西洋肇"之句。据

---

① 林更生：《古代从海路引进福建的植物》，《海交史研究》1982年总第4期。

② 引自谢国桢编：《明代社会经济史料选编》，中册，第75页；上册，第68页。参见王逸樵：《烟草集证》，载《北平晨报》1935年6月7日、8日、10日、11日；《吸烟考》，同上，1935年5月29日。

③ 吴晗：《谈烟草》，《灯下集》，三联书店，1960年，第19页。

④ 劳费尔：《淡巴菰及其在亚洲的作用》（B. Laufer, *Tabacco and Its Use in Asia*, 1924），第28页。

王士祯《香祖笔记》，在清康熙朝时皇室成员已有吸鼻烟嗜好，并已有御赐鼻烟及烟壶的记载。[①] 由于上流社会的喜爱，水烟袋和鼻烟壶的制作发展成为一种精美的艺术品，种类繁多。特别是鼻烟壶，有用黄铜、玉石、陶瓷、玻璃、有机物及各类物料制作，烟壶内壁上有精巧的彩绘。从清代以来，这就是中国出口的主要工艺品之一，行销世界各国。

除农作物外，通过贸易渠道从美洲向中国的最大"输出"是白银。这是大商帆从墨西哥运往亚洲的主要"货物"。在美洲发现的各种天然资源中，最为丰富的是银矿藏（墨西哥、秘鲁）与金矿藏（巴西）。至16世纪末，世界贵金属开采量中大约83%都归西班牙所有。在秘鲁波托西银矿产银的盛期，银子贱得像街上的石头一样。[②] 这些银子的一部分，由大商帆运往马尼拉或经欧洲运往东亚，用来偿付购买中国和其他亚洲国家的各种货物。中国自明中叶以后，白银便普遍用作货币，代替宝钞流通，供不应求，因此，中国商人都乐于向菲岛销售货物后，把赚取的大量白银运回中国。通过各种贸易的渠道从美洲流入中国的白银总数，迄无确切统计。有人估计自1571—1821年250年间，自西属美洲运抵马尼拉的白银共计约4亿比索。从马尼拉输入中国的美洲白银，初时每年约10万比索；16世纪末已超过每年100万比索；17世纪每年约200万比索；18世纪曾达每年二三百万比索；但19世纪初又下降至150余万比索。[③] 据估计，流入马尼拉的4亿比索中，约有二分之

① 曾柱昭：《鼻烟史话》，香港《明报》第12卷第11期。

② 《菲律宾群岛史料汇编》第27卷，第153页。

③ 全汉昇：《明清间美洲白银的输入中国》，《中国经济史论丛》第1册，第444页。参见梁方仲：《明代国际贸易与银的输出入》，《中国社会经济史研究集刊》第6卷第2期（1939年）。

一或四分之一流入中国。在我国明清史籍中，对西班牙银元流入中国有许多记载。《广东新语》一书录有《广东竹枝词》，有生动的描述："洋钱争出是官商，十字门开向两洋（东、西洋），五丝八丝广缎好，银钱堆满十三行。"[①]西属美洲白银输入中国如此之多，以至一位西班牙海军上将惊叹"中国国王能利用来自秘鲁的银条来修建一座宫殿"。[②] 据17世纪一位意大利旅行家记载，中国皇帝曾称呼西班牙国王为"白银之王"。[③]

明代中叶，中国已使用纹银作为货币，但使用不便。通过马尼拉贸易以及其他欧洲国家而流入中国的西班牙银铸币，称 Carolus 或 Pillar，汉语称为"番银"，又叫"本洋"、"老板"，是西班牙或墨西哥、秘鲁铸币厂铸造。西班牙一个银元，即"黄币峙"(un peso)，相当于辅币八"料厘"(8 reals)，约合中国库平银七钱二分。[④] 西币统一，名称简便，成色与重量也较一致，在中国市场上广为使用，比别的洋钱更受尊重，对明清两代中国货币流通量的巨大增长起了重大作用。这些银币都曾在中国东南沿海各省广为流行。1971年以来，在我国福建省泉州地区的南安、晋江、惠安、法石等地，先后出土西班牙银币多批，其中有的是用银片打制而成，制作技术较原始，可能是美洲早期制作的银币；有的则是机制银币。有的银币边缘部分上还打有汉文的钤记或符号，有的有被切割的痕迹。这

---

① 屈大均：《广东新语》卷十五。

② 《菲律宾群岛史料汇编》第29卷，第71页。

③ 舒尔茨：前引书，第63页。

④ 据张燮《东西洋考》："银钱，大者七钱五分，夷名黄币峙；次三钱六分，夷名突胥；又次一钱八分，名罗料厘。小者九分，名黄料厘，俱自佛朗机来。"将一西元误为中国库平银七钱五分。郑观应《盛世危言》称：本洋"每元计重七钱二分，运入中国，贵极时可抵规银八钱"（见该书卷四，铸银）。

说明这些西币曾在中国商人或华侨手中流通使用。[①] 顺便说一句:19 世纪初西属美洲独立后,又有大量的墨西哥银元流入我国,俗称“鹰洋”。据估计,从 18 世纪到 19 世纪初,尤其是到 1830 年左右,至少有 5 亿鹰洋流入中国。[②] 本洋在 19 世纪中叶以前,在我国广东、福建、江苏、浙江、安徽、直隶等省广泛流通,与我国自己铸造的银两一样。特别是在对外贸易方面,当时西方国家与我国的交易一般都是用西班牙银元进行支付和结算。[③] 在道光、咸丰年间,台湾、漳州与上海等地也仿效西币铸造中国最早的洋式银币。[④] 至于大量白银输入对中国经济所带来的无形的影响,同其对欧洲的影响相似,引起 18 世纪中国的物价上涨,造成所谓“价格革命”。这属于经济史上的专门问题,在此就不必申论了。[⑤]

以上是美洲在中国的明显的影响。由于大商帆贸易的发展,中国丝织品、陶瓷品及其他工艺品因接受美洲方面的订货而引起对美洲工艺技术与美洲审美风尚的摹仿,则是无形的影响。这方面的问题尚有待进一步的研究。

中国与美洲早期历史联系的一点启示

亚当·斯密指出:“美洲的发现及绕过好望角到东印度通路的

---

① 参见庄为玑:《福建南安出土外国银币的几个问题》,《考古》1975 年第 6 期;《福建泉州地区出土的五批外国银币》,同上;陈鹏、石西:《略论泉州法石出土的西班牙银币》,《海交史研究》1981 年总第 3 期。

② 加藤繁:《中国经济史考证》第 3 卷,吴述译,商务印书馆,第 2 页。

③ 埃姆斯:《英国人在中国》(Jams B. Eames, *The English in China*, 1909, p. 62);赖德烈:《早期中美关系史》,陈郁译,商务印书馆,1963 年,第 67 页。

④ 加藤繁:前引书,第 20 页。

⑤ 全汉昇:《美洲白银与十八世纪中国物价革命的关系》,《中国经济史论丛》第 2 册,第 475—508 页。

发现,是人类历史上最大而又最重要的两件事。”它们的影响会“在一定程度上联合世界上最遥远的部分,使它们能互相救济彼此的缺乏,增加彼此的享受,奖励彼此的产业,其一般倾向似乎是有利的”。① 16 世纪至 18 世纪中国与拉丁美洲的贸易联系与文化接触完全说明了这一论断的正确。近代商业资本主义的兴起,把世界初步地连成一气。尽管遭受到殖民主义的重重束缚,中国与拉美之间的联系仍使两方面均各得其利。中国的农产品在菲律宾和东南亚都扩大了销售,中国的手工业品更远涉重洋到达美洲市场,帮助解决了世界新开发地区物质生产上的不足与匮乏,有助于提高这些地区各阶层居民的消费水平,从而对那里的社会经济与文化的发展都是大有裨益的。世界性的海外市场的开拓,必然要促进世界不同地区的物资交流与文化交流以及人民之间的相互了解,这是肯定无疑的。对中国来说也同样有利。这直接刺激了中国的传统手工业如蚕丝、纺织、茶以及其他工艺品的发展并销往全世界,从而增进了东南沿海地区的商业繁荣,使大量白银流入中国和银币流通量巨大增加,促进了原始资本的积累。这一联系使西方产生了羡慕中华古文明的“中国热”,也使中国扩大了对世界的认识并从美洲文明中吸取了重要的物质养料。

从现代世界体系的理论来看,近代欧洲的兴起改变了世界历史的格局。从 16 世纪以降的三个世纪中,美洲广大地区和非洲与亚洲南部边沿地区沦为欧洲的殖民地,并建立起大西洋上的三角贸易、印度洋上的多边接力贸易以及太平洋上的双边贸易。由于中国资源丰富、生产技术先进、文化悠久,因此,中国商品在后两种

---

① 亚当·斯密:《国民财富的性质和原因的研究》下卷,郭大力、王亚南译,商务印书馆,1974 年,第 194—195 页。

国际贸易中显示出强大的竞争力，在最后一种国际贸易中居于绝对支配地位。这是西方殖民垄断制度所不能限制也无法排斥的。这就是说，在西方殖民主义东来的一个相当长时期内，中国在经济、文化与科学技术上仍然可以与西方抗衡。如果当时中国的统治阶级勇于睁眼看世界，因势利导，推行开放政策，积极开拓海外贸易，支持和保护华侨的正当权益，则东亚的历史将要重新写过。

可惜历史的有利时机被错过，19世纪世界形势发生了一系列巨大变化：新兴的英、法、美资本主义瓦解并取代了衰朽的葡、西殖民帝国；亚洲与非洲广大地区被殖民地化；中国被纳入西方列强不平等条约体系的樊笼；太平洋上的“丝绸贸易之路”变成了“苦力贸易之路”，等等。所有这一切，根本改变了国际关系和中国对外关系的格局，只是经过一个世纪的屈辱与斗争，这一历史格局才开始发生根本变化。

[本文原题为《16世纪至19世纪初中国与拉丁美洲的历史联系》。本书据《中国人发现美洲之谜》收入该文。又载《北京大学学报》1986年第2期、周一良主编《中外文化交流史》]

19世纪拉丁美洲的中国“苦力移民”

从“丝绸贸易”到“苦力贸易”

进入19世纪之后，太平洋两岸的形势都发生了重大变化。在拉丁美洲，西属美洲殖民地和葡属巴西通过革命斗争而取得了政治独立。这些新国家摆脱了旧殖民主义束缚，采取了自由贸易政策，并为适应资本主义世界市场的需要而加强热带农产品和矿产品的生产与出口。由于以英国为首的一些欧洲资本主义国家以及美国趁虚而入，拉丁美洲仍然处在西方新殖民主义的控制之下。在太平洋的这一岸，中国这个天朝大国在西方国家炮舰的轰击下，门户洞开，西方商品与鸦片大量涌入，破坏着中国小农经济与手工业相结合的传统经济结构，在内忧外患的打击下，民不聊生，贫苦劳动人民去海外谋生的禁令被冲破了，移民蜂涌出洋。但这时中国通过马尼拉中转贸易与美洲港口的联系，通过葡萄牙与巴西的直接联系，都遭到破坏。太平洋、印度洋与大西洋上的霸权早已转到英国手中，变成了国际新兴工业资本主义竞争的广阔天地。

在太平洋上，新兴的美国开始积极投身于通向亚洲的贸易，开辟了新的航线。由于造船技术的进步，美国制造的飞剪快船(Clipper ship)淘汰了陈旧的马尼拉商帆；后来，飞剪快船又被使用蒸汽机的汽轮所淘汰。美国船只驶航东亚不再需要经过菲律宾,而是直接航行抵达中国东南沿海口岸或其他地区,从而成为美洲与亚洲之间贸易的主要转运者。这一远洋航程与大西洋上的奴隶贸易的航程相似,是“三角”的或“多角”的贸易。一般情况是,美国商船先从北美大西洋岸港口出发,绕道南美,先到北美西北海岸即加利福尼亚等地(在19世纪40年代以前,该地区还不属于美国领土),用廉价的小装饰品、小刀、火器、毯子等物,去换取印第安人的毛皮,特别是珍贵的海獭皮和海豹皮,然后运载这些货物到中国,从中国换取茶、丝、棉布等货物,绕道好望角或仍经太平洋返回美洲,把中国和亚洲的货物在美国国内、拉丁美洲和欧洲高价出售。在最初,这几乎是历时经年的远航贸易,航程中风险极大,但太平洋贸易的利润是巨大的。美国商人为了广搜货源,后来还到夏威夷群岛和南洋群岛去搜求檀香、海参等物。为了发展太平洋贸易,美国商人几乎搜遍了太平洋的大部地区。美国人横越太平洋建立起来的贸易航线,事实上变成美国在太平洋上进行殖民扩张的路线。除了美国商船之外,英国、法国、西班牙、秘鲁①等国的商船也往来于太平洋航线上。

随着世界贸易的发展和远洋轮船航运的开辟,中国和拉丁美洲的联系通过上述的“三角贸易”和其他方式应是更接近了,贸易的往来渠道应是更加宽阔了。但令人遗憾的是,这种接近并没有促进双边的经济与文化的正常联系,扩大太平洋上的“丝绸之路”;相反,新兴世界资本主义强国打着“自由贸易”的幌子推行新垄断制,扭曲了中国与拉丁美洲之间原有的微弱联系,把“丝绸之路”变

---

① 19世纪时拉丁美洲各国之远洋商船大抵皆归外国资本家所有。以秘鲁为例,“秘鲁国商人无火轮船;有之,皆别国公司也。日英公司,船起巴拉马讫巴西,大船十艘有奇,小者无数,每历七日,一南一北。”(傅云龙:《游历秘鲁图经》卷二下,光绪二十七年印本)

成了贩运黄种奴隶的“苦力贸易之路”。

在19世纪以前，随着世界商业资本主义兴起而带来的黑人奴隶贸易盛行于美洲与非洲之间。非洲是猎获奴隶的竞技场，而美洲则是销售和使用奴隶的大市场。19世纪初，西半球发生的一系列殖民地独立革命给予了西方殖民制度的基础——奴隶制以沉重的打击；与此同时，欧洲殖民主义者对非洲资源的开发加速了，而以劳动生产率更高的雇佣劳动来代替奴隶劳动也日益成为资本主义生产的客观要求，这些因素促使欧洲和拉丁美洲各国在19世纪上半叶相继宣布废除掠卖非洲黑人的海盗贸易。但另一方面，欧洲资本主义工业的发展又愈来愈多地依赖于殖民地原料市场，因而要求热带殖民地的种植园农业和采矿业有更大的发展，这又增加了对劳动力的大量需求。旧金山和澳洲的金矿、西印度群岛的热带种植场、秘鲁的鸟粪层、巴拿马的铁路和运河工程、太平洋夏威夷等地的农业生产，到处都需要劳动力。由于劳动力补充的困难，在19世纪三四十年代时英属西印度群岛和西属古巴等地发生了严重的糖业危机。[①] 为了解决这个新出现的巨大难题，西方殖民主义者就到人口众多的亚洲来开辟新的奴隶来源，把中国和印度的黄奴运到美洲和非洲去补充黑奴。这样，非洲黑奴作为日益灭绝的印第安人奴隶的代替物，从非洲输入到了美洲；而中国人和亚洲人又作为黑人奴隶的代替物，从亚洲输入到了美洲和非洲。这就是世界资本主义发展所造成的掠卖奴隶劳动力的“恶性循环”。

在鸦片战争后门户洞开的中国，成了国际资本主义掠卖廉价

① 参见艾里克·威廉斯：《资本主义与奴隶制》，陆志宝等译，北京师范大学出版社，1982年。

劳动力的最大市场。但应指出,西方殖民者掠卖华工的罪行并不是在鸦片战争以后才开始的,而是早在16、17世纪葡萄牙、西班牙和荷兰殖民者东来时即已开始了的。《明史·佛郎机传》即记有葡萄牙人在广州"掠买良民"之事。在《澳门纪略》中载有俞安性与澳夷禁约,其中有一条明文禁止外国商人买卖人口,[①]可见外国殖民者掠买人口情况之严重。从亚洲掠得的奴隶甚至很早就已输往美洲。1626年的西班牙法律规定,从菲律宾带去的每个奴隶要上税4000瑞尔(real)或500比索。[②] 虽然殖民者早就从事这种卑鄙的勾当,但是,大规模地掠卖华工还是在鸦片战争以后。这并不是偶然的,因为不仅在鸦片战争后中国门户洞开,而且在外国资本侵入下中国封建经济解体造成的人口过剩,为大规模地掠卖人口提供了可能性。西方殖民者把这种买卖称为"苦力贸易",盛行于澳门、香港、厦门、汕头等地。被招募的华工名义上是契约工人,事实上是"猪仔",即像畜类一样的奴隶,故苦力贸易的别名叫"猪仔贩运"。[③]

拉丁美洲掠卖华工的历史大致可分为三个阶段:(1)在1840年鸦片战争以前,是初期阶段。这一时期运往美洲的华工人数不

---

① 印光任、张汝霖:《澳门纪略·官守篇》上卷,嘉庆五年刻本,第25页。又据坎培尔(William Campbell)《荷兰人统治下的台湾》一书所记:在1623年时,荷兰人几次将我国沿海渔民和商民掠至澎湖,为荷兰殖民者修筑碉堡,然后再卖到万丹(Bantam)当奴隶,为数达1400人或1500人之多(见 *Formosa under the Dutch*,1903年伦敦版,pp. 30—31)。

② 舒尔兹:《马尼拉大商帆》,第23页。

③ 关于苦力贸易,可参阅陈泽宪:《19世纪盛行的契约华工制》,《历史研究》1963年第1期;希门尼斯·巴斯特拉纳(Juan Jimenez Pastrana):《古巴解放斗争中的中国人》(*Los Chinos en las Luchas porla Liberación Cubana*,1847—1930),第1—4章,1963年,哈瓦那;马士:《中华帝国对外关系史》第2卷,第8章,"移民问题",三联书店,1958年;成田节男:《华侨史》第8章,"苦力贸易",1941年,东京,日文本;坎贝尔:《中国苦力向英帝国的移民》(Persia C. Campbell, *Chinese Coolie Emigration to Countries Within the British Empire*,1923)。

多，很多是通过东南亚的英属殖民地（如马来半岛）转运走的，同时贩运也是偷偷摸摸的，不经常的。(2)从 1840 年鸦片战争到 1874 年禁止澳门“苦力贸易”，是高潮时期。在这 25 年中，第一次鸦片战争开五口通商后，“苦力贸易”剧增，但还处于半秘密半公开状态。第二次鸦片战争使“苦力贸易”合法化，英、法、西等国正式在通商口岸设立移民代办机构，由政府给予移民补贴，公开进行掠卖华工的罪恶勾当。每年运往拉丁美洲的华工数以万计，接纳华工最多的地区是加勒比海的古巴、英属圭亚那和秘鲁等地。(3)从 1875 年以后一直到 20 世纪初，是后期。这一时期输往古巴和秘鲁的“苦力贸易”已被禁止，但打着“自由移民”的幌子拐骗华工的罪恶活动仍未中断，不过人数已锐减。例如，英属圭亚那在 1880 年至 1913 年间的中国移民人数只有 1718 人。过去没有直接参与“苦力贸易”的国家如墨西哥和其他中美洲各国，中国人的移民数字有所增长，其中一部分是因美国排华而移往的。这一时期的华工名义上已废除契约工制，但仍受到残酷剥削，同时在许多地方都遭到排斥和迫害。到 20 世纪初，契约工制又一度复活，但地区已转向南非和欧洲等地。

运往拉丁美洲的华工人数及分布概况

据现有的一些零星材料来看，早在 18 世纪末和 19 世纪初，就已有华侨移往拉丁美洲。在西印度群岛中的前英属殖民地特立尼达，在 1796 年有中国水手五人登陆，到 1806 年时，该岛有华侨约 200 人。① 据德国著名地理学家洪堡特(Alexander von Humboldt)

① 刘令：《华侨人物志》，东西文化出版社，1949 年，洛杉矶。

的游记记载,19世纪初在新西班牙(墨西哥)就有一些中国人,在古巴有一些马尼剌华人(Chinos Manilas)。[①] 但有关华工的最早的正式记载,是1810—1812年葡萄牙殖民者从澳门送往巴西的里约热内卢的一批中国技工。[②] 据文献可考的记载,华工大规模前往拉丁美洲始于1847年(清道光二十七年),[③]这一年西班牙殖民当局通过英国的贩奴公司从厦门招募了契约华工约600人去古巴。[④] 1849年(道光二十九年),第一批华工被运往秘鲁。[⑤] 在此以后30年间,是中国人移往美洲的极盛时期。从1847—1874年,到达古巴的华工人数约为12.6万人,[⑥]到达秘鲁的人数约为8.7万人[⑦](中途死亡者均未计算在内)。现在的文献中保存下来的输往美洲的华工人数的最全的统计资料是古巴,从1847年首批华工到1874年最后一批华工,逐年都有记录。这对我们研究中国苦力移民去美洲的消长情况很有价值,特整理如下表:

---

① 布雷德利:《拉丁美洲跨越太平洋的联系》(Anita Bradley, *Trans-Pacific Relations of Latin America*, 1941),第54页。

② 参见本书《中国与拉丁美洲的历史联系》中"远越大洋的文化接触"一节。

③ 这是根据一般的说法,事实上早在1844年大概就有一批华工从英属海峡殖民地(马来亚)输往拉丁美洲的英属圭亚那。参见坎贝尔:《中国苦力向英帝国的移民》,第88—89页。

④ 一般的记载均称这次运往古巴的华工为800人。此处据巴斯特拉纳著《古巴解放斗争中的中国人》一书材料:1847年6月3日西班牙船运抵哈瓦那的华工计206人(中途死亡六人),同年7月12日英国船运抵哈瓦那的华工计365人(中途死亡35人),两者合计571人(中途死亡者41人),参见该书第25页。

⑤ 关于第一批华工前往秘鲁的年代,西文史料记为1849年。参见斯图瓦特:《秘鲁对中国人的奴役,即秘鲁华奴史》(W. Stewart, *Chinese Bondage in Peru, A History of the Chinese Coolie in Peru*),1951年英文版,第17页。中文记载多不准确。如张荫桓《三洲日记》称:"华人来秘始于道光二十八年即西历一千八百四十七年"(卷六,第34页),而傅云龙著《游历秘鲁图经》更误为道光十八年(1838年)。

⑥ 谭乾初:《古巴杂记》,光绪二十九年,中华印务总局,第19页。

⑦ 斯图瓦特:《秘鲁对中国人的奴役》,第73页。

1847—1874年输往古巴的华工统计表*

年代	船数	吨位	上船人数	海上死亡人数	登陆人数	备注
1847	2	979	612	41	571	第一批华工
1853	15	8349	5150	843	4307	第二批华工
1854	4	2375	1750	39	1711	
1855	6	6544	3130	145	2985	
1856	15	10677	6152	1182	4970	
1857	28	18940	10101	1554	8547	
1858	33	32840	16141	3027	13384	
1859	16	13828	8539	1332	7207	中国港口禁止贩卖华工（澳门除外）
1860	17	15104	7227	1008	6219	
1861	16	15919	7212	290	6922	
1862	1	759	400	56	344	
1863	3	2077	1045	94	951	
1864	7	5513	2664	532	2132	中西“天津条约”草签，允招华工
1865	20	12769	6810	407	6403	
1866	43	24187	14169	1126	13043	
1867	42	26449	15661	1247	14414	中西“天津条约”生效
1868	21	15265	8400	732	7668	古巴十年独立战争爆发
1869	19	13692	7340	1475	5864	
1870	3	2300	1312	63	1249	

续表

年代	船数	吨位	上船人数	海上死亡人数	登陆人数	备注
1871	5	2825	1827	178	1649	
1872	20	12886	8914	766	8148	
1873	9	4786	5488	427	5061	
1874	3		2677	186	2491	
总计	348	249065	142991	16750	126241	

* 此表主要根据托马斯:《古巴:追求自由》(Hush Thomas: *Cuba: The Pursuit of Freedom*, 1971)附录九。该表系根据英国总领事馆材料编制,与谭乾初《古巴杂记》所记基本相符。原表到1873年为止,最后一年数字与《古巴杂记》不符,故删去,改补《古巴杂记》有关1873年、1874年两年数字;船只吨位数仍按托马斯书上材料。

除古巴、秘鲁两处是输入华工最集中的地区以外,在19世纪中,英属圭亚那、西印度群岛、巴拿马及其他中美洲国家、墨西哥、智利、巴西等国,几乎到处都有华工的足迹。关于这一时期前往拉丁美洲的华工总人数,一直没有确切的统计数字。这是因为苦力贸易在相当程度上是一种偷偷摸摸的"走私贸易",不可能留下完整的记录。特别是早期的统计很缺,高潮期的后半期,保存有一般统计资料,但也不能认为是完全的,各种资料的数字也很不一致。清末张荫桓《三洲日记》称:"华人谋生外国垂二百万人,即美、日(日斯巴尼亚,即西班牙,此处指西班牙美洲属地古巴。——引者)、秘三国亦逾三十万。"①据宓亨利的估计,1847年至1874年间

① 张荫桓:《三洲日记》卷三。

运往古巴、秘鲁、智利和夏威夷群岛等地的华工人数约 25 万人到 50 万人。① 现根据一些不完全的资料,将 19 世纪前往拉丁美洲各国的华人的数字和分布状况列表如下:

国家或地区	中国人入口估计数字	居民中华侨人数(统计年份)	备注
古巴	140000(1847—1874)	43500(1888)	
英属圭亚那	16000(1853—1913)	2600(1911)	
英属特里尼达	1400(1806—1853)	6000(20 世纪初)	
荷属苏里南	2500(1853—1872)	1000(1890)	
牙买加	1400(1854—1884)	2100(1911)	
法属马提尼克	500(1859)		
法属瓜德罗普	2500(1854—1887)		
波多黎各		75(1900)	
危地马拉	1100(1880—1890)		
萨尔瓦多			1870 年中国人入境
哥斯达黎加	600(1865)		
尼加拉瓜			1895 年中国人入境
巴拿马	20000(1850—1888)	4000(1891)	
墨西哥	4500(1891—1900)	30000(1910)	1864 年华工自美国入境
秘　鲁	120000(1849—1874)	60000(1888)	
智　利	120(1853)	800(1895)	
厄瓜多尔		1000(1890)	

① 宓亨利:《华侨志》(H. F. MacNair, *The Chinese Abroad*),1925 年,上海,第 210 页。

续表

国家或地区	中国人入口估计数字	居民中华侨人数(统计年份)	备 注
巴 西	2000(19 世纪)	500(1889)	1812 年即有华工入境
委内瑞拉			1885 年中国人入境
总 计	312620	151575	

据以上不完全也不准确的资料，19 世纪中叶前往拉丁美洲的华人总数估计在 30 万人以上，其中约 27.6 万人都集中在古巴、秘鲁和英属圭亚那三地区，这些中国人基本上都是华工，约占前往拉丁美洲华侨总数的 89%，其余的几万人零星分布在拉丁美洲所有沿海岸的各个国家。

“自愿出洋”的真相与海上死亡率

恩格斯指出：“苦力贸易”是一种“以印度和中国隐蔽的苦力奴隶制代替公开的黑人奴隶制”。[①] 这一论断不仅说明了西方殖民主义者贩卖华工的罪恶活动的实质，也说明了它同非洲奴隶贸易的历史联系。但过去西方殖民主义者为了掩盖这一“苦力奴隶贸易”的罪恶本质，美其名曰在中国进行“招工”；声称这种招工是按“合同”自愿进行的，因而是一种“自由移民”。这纯粹是骗人的鬼话。葡萄牙殖民者在澳门等处设置的所谓“招工馆”，西文名叫“depôt”。古巴拘捕逃亡华工的“工所”，葡语名叫“baracoon”(巴拉坑)。这同过去殖民主义者捕捉和拘捕非洲黑人奴隶相比，不仅

① 《政治经济学的形而上学》。《马克思恩格斯选集》第 1 卷，第 110 页。

做法相同,而且连名称也完全一样。可见西方殖民主义者的“招募华工”是不折不扣的另一种形式的奴隶贸易。何况当时处在西班牙殖民统治下的古巴,本身就还保持着黑人奴隶制度(古巴一直到1880 年才宣布完全废除奴隶制),而秘鲁和西印度群岛之输入华工,正是为了取代刚刚宣布废除的黑人奴隶制。

至于所谓按“合同”招工的真实情况,究竟又是如何呢?据1874 年公布的古巴华工调查材料,当时抽查的 1176 名华工中,只有 94 人声称是“自愿出洋”,其余 90%以上的人都是被拐骗、强迫甚至是用暴力捉进“招工馆”的,甚至连贩运苦力船上雇用的医生、伙夫、翻译,到岸后也被统统卖到“卖人行”。在不到十分之一的所谓“自愿出洋”的人中,多数也是受骗,误以为前往“金山”、越南或新加坡等地,几年后即可返回中国。“合同”本身也属欺人之谈。因为合同上规定的各项条件不过是引诱华工上当的诱饵,实际上没有一个招工者执行过。受骗的华工大多连汉字也不认识,更不懂洋文,所以“订合同”纯粹是为了骗取一种合法形式。在上述被抽查的华工中,约有一半人(530 人)声称根本没有念过合同,有 43 人声称根本没有合同。① 所谓按“合同招工”的说法,不过是一种障眼法!马克思在《资本论》中指出:荷兰殖民主义者为了使爪哇岛得到奴隶而在苏拉威西岛实行盗人制度。② “苦力贸易”就是国际资本主义为了使它们的殖民地和它们控制下的附属国获得新的奴隶而在中国实行的一种新的盗人制度,它的确展出了“一幅背信弃义、贿赂、虐杀和卑鄙行为的绝妙图画”。

---

① 参见陈兰彬等编:《古巴华工各节》第一、二、三条,中国社会科学院近代史研究所藏本。

② 《马克思恩格斯选集》第 2 卷,第 256 页。

华工被拐入“招工馆”后，就开始丧失自由；被载上船，即进入“浮动地狱”。由于对华工的掳掠和运送都是极其残暴的，因此运往拉丁美洲的华工在贩运途中的死亡率是骇人听闻的。

首先，运载华工的苦力船的卫生设备极差，而海上的航程很长，到南北美海岸通常要航行二到三个月，到古巴则要四个月到半年时间，因此华工在苦力船上所受的折磨比黑人在运奴船上所受的苦难还要大得多。关于贩运途中的华工死亡率，由于西方殖民主义人贩子竭力掩盖事实真相，现在很难进行准确的统计。从现在保存的古巴、秘鲁、英属圭亚那的华工移民的不同统计资料，可以大致算出平均死亡率，如下表：

年　代	实际年数	起止地点	下船总人数	中途死亡	平均死亡率（%）
1848—1857	10	香港—古巴	23928	3342	14
1847—1874	23	中国各岸—古巴	143040	17032	12
1847—1854	6	广州—秘鲁	7356	549	7.5
1860—1870	11	澳门—秘鲁	43301	4653	11
1853—1859	2	厦门、香港—圭亚那	1572	224	14
1860—1862	4	广州等地—英属圭亚那	6191	235	3.8

以上是贩运途中的几个平均死亡率数字。但事实上，在不同的时期和不同的船上华工的死亡率的差异是极大的。在旅途上经常发生非常死亡案件。例如，上表中 1860 年至 1870 年运往秘鲁的华工在船上的平均死亡率是 11%，但事实上在 1860 年至 1863 年四年中运往秘鲁的华工总数是 7884 人，中途死亡 2400 人，平均死亡率达到 30.44%，即将近三分之一。此外，还发生过一些整个船只被烧毁或沉没的悲惨事件，船上载运的华工几乎是全部覆亡。例如，1859 年 10 月由澳门驶往古巴的“弗洛拉·坦普尔”号（Flora

Temple)船，载华工 850 人，中途遇风暴并触礁，船长和水手乘小艇逃跑，使全船华工遇难。又如，1871 年 5 月由澳门驶往秘鲁的“唐胡安”号(Don Juan)船，载华工 650 名，驶出后不久即被焚，船主弃船而逃，华工被关在舱内几乎全部烧死。这种死亡率几达百分之百的极端严重的事件，一般都没有列入上述统计之中。可见，上述统计数字是缩小了的，据 19 世纪 70 年代英国领事罗柏生(B. Robertson)的一个很不完全的统计，在 1852 年至 1872 年中发生的重大非常死亡事件有 34 起。罗柏生也不得不指出：“这的确是可怕的记录，我敢冒昧地说，就是非洲奴隶贸易全盛时期也比不上。”①

华工在美洲的次奴隶地位

如果说华工在海上航程中所遭受的折磨与苦难还是有尽头的话，那么，他们被运抵各美洲口岸之后，由于远离祖国，身居异域，语言不通，又无法律保障，“涕泣呼号，即已无人援救”，更是失掉了自己的人身自由，坠入了“活地狱”(当时人称之为“生地狱”)。由于史料的限制，过去我国论述华工问题的著作和论文，大都集中在西方殖民主义者在中国口岸进行苦力贸易一方面，兼及苦力船上的罪苦与斗争，对于华工在美洲各处所遭受的剥削和虐待的情况，大多是转引西方学者的著作，而少第一手材料。近年来，由于《古巴华工口供册》(北京图书馆藏)、《古巴华工事务各节》(中国社会科学院近代史研究所藏)、容闳赴秘鲁调查收集的《华工供词见证》(北京图书馆和中国第一历史档案馆均有存档)等珍贵史料的陆续

① 坎贝尔：《中国苦力向英帝国的移民》，第 156 页。

公开,[①]提供了西方殖民主义者掠卖华工以及华工在所在国备受剥削、虐待与凌辱的大量真实口述材料,可谓铁证如山。这些证词真是有字皆泪,有泪皆血。对这些材料的深入分析研究,是一件有待于进行的重要工作。

西方殖民贩子在中国口岸"招工"时无视中国法纪,不遵守议定的条约规定,对送抵美洲种植园、矿山与其他劳动场所的华工,更是践踏"招工合同"。船一抵岸,华工即被送入"卖人行",像过去的非洲黑人奴隶那样进行公开贩卖。据《古巴华工事务各节》所载古巴华工口述的证词,一到哈瓦那就强迫洗身剪辫,三五洋人骑马执鞭赶押华工上行贩卖。发卖时,排列上中下三等,"脱去周身衣服,看有力与无力,如买牛马无异,中国人来此不独受苦,兼之受辱"。华工绝大多数被卖入榨糖作坊。最初合同规定古巴华工每日劳动九个半小时,但事实上华工每日劳动有时甚至达 18 小时到 20 小时。合同规定八年工满,实际上工满之后不是被强迫延长合同期限,就是送往官工所,做无偿的官工;或再由西班牙殖民当局即官工所外雇做工。华工按期向官工所上缴三分之二的工资,谓之"绑身工",从而使华工"由一家之奴"变成"与各家为奴,圈之使毕世

---

① 同治十三年(1874 年),清政府为查清华工在古巴与秘鲁被虐待的情况,派陈兰彬赴古巴(3 月至 5 月)、容闳秘密去秘鲁(8 月至 9 月),在当地华工中进行调查,收集口供证词。《古巴华工口供册》是陈兰彬偕同海关税务司马福臣(A. Macpherson)、吴秉文(A. Huber)在古巴查访后整理上报的材料的铅印本。原件分四册,收录有 1176 名华工的口述,册首收有《上总理各国事务衙门呈文》,内称此调查中接到由 1665 名华工签名的陈情呈词 85 件。《古巴华工事务各节》,一函四册,其中只收有《古巴华工口供册》第一本(应为十二本),但所收《古巴华工各节》《译华工进古巴章程说》等,为北图本所无,并附《古巴华工条款》一册。上述供词的英文本,1874 年由上海海关出版,书名为 *Chinese Emigration Report of the Commission Sent by China to Ascertain the Condition of Chinese Coolies in Cuba*。

为奴矣”。总之,古巴华工的苦难是说不尽的:“未出洋时受拐匪等威胁,下船受船主威胁,登岸后受卖人行威胁,到工受工主、总管、管工威胁,工满年限复受工所官绅等威胁,所有身受情形,节节俱属难受。”西方资本主义国家的所谓“自由移民”,其真相就是如此。

秘鲁华工所受苦难,与古巴华工相似。秘鲁在 19 世纪中叶处于大土地贵族、大种植园奴隶主的统治之下,到 1854 年才宣布释放黑人奴隶。秘鲁报刊经常把输入华工称之为“又一次非洲黑奴贸易”,而且认为是比罗马帝国的奴隶制和中世纪的农奴制更坏的一种奴隶制——次奴隶制。这完全不是危言耸听之词。当时秘鲁有人将华工与非洲输入的黑人奴隶的悲惨遭遇作过比较,指出:(1)黑人奴隶属一个主人所有。奴隶主为了自身利益,要求尽可能长久地剥削黑人,而对华工则有合同期限,为了在规定的八年限期内榨干华工的血汗,对华工的剥削更加凶狠;(2)秘鲁的民法对于黑人奴隶尚有若干规定条例,而华工却连奴隶享有的法律保护也不享有,更失掉自己祖国的保护;(3)黑人奴隶还可以有一个家庭,而华工则根本没有(所谓工满赎身的华工,也极少有成家的可能性)。

在这种奴隶不如的次奴隶地位上从事牛马般的苦役,华工在劳动过程中被虐待至死的死亡率,比船运过程中的死亡率更是高得多。据上述古巴华工调查材料,在 1847 年至 1872 年共 20 年中(其中有几年无华工输入),古巴华工到岸人数字为 114081 人。在 1874 年调查时只剩得 58400 人,死亡 53502 人。这就是说,华工在 20 年时间中即差不多被折磨死了一半之多。据稍后在 1879 年随我国总领事出使古巴的谭乾初的记载:“溯自道光二十六年(即 1846 年,应为道光二十七年即 1847 年之误——引者)起至同治十二年(1873 年)止,各华工人身到古巴者共十二万余人,今则仅存四万有奇。此外八万余人曾经回国者不过百中一二,余皆殒身异域,丘首难归,良可慨已!”①谭乾初的统计数字是1884年的材料,这就是说,被掠运前往古巴的12万身强力壮的华工,在30年时间中就死掉三分之二,仅存三分之一。而这三分之一的幸存者,据陈兰彬等人的亲自访查,“现时折手、坏脚、瞎目、烂头、落牙、缺耳、皮开肉裂指请验伤者已复不少”,“各埠中瞽目残疾华人丐食者甚众”。②

被掠往古巴的华工都是青壮年,他们大多数人很早就被折磨而死,主要是以下几种原因:(1)管工、工头“狠毒苛刻,擢发难数”,华工被直接打死或打伤后致死;(2)被管工、工头折磨患病致死;(3)因不堪虐待而自杀身死,这种自杀不是一般的自杀,而是在绝望条件下的一种反抗形式。正如《古巴华工各节》所指出:“当其备受毒虐之时,气忿盈怀,每每图谋自尽。”连为殖民主义统治辩护的史学家马士也不得不承认:这种自杀是受压迫的亚洲人的一种抵抗形式。容纯祖(近人著作中误为容闳,非也)写“猪仔诗八绝”云:“肉破皮穿日夜忙,并无餐饭到饥肠,剩将死后残骸骨,还要烧灰炼白糖。”③

诗中所说用骸骨烧灰炼白糖一事,并非诗人夸张之词。在《古巴华工口供册》中,确有证词依据:

> 我同帮80人,数年中自缢死者四人,食烟膏死三人,东家俱报官说病死,官亦不问。死者拉出浅埋,日久挖骨成堆,水淋日晒,渐渐消化。大凡糖要光白,俱下牛骨灰,又时掺杂人骨,色更洁白。④

---

① 谭乾初:《古巴杂记》,第20页。

② 陈兰彬:《上总理各国事务衙门呈文》。见《古巴华工口供册》第1册。

③ 丁韪良编:《中西见闻选编》第28号。

④ 罗阿已证词。见《古巴华工口供册》第2册,第10页。

至于投糖锅而死者及其他方式致死者，在证词中也不乏记载。例如：

> 我一帮 75 人，满八年期，只 15 人。我见吊死九人，投糖锅一人，因打伤皮肉腐烂生虫死的 12 人；又有走出山内饿死，有逃出糖寮不知生死的。我割蔗时常见人骨，有叫狗咬断筋及喉受死的。各样都有，皆是我亲眼所见……我前七年见此客寓对门造天主堂，凡中国人无论满身不满身，都拿来作工。无鞋穿的人多，地下尖石头，脚都戳烂了。每四人用　白人管工，稍慢就打。因此地寻死的人多，有一刻工夫投井死七人，是我亲见的，又打死吊死的不计其数。此处白人待中国人比狗不如。①

由此可见，不仅蔗糖作坊主对华工敲骨吸髓，甚至连天主教堂也是在华工的尸骨上砌起来的，这就是古巴华工的骇人听闻的悲惨境遇。

秘鲁华工的处境，除容闳等人的亲自调查材料外，还有驻该国的美国公使和美侨提供的证词。所有这些材料都说明那里的华工所受的非人虐待与苦役，与在古巴的情况完全一样，甚至有过之而无不及。1868 年 5 月被运到秘鲁北部海岸兰巴耶克的 48 名华工，一上岸就被雇主用烙铁在耳后烫上一个“C”字形的印记，与牲口毫无两样。② 这完全是非洲黑人奴隶制的亚洲版。秘鲁华工的死亡率也是同样的惊人。据傅云龙《游历秘鲁图经》：“华工之侨秘鲁，自道光十八年始（应为道光二十八年即 1848 年之误——引

---

① 文长泰证词。见《古巴华工口供册》第 1 册，第 5 页。

② 斯图瓦特：《秘鲁华奴史》(W. Stewart, *The Chinese Bondge in Peru, A History of the Chinese Coolie in Peru*, 1951)，第 148—149 页。

者)，计至光绪年间(光绪元年系 1875 年——引者)，无虑十一万有奇，今存者五万九千耳，琐尾流离，存亡参半，甚至非瘫即盲。”这里所说的“十一万有奇”的华工人数，其中 1848 年至 1874 年间输往的占 10 万余人。可见秘鲁华工抵当地后的死亡率也在 50% 左右。又据 19 世纪后期美国科学家斯蒂尔 (J. B. Steere)的亲身见闻，当时他在秘鲁听人说华工在八年合同期满尚能幸存的人数，估计不到三分之一(古巴也有类似的记载)。1871 年 7 月 24 日，秘鲁《商务报》指出：“最近各田庄雇来的绝大部分契约工，不是用以替换那些合同满期的人，而是用以填补履行合同中死掉的人的缺额。”①导致华工大量死亡的一种最恶劣的劳动，就是在钦查群岛挖鸟粪石。当地天气酷热，湿度很高，而且终年无雨，华工每人被勒令一天挖四至五吨鸟粪。一处工地上有 40% 的华工犯肿脚病，被迫跪着干活。一个外国观察者写道：“为了使恶神息怒并满足其报复之心而设想的地狱，也比不上秘鲁鸟粪矿藏的开采和装船时的热毒和恶臭，比不上被迫来这里劳动的人们所受的苦刑。”

在加勒比海地区的英属殖民地如圭亚那等处，华工大多是以所谓“自由移民”的形式输入的，合同期限一般订为五年，当地已废除黑人奴隶制度，因此，英殖民主义者一直吹嘘当地待华工比古巴、秘鲁好得多。但事实胜于雄辩，只要看看那里华工的死亡率，这些骗人的鬼话就完全可以被戳穿。第一批输往英属圭亚那的华工共 811 人，在此后六年时间中即已死掉 234 人，死亡率也接近 30%。② 在 1853 年至 1879 年 20 多年中进入英属圭亚那的中国人总计 14000

① 斯图瓦特：《秘鲁华奴史》，第 105 页。

② 金文泰：《中国人在英属圭亚那》(Cecil Clementi, *The Chinese in British Guiana*, 1915)，第 325 页。

人,而有统计的死亡人数即达 6580 人,死亡率几近 50%,一点也不亚于古巴和秘鲁的情况。而且,在 1870 年以前,前往圭亚那的华工没有一人返回祖国。可见,所谓“自由移民”优于“契约移民”的说法,完全是英美法殖民主义的辩护士们炮制出来用以欺骗中国人民和世界舆论的谎言。资本为了 100%的利润就敢践踏一切人间法律;有 300%的利润,就敢犯任何罪行,在这方面,“苦力贸易”较之非洲奴隶贸易有过之而无不及。

“无法估价的拓殖者”

19 世纪中输往美洲的数十万华工对所在国的经济发展作出的贡献,是一个大题目。对这个题目的科学研究在国外学术界也很薄弱,在国内学术界只能说刚刚引起人们的注意。笼统地说,马克思主义认为奴隶制度是一个经济范畴。从 19 世纪世界资本主义发展的要求来说,奴隶制已经过时,但就拉丁美洲的社会经济条件来说,向资本主义新生产方式过渡的政治条件和经济条件都还不成熟。拉丁美洲国家摆脱西、葡殖民主义束缚而独立后在经济上的主要趋势是土生白人的大地产制的加强,对世界资本主义体系的依附性的加强,单一作物制的畸形经济发展的加强。在这种情势下,黑人奴隶制的被迫废除对原有的社会经济结构并无决定性的影响,丧失了黑人劳动力的热带种植场、矿山、工厂等必然要向世界的别处地方去索取新的廉价劳动力,作为对原有的奴隶制的代替物或补充。这就是 19 世纪中叶以后西方殖民者向中国、印度、马德拉群岛以及世界其他地区积极寻找契约劳工形式的苦力移民的原因。马克思说过:“没有奴隶制就没有棉花;没有棉花,现代的工业就不可设想”,“消灭奴隶制就等于从世界地图上抹掉美洲”。[①] 在19世纪拉丁美洲从殖民地经济结构向资本主义经济结构过渡的时期，隐蔽的契约奴隶制在一个时期内仍具有巨大经济价值。恩格斯在谈到美国南部废除奴隶制后的情况时指出：“在植棉的几个州里，资本主义生产没有任何进展，因为那里没有苦力，即没有中国人或印度人，也就是说，没有名为自由工人的奴隶；在古巴、毛里求斯、留尼汪等岛，资本主义生产则很盛行，而且正是因为那里有苦力。”[②]对于中国劳工移民在拉丁美洲历史上所起的重大历史作用，只有放在这个总的背景下才能够获得充分的估价。

华工在拉丁美洲的分布很广，但以在古巴、秘鲁、圭亚那以及西印度群岛上的蔗糖种植场和大庄园最为集中。此外，在秘鲁沿海岛屿的鸟粪层地和硝石矿上，在秘鲁利马到奥罗亚的铁路工地，在巴拿马地峡的铁路与运河开筑中，也都雇用过大量的华工。他们与来自印度的苦力兄弟、来自非洲的黑人劳动者、当地的印第安人和混血种人劳动者共同并肩劳动，共同对19世纪中后期拉丁美洲的资本主义经济发展与开发事业作出不可磨灭的贡献，要区分出哪些是华工的单独贡献并不是容易的事。尽管种植园主和资本家一般都采用“分而治之”的政策，在不同种族的劳工之间制造矛盾与相互歧视，但他们遭受残酷剥削和凌辱的共同命运却总是把他们联系在一起。据19世纪中一个外国旅行家参观哈瓦那一家蔗糖厂后留下的记载：

> 穿过那大道两旁的看不到尽头的甘蔗田，我们来到了英赫尼奥，即制糖厂……大约有五六十个六七岁的男女黑奴孩

① 《哲学的贫困》。《马克思恩格斯选集》第1卷，第110页。

② 《恩格斯致伯恩斯坦》(1884年1月1日)。《马克思恩格斯全集》第36卷，第80—81页。

子在压榨机旁，把甘蔗装到升运机上，送去压榨……在建筑物内部，让我们看到了蔗糖生产的全部过程……种植园主以他从英国、法国和美国购进的机器而感到异常骄傲……在一些机器旁边是黑人干活，在另一些机器旁边是中国人和非洲人干活。建筑物内某些部分的温度简直高得无法忍受，这些黑人和中国人除腰间围一块布外，全身赤裸，浑身汗如雨下……[这个种植园]有 650 英亩甘蔗田，有 600 个黑人和中国奴隶在蔗田地里干活……参加种植园田间劳动的进口的非洲人平均寿命，不超过五年。①

在古巴华工的证词中，也有类似的记述：

（夏湾拿糖寮）……我进去的时候，中国人黑人共有六百，现在只得四百多人了。黑人同中国人做工都是一样的，也有打、也有锁的，做满了工无满身纸。

（夏湾拿那司格阿里亚司糖寮）……此地做工，黑人同中国人一样的，黑人是奴，无工钱，可养猪鸡卖。②

就这样，中国劳动者的血汗和非洲黑人劳动者的血汗在美洲大地上汇流在一起，这可说是亚非拉被压迫民族经历的共同苦难历程的一个缩影。尽管华工在各所在国家经济生活中作出的具体贡献应如何估价还有待于进行更深入的研究，但可以毫不夸张地说，勤劳智慧的中国劳工不论在美洲的什么地方都被当成最有价值的劳动力。华工在美洲处于最卑微的社会地位，但却享有最好的劳动声誉。这一评价在拉美各国的历史文献中可以说是完全一

① 特伦奇·托乌申德：《佛罗里达和古巴》。转引自《古巴：历史—人种学论文集》，1961 年俄文版，第 217—219 页。

② 张正高、何阿德证词，前引书。

致,虽然有些评论是从种族偏见的观点出发,讲得并不确切全面。这样的评论散见于西方历史书刊中,兹举数例如下:

在古巴,一些最先使用华工的种植园主都异口同声称赞华工"聪明,安分,老实,谦卑";"我曾派他们做各种农活。每样农活他们都有足够的体力、聪明和善意来做好,让人满意";华工特别善于干"利索而机灵的家务活";"这些人具有与我们的文化不同的先进文化……"。①

在秘鲁,据1876年的人口调查,亚洲居民的重要性非常突出。沿海有些专区60%的居民是中国血统的人。毫无疑问,这些居民是上一世纪大地产财富的创造者。当时一位法国旅行家夏尔·维奈尔(Charles Winer)曾沿着秘鲁沿海和山区漫游,他说我们的一些靠近太平洋的谷地,就其居民类型来说,好像是亚洲的田野。②

在英属圭亚那,1871年国会调查委员会的报告证明:"中国苦力在英属圭亚那是很宝贵的劳动者。他们的价值已在田野或工厂里所做的劳动充分证明。真空蒸馏提炼蔗糖的方法获得成功应归功于中国人精巧的技术。他们……更有智慧,也较能独立工作。他们都很遵守纪律。但如受到不公平的待遇也会引起强烈的骚乱。"③

众所周知,在19世纪70年代苦力贸易废止之后,相当大一部分华工在拉美各国定居下来,此后又有少量自由移民到这些国家经商,他们作为中国侨民在所在国的经济与文化生活中继续发挥作用与影响。其中大多数人都是靠血汗劳动中积攒下的一点钱,

① 科比特:《古巴华工研究,1847—1947》(D. C. Corbitt, *A Study of the Chinese in Cuba, 1847—1947*, 1971),第9—11页。

② 《秘鲁华工编年资料》,张铠译,《华工出国史料汇编》第6辑,中华书局,1984年,第260、250页。

③ 坎贝尔:《中国苦力向英帝国的移民》,第159页。

小本经营，开办小饭铺、小杂货铺、小商店、小菜园、小工匠铺，甚至悬壶当中草药医生，都普遍以其勤劳、守信、俭朴、守法等美德，博得侨居国人民的称誉。[①] 1874年，圭亚那总督龙登(Long den)在写给国务大臣的信中承认：移居特立尼达的中国人在当地找到施展他们经营本领的很好的场所，“中国人掌握了特立尼达的零售业，正像葡萄牙人垄断了这里的这门行业一样”。[②] 最为值得笔之于书的是，1865年，一群合同期满之后留在圭亚那的华人在乔治敦城郊外披荆斩棘，白手起家，开辟了一个中国人的居民点，这个华侨新镇取名“希望镇”(Hopetown)，除种植几种热带作物外，还种稻子和甘薯等物。居民生活勤劳，居处整洁，获得很好的声誉。[③] 著名的华工史专家金文泰(Cecil Clementi)在研究了中国移民在圭亚那等地的历史经验之后，做出了这样的总结性的评价：

> 中国人不论到哪里，只要那里有一个好的政府和合理的机会场所，都证明他们不论在才智上和道德上都有资格成为有益的公民(useful citizens)……
>
> 黄种人的这种旺盛的生殖力和节俭的能耐，使他们在像英属圭亚那这样的殖民地，即几乎位于赤道，而且被认为是白种人从不想移殖的地方，成为无法估价的拓殖者(an invaluable settler)。[④]

“无法估价的拓殖者”——这是一个外国学者根据中国人在19世纪中移居世界各地的历史经验得出的一个重要结论。这对

---

① 参见张铠：《19世纪华工与华人对拉丁美洲的历史贡献》，《近代史研究》1984年第6期。

② 金文泰：《中国人在英属圭亚那》，第331页。

③ 同上书，第297—312页。

④ 同上书，第355—356页。

于污蔑中国人是“东亚病夫”、低劣民族的殖民主义谰言，是一个很好的回答。美洲的华工史同世界其他地区的华工史一样，是一部血泪史，但它也以无可辩驳的事实说明：中华民族不仅比世界其他古文化更长久地经历了历史的考验而巍然长存，而且它的子孙在世界最遥远的地区和最艰苦的条件下也具有适应力与竞争力，能自立于世界之林。如何根据中国的海外移民史和华侨史来研究中华民族的民族性与生命力这样一个重大的问题，过去似乎无人研究过，今后应引起学术界应有的重视。

此外，由于在一个时期内大量中国移民迁入美洲，这对加强中国和美洲的文化交流与友谊也起过一定作用。前面提到的 19 世纪初中国种茶技工前往巴西，是拉丁美洲建立茶树种植园的最早记录。稻子虽然早在 17 世纪末即已传入古巴等地，但 1847 年华工输入古巴，使古巴对稻米需求量大增，此后种稻有很大发展，技术也有了提高。现在大米成为古巴人的主要食物之一。过去通过马尼拉商帆传入美洲的中国丝绸、瓷器、茶叶、工艺品等，现在直接从中国输入美洲。华人聚居的“唐人街”在拉美一些城市的出现，成为传播中国文化的媒介。但由于历史条件的限制，这方面的影响不能估计过高。著名秘鲁学者阿尔贝托·桑切斯(Luis Albevto Sanchez)指出，由于中国苦力出身贫苦，只能和秘鲁的下层混血种阶级接触和融合，因此对秘鲁的文化的影响在短期内不显著。但他认为，“随着时间的推移，这种‘不起作用的东西’开始取得了社会上的威信和文化上的威信”。① 另一秘鲁作家乌略亚·索托

① 阿尔贝托·桑切斯甚至认为中文对秘鲁语的影响比意大利文的影响还更大。参阅他所写的《秘鲁文学；秘鲁精神文化史导论》(*La Literatura Peruna*)，利马，1946 年。此处转引自斯图瓦特：《秘鲁华奴史》，第 231 页。

马约尔(Ulloa Sotomayor)认为中国商人在秘鲁起了移风易俗的好影响。这些问题还有待于进一步研究。

华工与古巴独立战争

有压迫就有斗争。吃苦耐劳的中国劳动人民对殖民主义和资本主义的奴役,绝不是逆来顺受、不加反抗的。过去有些西方人的著作把困居异域的华工描写成忍辱偷生的形象,是歪曲了历史事实的。有关苦力贩运船上层出不穷的华工暴动事件,当时即已轰动世界舆论,以致当时一个外国船长说过:“假如我们估计到达目的地的时候还保得住脑袋的话……那装运中国移民可算一桩买卖。”在运抵目的地被卖到种植园和矿山之后,华工也从未停止过反抗斗争。早在 1843 年英属西印度群岛的种植园主就警告说:中国人似乎不那么遵守种植园的纪律,如果想把他们的工资压得太低,他们就会捣蛋。“他们像英国劳动者一样,受不了虐待。”据陈兰彬访问古巴时华工供词称,在古巴的蔗糖种植园,忍无可忍的华工拿起砍刀杀死残暴的管工和工头的事,几乎是到处都经常发生。在秘鲁,斗争的规模更大。在某一个时期,美国观察者斯蒂尔甚至这样描述:“每个人都带着武器,每一间田舍都是一个小小的军械库。”最大一次暴动是 1870 年 9 月乌帕卡 (Upaca)地方卡纳德(Canard)种植园的华工大暴动,据称先后有 1200 名华工参加斗争。①

华工反殖民奴役的斗争同拉美各国被压迫人民反对殖民压迫的斗争,不仅休戚相关,而且还紧密结合在一起。最突出的例子是

① 《秘鲁华奴史》,第 123—124 页。

古巴。古巴不仅是美洲受殖民统治最久的地区之一，而且也是黑人奴隶制残存时间最长的地区。19世纪中叶华工被贩运到古巴之时，这个国家仍处在西班牙殖民者和种植园奴隶主的残暴统治之下。由于这里是拉美各国中华工人数最多的地方，中国劳动者的血汗对古巴大地浇灌也最多。正如古巴史学家希门尼斯·帕斯特拉纳(Juan Jimenez Pastrana)的评论："尽管奴隶制度所强加的这一切悲惨的现实景况，中国人却一直不变地显示出他们在工作中的坚毅不拔和智慧，显示出他们对自由生活的果敢安排。"①

1868年，不愿做奴隶的古巴人民掀起了争取民族独立的解放战争(史称十年战争，1868—1878年)。在这个时候，许多华工和华商对这一斗争寄予巨大的同情和支援。不堪忍受奴役的华工也单独地掀起过多次反对殖民奴役的暴动。有关华工参加古巴独立解放斗争的史实，过去几乎不为国人所知，近年来也只是陆续见到一些零星的材料。据这些不完全的材料，在十年战争期间，大约有一千多华工投入起义者的行列。在1879—1880年的"小战争"时间，华侨积极支援了起义。在1895—1898年新的独立战争阶段，参加斗争的中国人数更多，并在古巴革命军中组成中国人的小队。还有一些侨商则在经济上支援这次独立战争。有关这些中国战士的英勇战斗业绩，长期以来在古巴人民中传为美谈。

据参加过独立战争的劳南上尉的记述：

> 吾军队中有华侨共约五百。在米士将军(按：应为哥麦斯将军，Máximo Gomez，此处可能系误译。——引者)指挥下，参加瓜斯马(Las Guásimas)等处战役。有一中国人(按：指

① 请参见希门尼斯·帕斯特拉纳(Juan Jimenez Pastrana)著《古巴解放斗争中的中国人》一书。

胡安·桑切斯 Juan Sánchez,中文名译音为 Lan Fu Kin)因战功而升至上尉,为人精明善战,曾在中国洪秀全军队当过兵役。(着重点是引者所加,下同)

阿兰高将军(Napoléon Arango)领有 400 名中国士兵。林摩士有 170 名华侨义勇队员。格拉士亚将军(Calixt García)有 200 名华人战士。东省铁打士将军(Modesto Diaz)有一副官黄上尉(按:中文名译音为 Wong Seng),系中国山草药师,深悉古巴各种草木。经几处战役,彼遂跻英雄之列。

马叙伦上尉,在梅亚吐古罅作战。昔曾在中国参加反清革命,少时来古巴,投入糖寮(蔗糖种植场),引导其同胞加入革命,其上级军官中国人马上校则战死沙场。①

中国战士在古巴独立战争中的这些英雄史绩,在希门尼斯·帕斯特拉纳的《古巴解放斗争中的中国人》一书中均已大部收入。例如那被敌人俘虏、临死不屈、高呼“自由古巴!”的胡安(Juan Anelay);那坚守阵地、在弹尽援绝时一人与数十个敌人拼杀的皮奥少尉(Pio Cabrera);那对友和善而对敌勇猛、被誉为“半羊半狮”的安东尼奥(Antonio Moreno),他们的壮烈行为和优秀品质都得到了古巴爱国者和起义领导人的高度赞扬。起义军少校埃尔南德斯(Hernández)有一次听到伊格纳西奥·阿格拉蒙特(Ignacio Agramonte)将军赞扬中国战士的英勇行为之后,对人说:“甚至我自己都以为我是中国人了。”②

为了表彰献身古巴独立战争的中国战士的英勇业绩,这次战争

---

① 原文未见到,此处译文转引自刘令《华侨人物志》,第 176 页。括号内的西班牙原名和注解是引者根据希门尼斯著《古巴解放斗争中的中国人》一书的材料校订的。

② 《古巴解放斗争中的中国人》,第 76 页。

的著名领导人之一、贡萨洛·德·克萨达将军(Conzalo de Quesada)写了一本小册子——《中国人与古巴独立》。上述史实大都取材于此。在该书的结语中,对为争取古巴的自由与独立而战的中国人给予了如下的崇高的评价:

> 以上所述,不过略表中国人于古巴争独立时之战绩。吾人对此可敬可爱之中国人,正宜尊仰之,感谢之不遑也。如无此数千华人助战,及在野工艺厂当工之华人,苟非此勇悍耐苦之华军,以其轻生就义之英雄气概,以助于我古巴之人,则古巴之能否自由,亦未可料……
>
> 在战争中,中国奴隶、白人奴隶和黑人奴隶,都以他们宝贵的鲜血,来争取古巴的自由平等。假使将来我们能够为中国人塑像的时候,让我们镌上如下两句话来颂扬他们的恩义吧:
>
> 在古巴的中国人,没有一个是逃兵,没有一个是叛徒。①

华工参加古巴起义军,诚然是对古巴独立事业的支持,但首先是为争取自身摆脱奴隶劳役而获得自由。1868—1878年十年战争的重大成果之一,就是在古巴废除了奴隶制。根据"桑洪协定"第三条,规定"给予目前在起义军队伍中的奴隶和亚洲移民以自由"。1886年,古巴宣布完全废除奴隶制。1898年,古巴终于摆脱

---

① 克萨达将军著《中国人与古巴独立》是记述古巴独立战争中的中国人事迹的最重要著作,西班牙文原本收入克萨达的《我的主要贡献》(*Mi Primera Ofrenda*, 1892年,纽约版);英文本名 *The Chinese and Cuba Independence*(1925年,莱比锡版)。这两种文本在国内均未见过,但有的文章中引用过书中的话(参见孔迈:《烈火真金的友谊》,《人民日报》,1960年2月7日;秦牧:《紧握着战友之手——谈中国和古巴人民的传统战斗友谊》,《人民日报》1963年4月19日。)20世纪60年代初,我在北京购得《华侨问题汇刊》第一集(南京国民印务公司印,无出版年月),偶然发现其中收有这篇名著的中译文《华侨赞助古巴独立史略》(周启刚译),喜出望外。译文是文言文,无原文可以校对,已收入《华工出国史料汇编》第6辑。此处所引,第一段即出此,第二段出自秦牧文。

了西班牙的殖民统治而取得独立。一些在独立战争中建立殊荣的中国人一直受到古巴人民的崇敬，其中最著名的是胡德（广东开平人）。他参加过两次独立战争，曾五次负伤，屡立战功，被提升为上尉，逝世后被追授上校军衔，被公认为是有资格当选为古巴总统的候选人之一。① 20 世纪 30 年代，那象征着中古人民兄弟般的革命友谊的纪念碑——旅古华侨协助古巴独立纪功碑，终于在哈瓦那市中心区矗立起来，并在碑上镌下了克萨达将军写下的那句西班牙文的名言。

华工高举义旗参加争取自由的战斗，在拉丁美洲别处地方也发生过。据近年秘鲁报刊公布的材料，在 1879—1883 年太平洋战争期间，当智利军队逼近秘鲁首都利马时，从这个地区的大庄园里至少逃出了近 2000 名华工，他们选择了斗争的道路，去打碎套在他们脖子上的新奴隶制枷锁。19 世纪的智利歌曲中有一首歌唱这些起义华工的歌曲留传下来。据说在圣地亚哥立有一座纪念碑，献给参加 1881 年初某次战斗中的一位中国起义军首领。②

上述史迹，特别是华工参加古巴独立战争的史迹，是中国和拉丁美洲关系史上劳动人民之间的兄弟情谊的生动的反映，是被压迫民族之间的兄弟情谊的生动反映。这表明，中国和拉丁美洲在西方殖民主义扩张的进程中，不仅建立了贸易联系和文化联系，而且在反对殖民主义压迫的共同斗争方面也有着天然的联系。这种联系不是什么中国人民或拉丁美洲人民的主观愿望的产物，而是近代殖民主义侵略和压迫的产物。华工参加古巴革命起义军，实

---

① 丰饶：《有资格当选总统的胡德》，《羊城晚报》（港澳、海外版）1986 年 1 月 12 日。

② 罗德里格斯：《秘鲁百年史：参加太平洋战争的中国人》（Humberto Rodriguez, “El Perú hace cien años: los chinos en 1Q Guerra”），*La Prensa*，1979 年 3 月 18 日。

质上不过是不堪虐待的中国契约奴隶的自发的反抗斗争被纳入于古巴土生白人、黑人奴隶和混血种人奴隶的独立解放斗争。这种战斗的情谊,在世界其他地区的契约华工的反抗斗争中,也可以找到类似的例子,其中特别突出的是旅俄华工参加十月革命和保卫苏维埃政权的斗争。①

如果说第一批契约华工运往古巴,标志着19世纪中国—拉丁美洲关系发展的"苦力贸易"阶段的开始,那么,大批古巴华工的反抗斗争和加入古巴起义军,就意味着这一阶段的开始结束。

关于"苦力贸易"被废止的问题

拉丁美洲的"苦力贸易"盛行近30年之久,在1874年前后被制止,随即趋于衰落。对于这个问题,历来的西方学者都没有做过正确的阐释。他们在著作中大谈英国资产阶级的废奴运动和自由主义力量所起的作用,而对广大中国人民反对"苦力贸易"的斗争,或者根本不提,或者轻描淡写一笔带过。这个被颠倒的历史现在必须颠倒过来。

"苦力贸易"的全过程始终充满着惊心动魄的阶级斗争:一边是西、葡、英、法、美、秘等国的人口贩卖者结成一气、掠卖和奴役中国劳动者,一边是中国人民的反掠卖、反奴役、反剥削的斗争。我国东南沿海一带人民对"买卖猪仔"的罪恶活动,早就充满极大的公愤,在厦门、上海、宁波、广州等地都相继爆发过自发的严惩"猪仔头"的斗争。正是人民群众的这一强大的压力,迫使清政府地方

① 参见拙作:《参加十月革命和保卫苏维埃政权的中国工人红军》,《光明日报》1957年11月23日。

当局多次颁布严禁贩卖人口、违者处以极刑的告示，同时迫使西方殖民主义者把苦力贸易中心从通商口岸转移到葡萄牙殖民者侵占的澳门，也迫使英国宣布不许在香港掠卖华工的禁令。此后，斗争的焦点就转到澳门。1865 年至 1866 年间连续发生苦力船暴动达 10 次之多。1866 年，清政府在人民的不断抗议声中被迫订出新的招工条款，规定除华工自由出洋外，禁止一切非法招工，出洋以通商口岸和有约国家为限。当时英法政府和西班牙、葡萄牙政府实际上是一个鼻孔出气，都坚决反对这些限制和规定。1869 年和 1871 年，秘鲁华工两次通过美国使馆寄回呈词，揭露和控诉外国种植园主和资本家虐待华工的种种罪行。① 与此同时，海上又传来了“新佩内洛佩号”(Nouvelle Penelope)船(1870 年)和“玛也西号”(Maria Luz)船(1872 年)上发生苦力暴动和逃亡的重大事件，不但激起了中国人民的巨大愤怒，而且也获得了广大的国际舆论的注视和同情。②

正是在这种群情激愤的形势下，1869 年，清政府明令不许中国人前往澳门，无约国也不许在澳门设局招工；1872 年，清政府拒绝了西班牙代理人在广州设馆招工；1873 年，又拒绝了秘鲁使臣来华招工的要求，并坚决申令不准在澳门招工。1874 年，清政府第一次派遣陈兰彬、容闳前往古巴和秘鲁调查华工在当地的情况。两人回国后公布的调查材料都证实了华工备受虐待的情况，引起的反响更加激烈。③ 1875 年，广州一家印刷所刻印出版一本小册

① 有关档案，参见《华工出国史料汇编》第 1 辑，第 3 册，第 965—975 页；斯图瓦特：《秘鲁华奴史》，第 139—143 页。

② 《秘鲁玛也西船为秘鲁拐运华工》，《华工出国史料汇编》，同上，第 976—1004 页。另参见 *A Short Account of the Case of the "Maria Luz"*。

③ 参见陈兰彬《呈总理各国事务衙门》(见《古巴华工各节》)、1873 年总税务司赫德(Robert Hart)致马福臣(A. MacPherson)、吴秉文(A. Huber)信。见 *Chinese Emigration, The Cuba Commission*, Shanghai, 1874, pp. 3-4。

子《生地狱图说》，把古巴、秘鲁华工所受的种种痛苦，绘成图画，到处张贴，广为宣传，警告人民不要上当受骗。[①] 上述一系列的反抗与斗争使殖民主义者大为惊恐。在这种形势下，一向对西方列强唯命是听的清政府总理衙门，才敢于宣布严禁苦力贸易，特别是不准在澳门招工。英国和葡萄牙政府也迫于形势在1874年先后宣布停止澳门的"苦力贸易"。在此以后，西方殖民主义者仍千方百计企图以"自由招工"的形式继续搞"苦力贸易"，但大势已去，再难得逞，只能偷偷摸摸地进行少量的零星的"走私"了。

拉丁美洲"苦力贸易"的被制止，是近百年来中国人民反帝反殖斗争史上的一个重要胜利。英国史学家坎贝尔认为，一向是英法政府的傀儡的总理衙门在处理这个问题上表现出"意想不到的破天荒的勇气"。这显然是不正确的。她不懂得人民群众的斗争是推动历史前进的巨大力量，因而不可能对废止"苦力贸易"的问题得出正确的结论。这一点是应加以指出的。

［本文原载罗荣渠著《中国人发现美洲之谜》。
又载《世界历史》1980年第4期］

① 《生地狱图说》，光绪乙亥年(1875年)刻印本。原书出版后，西班牙公使向清政府照会，要求将全书毁版并惩办造书、刻书、卖书等人。总理衙门俯首听命，查禁此书，故此书在国内甚为少见。笔者在荷兰莱登大学汉学研究所图书馆第一次找到此书。

19 世纪初美国政府对拉丁美洲独立运动的态度

美帝国主义是现代殖民主义的堡垒。但是帝国主义的辩护士们却不仅一贯把美国打扮成同情殖民地民族解放运动的朋友，而且简直把反殖民主义标榜成美国资产阶级政府一贯的政策了。约翰·杜勒斯曾恬不知耻地说过："我们是在新时代得到独立的第一个殖民地，我们对世界上渴望独立的民族有着传统的同情感。"事实上并不如此。美国统治阶级对 19 世纪初拉丁美洲反对欧洲殖民统治争取独立的伟大斗争所采取的态度和政策，就是一个鲜明而典型的例证。

19 世纪初，从 1810 年到 1826 年，拉丁美洲殖民地人民掀起了摆脱西班牙和葡萄牙殖民统治的独立运动。这个运动的规模和声势在世界民族解放运动史上是空前的。拉丁美洲是美国的近邻，它和美国有着遭受欧洲殖民压迫的共同历史命运。在当时的历史条件下，不论从革命的思想原则来看，从全面瓦解欧洲殖民国家在西半球建立的殖民体系来看，还是从美国本身的发展要求来看，拉丁美洲的独立运动都是符合美国资本主义独立发展的利益的。但是在西班牙美洲和巴西人民争取独立的全部斗争过程中，美国政府却标榜所谓不偏不倚的"中立"，隔岸观火。当然，这不是说美国独立革命没有对拉丁美洲的独立运动起过重大的思想影响，也不是说西班牙美洲的土生白人独立派没有利用过美国作为海外联络和募集武装的基地,更不是说美国人民中没有志士仁人为拉丁美洲的独立斗争流过血,而是说,作为代表美国统治阶级利益的美国政府,它对这个伟大革命运动的态度始终是袖手旁观的,它所采取的政策是趁火打劫的政策。

拉丁美洲的独立是这些殖民地人民自己长期英勇斗争的结果。

根深蒂固的种族偏见

现在,美帝国主义高唱泛美主义,千方百计地和拉丁美洲各国“攀亲戚”,但在一个半世纪以前,美国统治阶级对它们可说是“六亲不认”。在殖民地时期,美国和拉丁美洲几乎没有什么联系。美国独立以后,一直到18世纪末19世纪初,与拉丁美洲的联系也很少。约翰·昆西·亚当斯夸张地说,18世纪美国与美洲其他绝大部分地区的交往,并不比“和其他星球上的居民”的交往更多些。①美国南部的奴隶主对拉丁美洲则更是充满着种族歧视。1797年,西班牙因与英国发生战争而被迫暂时开放美洲殖民地对中立国船只的贸易,美国乘虚而入,敲开了与西班牙美洲殖民地进行直接贸易的大门。

在这一时期,美国的统治阶级一再否认他们与拉丁美洲的殖民地民族有任何共同之点。一直到1821年,美国《北美评论》的编者艾·埃佛雷特还这样说:“我们与南美毫无关系……我们没有足够的理由同情他们。我们出自不同的种族,我们说不同的语言,我们受不同的社会教育和道德教育所培养,我们受不同的法律管治,

① A. P. 怀特克尔:《西半球概念的兴衰》,纽约1954年版,第8页。

我们信仰迥然不同的宗教。"[1]约翰·昆西·亚当斯在 1820 年更说过:"至于说美洲体系,那我们拥有它——我们构成它的全部","在北美和南美之间毫无共同利益……没有这种体系的任何基础"。[2] 显然,这鲜明地反映了美国统治阶级中的种族偏见和彻头彻尾的资产阶级利己主义的观点。

美国统治阶级既然这样歧视拉丁美洲人民,当然不可能对拉丁美洲的独立运动予以同情和支持。早在 18 世纪末,委内瑞拉独立运动的先驱米兰达到美国活动,寻求美国政府的支持和资助时,就几次碰壁。[3] 约翰·亚当斯总统对米兰达提出的 1797—1798 年解放西班牙美洲的计划十分轻蔑和鄙视地说:跟西班牙美洲人谈论建立民主制,就像跟鸟兽鱼类谈论建立民主制一样。[4]

美国政府虽然拒绝支持拉丁美洲殖民地的独立运动,却不放松任何机会对西班牙开放的美洲殖民地口岸进行贸易渗透。美国利用自己的中立国身份,趁欧洲战争无暇西顾的时机,迅速扩大了对西班牙美洲的贸易——兜揽生意、投机和走私。1800—1801 年美国对这个地区的贸易较 1795—1796 年增长了三倍,在此后五年中又增长了三倍。美国特别扩大了和古巴的贸易联系,把古巴作为向西班牙美洲其他地区进行贸易扩张的第一个踏脚石。同时,美国政府向一些美洲口岸如哈瓦那、新奥尔良等处派遣一些贸易代表和海员代表,以加强和西班牙美洲的政治接触。

---

① A. P. 怀特克尔:《西半球概念的兴衰》,第 32 页。

② 同上书,第 35 页。

③ 米罗舍夫斯基:《美洲西班牙殖民地的解放运动》,三联书店,1960 年,第 77、103 页。

④ A. P. 怀特克尔:《美国与拉丁美洲的独立,1800—1830》,巴尔的摩,1941 年,第 37 页。

一面袖手旁观，一面趁火打劫

1810年西班牙美洲独立革命战争的爆发，使拉丁美洲的整个政治形势开始发生急剧变化。各重大殖民城市都纷纷建立革命"洪达"，宣布独立，废除西班牙的各种殖民制度(包括贸易垄断制)，宣布对外贸易自由，并派遣使者到欧洲和美国去寻求支持。与此同时，英国依靠自己的经济优势，趁虚而入，很快就在西班牙美洲抢占了大量的经济阵地。

拉丁美洲国际形势的这些巨大变化，引起了美国统治阶级、商界、航运业人士以及舆论界的愈来愈大的重视。1811年，美国众议院成立了"西班牙美洲殖民地问题研究委员会"，为国会提供有关这一地区独立运动的情报。这样，拉丁美洲的形势就成为美国统治者经常议论的问题。

美国政府对这样一个巨大的革命运动采取中立政策。约翰·昆西·亚当斯在其1817年12月29日致友人的一封信中，明确地发挥了美国不应该参加美洲殖民地人民反对西班牙的独立运动的见解。在他看来，除了作为殖民地争取独立这一点相同外，由土生白人、印第安人和黑人奴隶发动的西班牙美洲的独立运动，与北美独立革命没有什么共同之处。① 因此美国没有支援这一斗争的道义上的责任。

其实，美国统治阶级不愿支援西班牙美洲殖民地独立运动的根本原因，是根据非常实际的打算出发的。第一，拉丁美洲市场虽然对美国有很大引诱力，但当时它在美国国际出口贸易中所占的

① 波尔霍维季洛夫:《门罗主义(起源和性质)》，1959年俄文版，第93—94页。

比重还不大，美国出口贸易中占压倒优势的还是对欧洲各国贸易，美国对外政策主要是面向欧洲殖民大国，因此不愿为支援殖民地革命而损害美国和欧洲国家的关系。其次，这时期美国统治阶级的视线集中在进行大陆扩张，即利用西班牙、法国的美洲殖民体系瓦解的有利时机，趁火打劫，夺取邻近美国的土地——如佛罗里达、路易斯安那、得克萨斯以及靠近美国的古巴等地。而为了便于自己夺取殖民地，美国必须对宗主国特别是西班牙表示比较和好的姿态，甚至于讨好它们。再次，当时美洲殖民地的独立运动虽已全面展开，但在 19 世纪 20 年代以前却一直胜负未定，斗争时起时伏，局势不稳定，在这种情况下，美国统治阶级是不愿冒任何风险的。用约翰·昆西·亚当斯的话来说，就是必须把承认殖民地独立的问题推到西班牙复辟的可能性已“完全绝望”的时候。①

上述这些情况决定了美国统治阶级在拉丁美洲独立运动的斗争面前打出所谓中立主义的幌子。它一方面对拉丁美洲的独立战争袖手旁观，拒不承认他们斗争的正义性；另一方面却利用这一战争来扩张美国的疆土和贸易。早在 1803 年海地独立革命时期，美国就乘机从法国手中购取了路易斯安那。西班牙美洲革命爆发以后，又开始了夺取西佛罗里达和东佛罗里达的一系列活动。同时对古巴抱有极大的野心。为了从西班牙手中夺取这些土地，美国就用中立政策来讨好西班牙；但西班牙美洲摆脱殖民统治而独立，也符合美国的利益，于是美国政府对殖民地革命者到美国购买军火和船只，又给予某些方便，大做其生意。美国还派了许多商务代表之类到拉丁美洲活动，寻找贸易机会和搜集情报。

① T.A.柏莱:《美国人民外交史》，1947 年英文版，第 167 页。

为殖民国家效劳的"中立"政策

美国政府宣称:对西班牙与殖民地之间的战争严守"公正的中立"。事实上这完全是骗人的鬼话。

1814年,斐迪南七世在西班牙恢复了王位。在此后几年中,西班牙不断增兵前往美洲殖民地,镇压民族独立运动,这使殖民地人民的斗争遭到重大困难。殖民地独立战争正处在吃紧的关头,迫切需要外援。拉布拉塔等地区的独立政府派人到美国,有的要求承认新政府,有的要求购买军火。智利派人去购买战舰。但是这些请求统统被美国政府打发回去。美国政府不但不同情殖民地的解放斗争,反而宣布加强自己的"中立"。1815年麦迪逊总统发表了中立宣言,警告美国公民不得参加组织反对西班牙属地的军事远征队。1817年又通过了限制输出武器和船只的中立法,直接打击了独立战争。1818年,重申了禁止美国公民反对与美国保持和平关系的国家的禁令。① 同时美国政府又把过去偷偷摸摸地派到拉丁美洲新独立国家去的领事改换为代办(agent)。②

美国在对待西属美洲殖民地的问题上对西班牙让一些步,是为了在东佛罗里达的领土要求方面对西班牙更加强硬一些。1818年,美国公然派军队进占了东佛罗里达,西班牙无可奈何地承认了既成事实,于1819年把东佛罗里达割让给了美国。

美国政府的这种牺牲别国民族解放运动利益以谋求本国统治

---

① 罗伯特逊:《西班牙美洲与美国的关系》,第28—29页。

② 这种领事和代办都不表示美国对这些国家外交上的承认,但事实上他们是半外交官性质的官员。另一方面,美国政府却不准拉丁美洲新独立国家派同样的领事到美国,这就是微妙之所在。

阶级私利的行为，在国内引起了同情拉丁美洲独立运动的人士的尖锐批评。1817 年 12 月 12 日《华盛顿市报》的一封读者来信写道："我国政府所做的这一切是偏向一边的……当神圣同盟的成员国听到这个开明的共和国是世界上所有国家中第一个积极参与反对为争取自由而战的人们的国家的时候，将会高兴得手舞足蹈。"①在拉丁美洲，美国的这种敌视政策引起了特别巨大的愤慨和不满。玻利瓦尔对 1817 年中立法评论道：这种"禁止是直接反对我们的，因为我们需要援助"，这种禁运"意味着使我们在和西班牙的战争中遭到失败"。② 在布宜诺斯艾利斯，人们认为应该把美国人看成是"决定援助西班牙恢复对这个国家的统治的中立者"。③ 欧洲的舆论充满了对美国的讽刺。1819 年 4 月 19 日英国《泰晤士报》写道："美国不能承认这一事实，它现在已和老朽的西班牙联合起来反对殖民地。它取得了佛罗里达作为这一联盟的代价。因为我们知道，尽管它建议我们承认各新国家，但它并未承认它们。从老朽的西班牙手中取得佛罗里达，丝毫没有一点公道气味。"④

还应指出，在这种中立政策的幌子下，美国对那些邻近自己的西属殖民地，即那些作为自己大陆扩张对象的殖民地，在美国还没有力量夺取到手之前，必须尽量设法防止它们落到别的欧洲殖民国家手中，甚至必须阻止它们自己起来闹独立革命。美国在夺取到佛罗里达之前，早就制定了这一策略。美国对西班牙殖民体系瓦解所采取的基本方针是：如打击和削弱这一殖民体系对美国的

① 怀持克尔：前引书，第 239 页。
② 波尔霍维季洛夫：前引书，第 129 页。
③ 怀特克尔：前引书，第 271 页。
④ 波尔霍维季洛夫：前引书，第 110 页。

扩张有利,就尽量打击之;如这一殖民体系的削弱对美国的扩张不利,就暂时维护之。

美国对西班牙美洲殖民地独立运动所执行的政策,甚至使当时神圣同盟的首脑人物俄皇亚历山大感到满意。① 这难道还不能说明美国政府执行的是一种什么样的中立政策吗?

承认拉丁美洲的独立是迫于形势

19 世纪 20 年代后,美国对拉丁美洲独立运动的态度才开始有所改变。美国政府虽然仍然标榜着中立政策,但开始逐渐转向于准备承认拉丁美洲已经取得独立的国家。这一转变是由于客观形势的变化所迫使的。

到 20 年代初,经过艰苦的反复斗争,西班牙美洲各主要地区的独立运动都已经取得了决定性的胜利(只有秘鲁地区尚为西班牙保皇军队占领,负隅顽抗)。同时,这些地区的独立运动在国际上得到了英国的明显的支持。而美国却由于对殖民地独立运动的虚伪立场,在拉丁美洲的声誉日益下降。连约翰·昆西·亚当斯也承认,由于美国只是空洞表示友好,不给实际的武器援助,因而拉丁美洲对美国的态度不好。② 1818—1819 年,美国国内又经历了一次严重的经济萧条,对外贸易急剧下降。为了给一蹶不振的商业以新刺激,也需要寻找新市场。正是在这些内外因素的作用下,美国统治阶级决定考虑承认拉丁美洲的独立。

---

① W.R.满宁:《美国关于拉丁美洲国家独立的外交通讯集》第 3 卷,1925 年英文版,第 1868 页。

② 怀特克尔:前引书,第 321 页。

1822年3月,美国国会通过了承认西班牙美洲新独立国家的决议。决议在表面上写得十分冠冕堂皇,用了"自由"、"独立"、"共和主义"种种字眼。但是美国总统门罗却暗地承认:采取这一政策是出于形势所迫,而不是出于他的自由意志;承认拉丁美洲新国家是"为了跟它们在今后好保持友好关系,而不致让他们在怨恨我们的情绪下,在欧洲列强的狡猾手段下,变成它们(欧洲列强)的政策的受骗者"。① 这主要是怕独立的拉丁美洲投入英国的怀抱。

美国资产阶级的辩护士们把美国首先承认了拉丁美洲的独立大肆吹嘘,认为这是出于对拉丁美洲独立运动的同情和共和主义的热忱,这完全是为了掩盖美国政府对拉丁美洲独立运动的丑恶态度而涂抹上的脂粉。美国最先承认的五个国家是哥伦比亚、墨西哥、拉普拉塔联合省(即阿根廷)、智利和巴西,其中有两个是帝国(墨西哥和巴西),而不是共和国,而且首先考虑承认的是宣布独立较晚的墨西哥帝国。它之所以采取这一步骤,是想对君主主义的欧洲的刺激小一些。当时墨西哥独立运动被投机的假独立派伊都维德篡夺了领导权,他违背人民的意志窃登帝位,出卖了共和独立派。美国政府急切承认伊都维德帝国政府,事实上等于是对这位得不到人民支持的僭越者的支持,因而引起了墨西哥人民的不满。由此可见,美国承认拉丁美洲独立的举动,绝不是基于什么共和主义的原则,正如美国资产阶级学者所说:"这一行动是建筑在纯粹的美国基础之上,从纯粹的美国观点出发而采取的。"②

---

① 怀特克尔:前引书,第375—376页。

② D.伯金斯:《不许干涉:门罗主义史》,1941年英文版,第26页。

美国政府虽然从1823年开始陆续承认了拉丁美洲的新国家，但同时却强调既不改变中立政策，也不改变与西班牙的关系。这就是说，它只是承认了给予这些新国家以与西班牙对等的交战国地位（即可以对等地合法地进行军火买卖），而不是支持它们反对西班牙的反殖民主义斗争。至于美国对那些它尚未承认其独立的西属美洲地区（如秘鲁、古巴等），仍然认为西班牙是它们的合法的统治者。此后不久，在1823年12月，美国统治阶级为了和欧洲列强争夺拉丁美洲这个新独立的地区，提出了国际关系史上的一个新"杰作"——门罗主义，这个臭名远扬的"主义"至今仍是美帝国主义侵略拉丁美洲的外交工具。

［本文原载《光明日报》1963年11月20日］

历史上美国对古巴的野心和侵略

美国自独立以来，就把北美大陆当作自己扩张的“天然疆界”，而“几乎近在美国海岸视线以内”的古巴，按美国扩张主义分子的说法，是北美大陆的“天然附属物”。从那时起，古巴就成为南部奴隶主垂涎的对象。美国历史学家尼林和弗里曼在《金元外交》一书中论述到美国和古巴的历史关系时写道：“美国要夺取古巴的愿望……和美国本身的历史一样老。”

抢夺古巴的“熟果政策”

古巴原为西班牙在加勒比海地区的重要殖民据点。18 世纪末和 19 世纪初，美国利用欧洲大陆战争和大陆封锁的有利时机，加强了对古巴的经济扩张。古巴原来从欧洲输入粮食等物，自那以后则多由美国输入。据 1806 年材料，这时美国每年进入哈瓦那的船只达 600 艘之多。美国力图利用古巴作为向拉丁美洲进行贸易扩张的踏脚石。

1808 年拿破仑的军队侵入西班牙，不仅引起了欧洲国际局势的变化，而且也严重削弱了西班牙和它的美洲殖民体系的联系。这给美国提供了第一个“浑水摸鱼”的有利时机。当时担任美国总统的杰斐逊，就蓄意夺取古巴。杰斐逊政府一方面指使人暗示古巴有影响的人士，鼓励他们进行独立活动；一方面通知古巴镇守司令,美国将反对任何欧洲交战国(西班牙除外)利用古巴。他的下一任总统麦迪逊上台后,在 1810 年派出威廉·夏勒为驻哈瓦那和维拉克鲁斯的代办(这是一种半外交性的代表),要他在这一地区兜揽生意,结果这一时期美国和古巴的贸易额大增。例如,在 1821 年,美国输往古巴的货物为 454 万美元,占当时美国输往整个西班牙美洲殖民地的货物总值的三分之二以上。

配合着美国在古巴的经济渗入,这一时期美国的商人、政客、奴隶主们都大谈古巴对美国的“特殊利益”和“重要性”。1823 年,美国国务卿约翰·昆西·亚当斯发表的言论,可算是这些扩张主义叫嚣的代表。他在这年 4 月 28 日致美国驻西班牙公使纳尔逊的信中,认为古巴对美国的国家利益的重要性,“没有任何其他外国领土能与之相比”,它是北美大陆的“天然附属物”。亚当斯还异想天开地发明了所谓攫取古巴的“政治引力法则”:

> 就像物理引力法则一样,有政治引力的法则。如果狂风从树上打落一个苹果,它别无选择,只能落到地上,因此,如果古巴猛然脱离和西班牙的不自然的联系,而又不能自保,就只能倒向北美合众国。根据同样的自然法则,北美合众国是绝不能拒而不纳的。

这就是当时美国国家领导人所制定的对古巴的国策,即所谓的“熟果政策”。以后历届美国总统,一直到现在的肯尼迪,不管为侵吞古巴创造了多少新的借口和论据,其实都不过是这一政策的继承和发展。

门罗主义和古巴

19 世纪初,拉丁美洲面临着摆脱西班牙和葡萄牙殖民统治的大好形势。从1810年到1826年,整个拉丁美洲掀起了轰轰烈烈的独立解放战争。同时,欧洲的新兴列强都想在崩溃的西班牙殖民帝国的领土上,划分势力范围,建立新的殖民统治。在这种情况下,古巴——安得列斯群岛中的珍珠,就不仅成为美国垂涎的对象,而且也是英国和法国急欲争夺的殖民地。几乎在整个19世纪,古巴都是加勒比地区国际矛盾的一个焦点。这对美国统治阶级要急于实现独吞古巴的计划来说,当然是一个十分棘手的问题。因此,美国要想独吞古巴,第一步必须坚决反对任何欧洲列强抢夺古巴的任何企图,正如美国要独霸美洲,首先必须坚决排斥任何欧洲势力染指美洲。

1822年下半年,当时盛传英国将夺取古巴。美国的扩张主义分子对此立即紧张起来。在9月27日美国内阁召开的会议上,卡尔霍恩表示了急切想合并古巴的情绪。他说杰斐逊在1820年告诉过他,为了夺取古巴,就不惜和英国一战。但是会议讨论结果,认为当时合并古巴要冒和英国开战的极大危险,同时也可能引起岛上黑人的革命,因此没有作出决定。在此以后一直到1823年,古巴问题一直是美国内阁长期反复讨论的主要议题之一。约翰·昆西·亚当斯后来从这些讨论中得出了结论,认为这是“自我国独立以来的无比重大和无比紧要的”事情之一。

1823年4月,法国波旁王朝在神圣同盟的支持下,出兵到西班牙去扑灭西班牙的资产阶级革命。与此同时,还谣传神圣同盟将派远征军到美洲去镇压西班牙殖民地的独立运动。英国将援助西班牙而以古巴作为报酬的谣传也流行开来。这些情况使美国政府更加慌乱起来。对于英国企图强夺古巴的答复,就是上面所引的约翰·昆西·亚当斯给驻西班牙公使的那封信。这封信宣称,美国政府将采取一切手段来阻止和防避这一行动。对于所谓神圣同盟的武装干涉的威胁的答复,就是 1823 年 12 月 2 日美国总统门罗在国会咨文中提出的门罗主义原则。

门罗主义并不是为古巴问题而宣布的,但是在门罗主义制定的全部过程中,古巴问题都是美国的决策人所严重考虑的问题。当门罗总统向他的前辈杰斐逊请教美国当时是否应该和英国联合一起对抗神圣同盟时,杰斐逊在答复中就特别仔细考虑到这一联合是否会妨碍美国合并古巴。杰斐逊最后打消了自己的疑虑,认为即使当时美国和英国联合起来对付神圣同盟,古巴以后还是会归美国所有的。美国政府在 1823 年 11 月召开的内阁会议上,也详细研究了古巴问题。"政治引力法则"的发明者约翰·昆西·亚当斯在会议上发表了自己独到的见解,认为英国在表面上是反对神圣同盟干涉西班牙和南美洲事务,"而骨子里却是反对美国获得西属美洲财产的部分"。亚当斯假惺惺地说到,美国不会抢夺古巴或得克萨斯,但是它们有请求合并于美国的权利,而绝不会请求合并于英国。因此,美国绝不能和英国联合发表不夺取西属美洲殖民地的任何声明来束缚自己的手脚。亚当斯的观点在内阁的讨论中终于取得胜利。美国决定单干。于是,才有门罗主义的出笼。通过门罗发表的咨文,美国单独宣布了自己对当时国际形势的看法和政策。门罗宣言的原则,即使从表面上来看,也比英国的建议后退了一步。因为英国至少还虚伪地表示没有夺取西班牙美洲殖民地的企图,而门罗连这句漂亮话也不敢说。这里的奥秘十分简单。要知道,门罗在国会讲坛上虽然口里念着保卫美洲大陆的自由和独立的咨文的稿子,而脑子里却盘算着怎样抢夺古巴、得克萨斯和其他新的领土。

充当西班牙镇压古巴独立的帮凶

到 1825 年,拉丁美洲除古巴、波多黎各等极少数岛屿和地方尚在西班牙残存的海军力量控制之下外,绝大部分地区都已获得独立。西班牙死死地抓紧古巴这个具有重要战略和经济价值的殖民地不肯放手,而且企图以它作为卷土重来恢复殖民统治的一个据点。这时候,新取得独立的哥伦比亚和墨西哥,曾商议派遣远征军去援助自己的古巴兄弟,使他们获得解放,从而也在根本上巩固自己国家的独立和加勒比地区的安全。美国,作为最先摆脱欧洲殖民统治的美洲国家,一贯高唱自由、平等、泛美利益和泛美安全,按理对近在咫尺的古巴应助以一臂之力,但事实刚好相反。美国统治阶级在这时充分暴露了自己充当殖民者帮凶的角色。

美国这时候顾不得它所宣布的"欧洲列强不得干涉美洲事务"的门罗主义的声明言犹在耳,马上就去联合欧洲列强来调解西班牙和古巴殖民地之间的"纠纷",力图使古巴继续保持在西班牙的手中。美国政府先是想请求英国共同合作,但狡猾的英国政府识透了美国的真意所在,不愿开罪于新独立的拉丁美洲国家,没有答应。在这种情况下,美国索性给 7 月间在巴黎召开的神圣同盟会议提出照会:"美国建议法国和其他海上强国保障西班牙对古巴和波多黎各的主权。"这不值得令人玩味吗?

但是,美国并不因此放心,又在 1825 年 12 月 20 日对哥伦比亚和墨西哥驻华盛顿代表提出如下威胁性照会:"总统认为,在这些情况下,中止哥伦比亚和墨西哥准备在某一时期对古巴或波多黎各的远征……将对伟大的和平事业产生良好影响。"

这就是 130 多年前美国对维护加勒比海地区的"和平事业"所

做出的第一个巨大“贡献”。美国为了维护它的“和平事业”，甚至第二年各新独立的拉丁美洲国家在巴拿马召开会议、商讨有关美洲各国的共同利益的重大问题时，也迟迟不敢参加。因为在这次会议上要讨论古巴和波多黎各的独立、承认海地黑人共和国和废除奴隶制等问题，而这些问题正是美国所最忌讳的。

在 19 世纪初拉丁美洲独立运动时期，古巴争取兄弟般的援助以获得解放的这一重大良机，就这样被美国断送了。1840 年 7 月 15 日，美国政府指示驻西班牙公使转告西班牙政府：“在任何情况下，不论要从它(指西班牙)的领土上抢走这个地区(指古巴)的企图来自任何地区，它都可以确实可靠地依赖美国陆军和海军资源来帮助它保持和夺回它(指古巴)。”

美国在这时对古巴的政策是：当美国还没有力量立即夺取古巴以前，就竭力维持古巴殖民地的现状，既反对任何欧洲列强强占它，也反对古巴人民获得独立，以等待果子的成熟。换句话说，就是不惜为衰朽的西班牙充当国际宪兵，守住古巴，以等待时机成熟时，取西班牙而代之。

从购买到海盗劫夺

到 19 世纪 40 年代，美国南部蓄奴诸州的势力已扩张到墨西哥湾和接近格兰德河地区，因此吞并古巴的要求就更加迫切。也正是在这时，美国炮制出来了所谓“天定命运”的扩张主义理论，即认为美国称霸美洲大陆，简直是上帝安排的使命。这个理论可说是所谓的“自然边界论”、“政治引力法则”等强盗逻辑的登峰造极的发展。

1845 年上台的波尔克总统就是“天定命运”的理论家之一，并自以为是上帝授意来实现这一神圣使命的大人物。他已经等不得果子的“成熟”,就在1848年向西班牙提出用一亿美元购买古巴的建议。这一建议是在美国刚吞并得克萨斯以后不久提出的,它想利用西班牙国内的革命危机来取得古巴。但是,西班牙却死死抓住古巴不肯放弃,用购买来进行夺取的方式宣告失败。

在这种情况下,美国南部的奴隶主和扩张主义分子决定采取新的策略:支持古巴的冒险分子对古巴组织海盗远征,用“革命”和“独立”的名义来“解放”古巴。他们物色到了前西班牙将军罗伯兹,此人和古巴土生白人奴隶主有密切联系。在美国南部奴隶主的支持下,罗伯兹以美国为基地,组织了一支武装力量,从1849年到1851年,先后对古巴发动三次海盗式远征。但是罗伯兹在最后一次远征中被捕丧命,结果这个海盗劫夺计划也宣告失败。

英国看到美国在加速进行吞并古巴的计划,感到非常不安,于是,在1852年提出了召开英、法、美三国会议来保障西班牙对古巴的主权。但是,美国这时候忽然又想起门罗主义来了,一口拒绝了英国的建议。拒绝的理由是:古巴主要是“美洲的问题”,欧洲国家的干涉不符合门罗主义原则。

“古巴威胁美国安全”的原版谰言

美国继续和西班牙进行出售古巴的谈判。到1854年,买价已经提高到13000万美元。但是,西班牙还是不肯干。美国恼羞成怒,就指示美国驻西班牙、英国和法国的公使对西班牙进行外交讹诈。1854年10月18日,这三位公使发表了著名的《奥斯屯德宣言》,公然宣称:如果西班牙拒绝出售,“那么就到考虑这个问题的时候了,即古巴在西班牙保有之下是否严重地危及我们国内的和平和我们亲爱的联邦的生存”(着重点系原有)，露骨地以武力解决相威胁。

这就是美国式的“和平”逻辑：任何欧洲列强要夺取古巴，都威胁美国的“和平”；任何国家帮助古巴殖民地获得独立，也威胁美国的和平与安全；连古巴保持在西班牙手中也威胁美国的生存与和平——而且是国内的和平！这个逻辑一脉相传地遗留给当今美国总统肯尼迪，贯穿在他的全部“和平”言论中。

《奥斯屯德宣言》得到了美国扩张主义分子和南部奴隶主的喝彩，而且也得到了应有的奖赏。1856年，这个宣言的起草人之一、前驻英公使布坎南当选为美国总统。马克思说得好：“布坎南事实上是以发布奥斯屯德宣言而买得总统的官职的，在这个宣言中，借盗窃手段或借武力攫取古巴，被宣布为国家政治的伟大任务。”

“被保护的独立国”

后来美国由于内战的爆发，全部注意力都集中在内部问题上，抢夺古巴的长期喧嚣算是暂时冷却下来了。内战结束以后，美国进入了资本主义迅速发展的新的历史时期，加强了对拉丁美洲的经济扩张。在对待古巴的策略上，扩大贸易和保护投资提到了首要地位，这就是说，先从经济上把古巴“美国化”。在19世纪50年代，古巴和美国的贸易额已超过它和西班牙的贸易额。到80年代，美国有四分之一的商船航行在美国港口和古巴之间的六条正常航线上。古巴成了美国所需的蔗糖的主要供应者，从而被逐步束缚于美国市场并逐渐变成只产糖的单一作物制的国家。在1896年，美国对古巴的投资约达5000万美元。

从1868年开始，古巴人民掀起了争取民族独立的解放战争，这个革命斗争延续达30年之久。安东尼奥·努·希门尼斯指出:“在这30年里,美国实行了它的机会主义的政策或叫‘耐心等待’政策,用各种办法阻挠古巴爱国者获得为赢得胜利所需要的东西,阻止装运军火物资的船只离开美国港口,在公海上和在美国国内追捕和迫害古巴起义者。”古巴人民经过30年的英勇斗争,到1898年,已经把西班牙殖民者打得精疲力竭,胜利在望。在这个时候,美国认为等待的时机已经成熟,再不动手,古巴就将赢得自己的独立。于是,美国卑鄙地制造了“缅因号”军舰爆炸案,以此作为借口,对西班牙发动了战争,尽管当时西班牙已经答应满足美国作为挑战借口的全部要求。

美西战争的进程和结果是众所周知的。在总共不过三个多月的战争中,美国窃取了巨大的胜利果实:从西班牙手中抢走了菲律宾、关岛和波多黎各,对古巴实行了军事占领。麦金莱总统说,他为了解决如何处置这些新征服岛屿的问题,每天晚上都要祈祷上帝的启示。据说,一天晚上,他突然得到灵感:应该把这些岛屿拿过来,接着他就躺上床很香甜地入睡了。显然,启示麦金莱的“上帝”,不过是一个世纪以来美国的扩张主义野心和华尔街垄断资本的利润。

美国在美西战争之初,一再对古巴人民的独立斗争表示同情,要为“解放”古巴、使它摆脱西班牙殖民统治而战。在这个漂亮的幌子下,这个新殖民者轻而易举地取代了旧殖民者的地位,对古巴实行了野蛮的军事占领。1902年,在美军刺刀下成立了一个古巴共和国。这个共和国一诞生就被戴上了一副《普拉特修正案》的美制枷锁。它规定:美国为了保护古巴的“独立”,有权对古巴进行干涉。美国还霸占了古巴的关塔那摩作为军事基地。这种美国式的“独立”,和美国式的“和平”一样,可说是美帝国主义为奴役其他国家而特创的专门外交术语。这里有文件为证。1919年1月10日，美国国务院发布的一个机密文件中解释说："'独立'这个专门名词，用在对这些被保护国的条约上，并不解作它们还保有行动完全自由的一种天然的属性……"，而古巴便是这样一个"被保护的独立国"。

从此以后，只要古巴国内稍有任何政治变动，美国政府立即恣意进行军事干涉：除开最初的五年军事占领以外，1906—1909年，进行第二次军事占领；1912年，第三次军事占领；1917—1919年，第四次军事占领；1933年，第五次军事干涉。在1934年古巴民族解放运动高涨的压力下，美国虽然被迫取消了统治古巴三十多年之久的《普拉特修正案》，但是古巴仍然完全处在美国垄断资本的控制之下。1952年，美帝国主义又通过一次新的干涉，在古巴建立了巴蒂斯塔的血腥反动统治，一直到1959年1月1日被卡斯特罗领导的人民革命所推翻为止。这就是近60年来美国保护古巴的"独立"、"自由"的历史记录。正如第二个哈瓦那宣言所指出的："我们的政府和我们的政策曾经完全适应于侵略者的利益，整个国家在政治、经济和文化方面遭到窒息达60年之久。"

古巴必胜

一个半世纪以来美国和古巴的关系表明：美帝国主义从来就是古巴的独立和自由的最凶恶的敌人。美国处心积虑地要夺取古巴的野心，绝非始于今日，而是有长远的历史根源，并写下了一个大国对一个小国的国际关系的史无前例的丑恶记录。从杰斐逊一直到肯尼迪，都非得到古巴而不甘心。美帝国主义者所叫嚣的什么"古巴威胁美国安全"、"威胁泛美制度"、门罗主义等等，早已经多次使用来作为干涉古巴的借口。至于什么古巴的“共产主义威胁”、要帮助古巴重新“解放”和“自决”等等，虽然是些新花样，但也不过是掩护美国侵略古巴的陈词滥调的拙劣的新翻版而已。

一个半世纪以来的历史表明：狂妄的美帝国主义统治集团为了侵略和干涉古巴，从来就不择手段，从经济扩张、外交阴谋一直到明目张胆的海盗行为和军事干涉，什么卑鄙勾当都干得出来。对于美国的侵略政策及其本质，不论它经常变换着怎样的欺骗的幌子，也不论它随着季节的变换给自己涂上怎样不同的保护色，世界人民都必须提高警惕，揭穿它的阴谋，和美帝国主义进行针锋相对的斗争。美国和古巴的关系史，在某种意义上也就是美国和其他拉丁美洲国家的关系史。古巴革命的胜利，不仅是古巴独立和自由的新纪元，同时也是拉丁美洲历史的崭新一页，是拉丁美洲黎明的第一声号角。美国反动派世世代代所信奉的“政治引力法则”已经彻底破产了，它根本不是什么自然的法则，而是强盗的法则。

[本文原题为《150 年来美国对古巴的野心和侵略》，原载《人民日报》1963 年 1 月 3 日。《新华月报》1952 年 12 期转载。收入本书时，个别字句有删节]

论西蒙·玻利瓦尔的世界历史地位

——为美洲第一革命巨人诞生200周年而作

历史上每个伟大的革命时代都是英雄辈出、群星灿烂的时代，都会造就出自己的杰出代表人物。19世纪初历时四分之一世纪的拉丁美洲独立运动就是这样一个时代，而它所造就出来的革命巨人西蒙·玻利瓦尔就是这样一位历史代表人物。

西蒙·玻利瓦尔(1783—1830年)出生于委内瑞拉最富有、最显赫的土生白人贵族家庭。① 他幼年时代受过良好的西班牙文化教育，少年时代接受了欧洲启蒙思想和法国大革命的洗礼，青年时代就参加祖国独立解放事业，一生经历了千回百折的艰苦革命斗争。他在这样的时代和这样的斗争中锻炼、成长，上升成为南美北部独立战争中公认的领袖和最高军事统帅，成为委内瑞拉、哥伦比亚、厄瓜多尔、秘鲁、玻利维亚、巴拿马六个国家的奠基者，因而赢得了"解放者"的最高荣誉。这位委内瑞拉的民族英雄不仅是拉美历史上造就的最伟大的人物之一，而且也是世界历史上出类拔萃的人物。在他之前，欧洲和北美的许多民族革命领袖都是本民族的巨人，而唯有玻利瓦尔才是第一位当之无愧的跨越国界的洲际

① 玻利瓦尔的父亲遗留下来的资产计有：现金25.8万比索，各种银器4.6万比索，许多房产，多处咖啡、蓝靛、甘蔗种植园、牧畜场，拥有1000名奴隶的大田庄，一座大铜矿，等等。据弗兰克：《玻利瓦尔：一个世界的新生》，1969年英文版，第39页。

巨人。

马克思主义坚持人民群众自己解放自己的观点,但绝不否认杰出人物的历史作用。那些站在时代前面指引方向、领导和组织伟大群众运动的杰出人物,对历史的发展具有重大的作用。马克思主义只是要求把这些人物放在他所处的时代中进行客观的、历史的具体分析和估价。本文从这个基本观点出发,试图对玻利瓦尔的世界历史地位进行初步的探讨和评价。

近代殖民地独立战争卓越的先驱战士

西蒙·玻利瓦尔是拉美独立解放战争中杰出的军事家,国外有人从军事才能上把他比之为美洲的拿破仑。厄瓜多尔历史学家阿方索·鲁玛索·冈萨雷斯写道:“在19世纪第一个四分之一的时间里,拿破仑就是欧洲,玻利瓦尔就是美洲。”①拿破仑是近代工业革命开端时期的第一位伟大的军事战略大师和统帅,把玻利瓦尔比之于拿破仑虽说是一种很高的颂扬,但完全不足以说明玻利瓦尔所指挥的革命战争在世界殖民地独立战争史上的特殊地位。

玻利瓦尔在1810年投身委内瑞拉独立运动之初并不是天生的将才。同许多革命家一样,他是在殖民当局残酷的反革命军事镇压之下被“逼上梁山”,走上武装斗争道路的。1810年前后,在委内瑞拉、格拉纳达(哥伦比亚)、墨西哥、拉普拉塔(阿根廷)、智利、秘鲁等地掀起的反抗西班牙殖民统治、争取民族独立的斗争,虽然大多一开始就带有武装斗争的性质,但真正形成长期的异常激烈的解放战争的地区主要在南美北部,即委内瑞拉和哥伦比亚,

---

① 冈萨雷斯:《西蒙·玻利瓦尔》,齐毅译,新华出版社,1980年,第1页。

其次是秘鲁。前者濒临加勒比海，是西班牙前往美洲各殖民地必经的交通要道，从西班牙派出增援军队镇压殖民地革命，此处首当其冲；而后者则是西班牙在南美统治的中心区域，早有重兵驻守。玻利瓦尔在委内瑞拉所领导的这场独立战争，一开始就是与拿破仑战争的性质、形式和内容都截然不同的解放战争，就其战争的正义性、艰巨性和曲折性来说，是拿破仑战争无法比拟，也根本不能与之相提并论的。

从纯粹军事的角度来看，玻利瓦尔从来没有指挥过拿破仑所经历的那样规模巨大的战争，也没有拿破仑统率军队的那种魄力和才能，更没有拿破仑集军令和政令于一身的特殊地位。玻利瓦尔面临的完全是另一种战争。他所领导的解放军是在独立运动中从无到有、仓促建成的，其成员是临时招募的没有经过训练的各种人，主要是农民和草原牧民，后来扩大到奴隶、印第安人，甚至还有大量妇女作为家属随军。开始时他们没有武器，没有给养，也没有自己的基地。这一点与美国独立战争相似。而敌人却是训练有素、装备精良的正规军，占有中心城市、出海港口和战略据点；特别是1815年西班牙派足智多谋、骁勇善战的莫里略将军带领1万多精兵分乘42艘船在南美登陆后，形成对革命爱国力量的围剿之势，双方力量对比极其悬殊。美国独立战争一开始就形成了以华盛顿为总司令的统一指挥，而南美独立战争伊始即处于群雄蜂起的局面，玻利瓦尔经过很长时期才赢得各路革命军首领的一致拥护。美洲殖民地的种族混杂也加剧了斗争的困难。在解放战争的前期，委内瑞拉的草原牧民站在西班牙一边，形成心腹之患。这是美国革命所没有遇到过的严重形势。天主教保王派势力也比美国独立战争中要强大得多。战争的外部条件也不相同。美国革命争取到与欧洲的强国法国结盟，形成强有力的特别是海上的支援力量。南美北部的独立战争除得到海地的重要援助外,既没有从北美得到任何支援,也没有从英国得到过正式的援助,只是在拿破仑战争结束后才从欧洲招募到外籍雇佣兵。西班牙美洲独立战争的双方力量对比的特点决定了这场战争的长期性、艰巨性和曲折性。在所有不幸中之万幸者乃是西班牙国力被欧洲和本国的革命以及拿破仑战争严重削弱,又远隔重洋,它已无法扑灭这场规模如此巨大的独立革命的火焰了。

如果说拿破仑在当时的历史条件下把传统的王朝战争提高到新的水平,达到军事艺术的一个高峰,那么玻利瓦尔则必须在异常艰巨的处境下进行一场崭新类型的战争——殖民地独立战争。玻利瓦尔在斗争初期并未充分估计到这场战争的艰巨性,但对战争的正义性始终是坚信不疑的。1812 年委内瑞拉第一共和国被敌人淹没于血泊之中以后,他在《卡塔赫纳宣言》中总结出共和国失败的最重要的教训之一就是革命政权没有建立起训练有素、有战斗力的革命军队。① 从这时起,他毕生事业的成就首先在于紧紧抓住组织和训练革命武装力量。他曾多次宣布放弃担任共和国总统,但始终牢牢掌握军队总司令的指挥大权。在独立战争的领导者中,只有他和圣马丁两人充分懂得革命武装的极端重要性。尽管玻利瓦尔在独立战争初期打过许多败仗,他的队伍付出过极大的流血牺牲,曾多次面临全军覆没的危机,但他从血泊中爬起来,总是一次又一次地重新建立革命的武装。1814 年第二共和国失败后,玻利瓦尔被逐出国土而流亡到牙买加。当时西班牙美洲大陆的革命处于黑暗的低潮,他在著名的《牙买加来信》中写

---

① 维森特·莱库纳编:《玻利瓦尔选集》第 1 卷,1951 年纽约版,英译本,第 18—26 页。

道:“镣铐已经砸碎,我们已经自由,但我们的敌人企图重新奴役我们。为此,美洲正在拼死进行战斗,而拼死的斗争是不会不获胜的。”①这种必胜信心是基于对独立战争性质的深刻认识:“这场斗争从本质上来说是最正义的,从结局上看是古往今来所进行的一切斗争中最壮丽和最生死攸关的。”②对自己所进行的正义的解放事业的必胜信心,不怕失败,不惜付出极大的流血牺牲,坚持从战斗中夺取胜利,是玻利瓦尔作为拉美伟大的革命家的最本质的特征。

在西欧资产阶级革命运动史上,夺取政权的武装斗争一般都是夺取首都和中心城市,通过袭击战而迅速取得胜利。玻利瓦尔领导的独立战争在最初一些年里一直是沿用这种旧形式,他一次又一次地率领解放军去攻打加拉加斯,虽然有时侥幸取胜,但最后还是失败。爱国武装力量只是在争夺中心城市已经无望而在沿海地区也完全站不住脚的情况下,才被迫转向内陆的奥里诺科河区域,战争不能不带有很大的游击性。一直到1818年,在远离殖民军中心的安戈斯图拉(后改名为玻利瓦尔城)建立自己的据点后,斗争的形势才开始起变化。1819年,玻利瓦尔在安戈斯图拉召开国会,通过宪法,一个新的革命政权才站稳脚跟。玻利瓦尔放弃了攻打大城市、与莫里略的主力硬拼的打法,而出奇兵西进,翻越安第斯山,通过博亚卡大捷解放新格拉纳达,然后再回师委内瑞拉。这时各路分散的革命武装初步统一了指挥,相互配合作战,对盘踞中心城市和沿海的敌人形成大包围之势。尽管这时双方力量对比已基本上相等,但玻利瓦尔仍没有轻率出兵同敌人决战,他利用

① 维森特·莱库纳编:《玻利瓦尔选集》第1卷,第105页。
② 同上书,第108页。

1820 年西班牙国内发生资产阶级革命的时机，通过和平谈判争取到交战国的平等地位，一方面麻痹敌人，一方面加紧壮大武装力量。最后他终于在 1821 年 6 月集中优势兵力，与西班牙殖民军在卡拉博博决战，解放了委内瑞拉。

委内瑞拉独立战争所经历的曲折艰辛过程表明，近代殖民地半殖民地解放战争的斗争形式要比西欧北美的资产阶级革命复杂得多。革命者要学会领导这种新形式的战争，是不能不付出重大代价的。斗争，失败，再斗争，再失败，玻利瓦尔三次建立共和国，五次被逐出自己的国土，但从来没有被失败所吓倒。愈是失败，他愈是精力充沛，使敌人望而生畏。莫里略将军说："打了败仗的玻利瓦尔比打了胜仗时更可怕。"玻利瓦尔的副官奥利里将军说："他始终是伟大的，但在逆境中最伟大。"①正是这种为独立解放而战的大无畏的精神使他在九死一生的斗争中成长为拉美独立战争的军事大师，开辟了殖民地独立战争的胜利道路，被誉为"美洲的第一名将"。②

人们也常把玻利瓦尔比作南美洲的华盛顿。从军事上来说，玻利瓦尔的辉煌业绩是远远超过华盛顿的。华盛顿只是为捍卫自己国家的独立而战，而玻利瓦尔则是为捍卫整个美洲的独立和自由而战。这两者不仅有量的差别，而且也有质的差别。玻利瓦尔把西班牙殖民者视为自由和独立的敌人，而把遭受欧洲殖民奴役的整个拉美视为一个具有共同命运的政治实体，从而把打碎西班牙、葡萄牙在美洲的殖民统治的解放战争视为一个整体的斗争。

---

① 威廉·罗伯逊：《西班牙美洲共和国的兴起：这些国家解放者的经历》，1961 年英文版，第 249 页。

② 同上书，第 255 页。

他的这一宏伟战略思想使其高出于同时代美洲独立战争的其他杰出领导人(圣马丁除外)。从委内瑞拉的解放战争一开始,这一斗争就与新格拉纳达的解放斗争联结在一起,通过相互支援的共同斗争而取得共同的胜利。这两大地区建立了大哥伦比亚共和国(1819年12月诞生)并获得完全解放之后,玻利瓦尔甚至没有喘息一口气,就立即开始部署解放基多的"南方战役",同时还想到巴拿马、秘鲁、墨西哥,甚至巴西的独立解放斗争。①

玻利瓦尔全力以赴领导了此后南北两路解放大军会师秘鲁的全部战役,直至把西班牙殖民军全部赶出南美洲大陆为止。从1822年的邦博纳战役(解放哥伦比亚西部)、皮钦查战役(解放厄瓜多尔)一直到1824年的胡宁战役(解放秘鲁)和阿亚库乔战役(解放玻利维亚),他的精湛的军事指挥艺术获得高度的发挥,写下了美洲独立战争史上最辉煌的胜利篇章。但更为值得大书特书的是,在后期战斗中,来自加拉加斯、巴拿马、基多、利马、智利、布宜诺斯艾利斯等许多不同国家和地区的战士,都在玻利瓦尔的美洲独立和自由的旗帜下团结起来,组成了秘鲁共和国联合解放军,为从南美大陆赶走西班牙殖民者并肩进行了最后的战斗。

玻利瓦尔作为近代殖民地独立战争胜利道路的开拓者,他所取得的成就是巨大的。他所指挥的军队解放的国土10倍于西班牙的国土,比西、法、德、英、意五个国家加在一起还大一倍半。而这一解放战争的艰巨性,动员群众的广泛性,各个战区的巨大复杂性,毗邻地区斗争的紧密关联性,在近代战争史上也是少见的。正因为这样,西班牙美洲殖民地独立战争的世界历史意义远远超过

① 前引《西蒙·玻利瓦尔》,第254页。

北美独立战争，留给后人以丰富经验，这些经验被拉美和整个第三世界人民当作反对现代殖民主义斗争的宝贵遗产。①

美洲独立、富强和民主发展道路的探索者

玻利瓦尔是一位杰出的资产阶级政治思想家，他为争取在美洲确立资产阶级民主共和制度、争取新国家的繁荣和进步、争取被压迫群众的生存权和受教育权、争取社会改革而付出了毕生的精力。

玻利瓦尔早在独立战争的最艰辛的年代里，就开始认真地思考和探索摆脱西班牙殖民统治后的新国家的政治结构、国家体制和发展道路问题。作为卢梭的虔诚的思想信徒，他毕生都是民主共和制度的热烈信奉者，他认为"委内瑞拉过去是、现在是，而且也应当是一个共和政府。共和政府的基础应该是人民主权、分权制、公民自由、禁止奴隶制、取消君主制和各种特权。我们需要平等，以便把各个阶级的人、各种政治观点和各种公共习俗可以说是重新熔铸成一个统一的国家"。② 这些话简明扼要地概括了玻利瓦尔所信奉的民主共和主义的基本原则，也即是他的基本政治主张。

人民主权的思想是近代资产阶级反对封建王权的革命思想武器。美国革命第一次在自己的《独立宣言》中表述了这一思想。但是，美国革命的实践表明，资产阶级的人权思想即使在美国这样的

① 参见德布雷：《革命的战略》，1969年纽约版，第213—214页。

② 《在安戈斯图拉委内瑞拉第二届国民议会开幕式上的演说》。见《玻利瓦尔选集》第1卷，第183页。

国家也是很不彻底的。玻利瓦尔从1819年制定委内瑞拉新宪法到1826年制定玻利维亚第一部宪法，都强调人民主权是立国的基本原则。他在这方面的基本观点是：强调自由选举和定期选举的重要性，指出把权力长期集中在一个公民身上的危险性；强调"公民自由是一项真正的自由，其他都是有名无实"；"忽视平等，一切权利和保障都将化为乌有"；强调除政治平等之外，要努力争取社会平等，必须不惜一切废除奴隶制度才能保障平等，①等等。这样一些观点虽不免被人讥为脱离现实，但玻利瓦尔确是努力这样去实践的。其中特别难能可贵的是，他虽然在战争年代中多次取得"独裁者"的最高权力，却从来也不是一个绝对权力的狂热追求者。特别是在他后期上升到权力的顶峰时，仍然不随意滥用自己的权力，而努力维护权力的合法性。当后来混乱的局势使他对民主制愈来愈动摇，并有人劝他称帝时，他始终坚决反对。他说过："我最大的弱点就是酷爱自由，这种热爱甚至可以使我忘掉荣誉。我宁愿为自由忍受一切。我宁愿为理想捐躯，绝不充当暴君……我最大的愿望，就是得到自由爱好者的称号。"②在一个战争造就大批考迪罗的时代，玻利瓦尔没有成为恺撒，也没有成为拿破仑、伊都尔比德或德萨林一世，这样的晚节就很值得称道。有人指责玻利瓦尔晚年攫取独裁权力，我们认为，在那个"宪法如同废纸、选举形同格斗"的混乱年代，只有用铁腕才能巩固革命政权之时，委内瑞拉需要有自己的罗伯斯庇尔和马拉。如果说玻利瓦尔应该受到责备的话，并不在于他之勉强攫取独裁权力，而正好在于他运用这种

---

① 《致玻利维亚国会的咨文》(1826年5月25日)。见《玻利瓦尔选集》第2卷，第606、603页。

② J. L. 萨尔塞多-巴斯塔多：《玻利瓦尔：一个大陆和一种前途》，杨恩瑞、赵铭贤译，商务印书馆，1983年，第73页。

独裁权力之犹豫动摇与为时过晚。

玻利瓦尔主张解放黑人奴隶，关心给印第安人以平等权利。他在安戈斯图拉国会演说和玻利维亚国会咨文中对人占有人的奴隶制度所作的愤怒谴责，主张用法律来改变社会的不平等以及只有废除奴隶制才能有效地实现公民平等的大声疾呼，较之欧洲和北美的废奴运动者的言论并无逊色。1821 年 7 月，他亲自致函哥伦比亚议会议长，支持给奴隶的子女以自由。1824 年至 1825 年，他在秘鲁和玻利维亚亲自主持颁布关于印第安人权利的法令和把土地分配给原著居民的法令，并颁令取消对担任科学界职务的人的种族和宗教限制。由于遭到特权人士的反对，关于给黑人奴隶以自由的法令没有得到有效的实施。但玻利瓦尔对自己庄园拥有的 1000 名奴隶，在战争中即陆续予以解放，最后只剩下 3 名，他也让他们都获得了自由。① 在对待有色人种和奴隶制的问题上，他坚持激进的民主主义观点，言行一致，这即使在近代西方杰出的资产阶级革命家中，也是非常少见的。

作为西班牙美洲新独立国家的缔造者和设计师，玻利瓦尔是以英、美两国的资产阶级共和制为样板，来设计美洲新独立国家共和制蓝图的。但他从不盲目照搬英、美的政治体制，而是力图从西班牙美洲的实际出发来学习西方。他在深入研究过希腊、罗马、法国、英国和美国的政治制度后写道："要让希腊、罗马、法国、英国和北美的学校教会我们掌握运用自己的公正、合理、首要是适用的法律来创建和保持国家这门艰深的科学。永远不要忘记，一个政府的优越性不在于它的理论，也不在于它的形式和机构，而在于它适

① 奥古斯托·米哈雷斯：《解放者》，杨恩瑞、陈用仪等翻译校订，中国对外翻译出版公司，1983 年，第 439 页。

合于它所建立的这个国家的性质和特点。”[1]因此，西班牙美洲国家制定的宪法应该适合于本地区的社会条件，适合于居民的生活方式和宗教信仰，不是去抄袭英国宪法或华盛顿的法典。[2] 玻利瓦尔生活在唯心主义占支配地位的时代，却能注意到思想、理论、政策、法律应符合社会的具体情况。这些深刻见解至今仍富有教益。[3]

玻利瓦尔虽然崇奉西方资产阶级的民主自由，但是他从委内瑞拉第一共和国失败的血的教训中认识到，绝对的民主自由，权力高度分散的联邦制，都不利于战争，也不利于新生共和国的巩固。西班牙美洲遭受三个世纪的殖民统治，人民受到无知、暴政和恶习三重枷锁的束缚。他指出：“我们虚弱的公民在消化自由这一有益健康的营养品之前必须先大大加强自己的精神体质。”[4]他反对标榜绝对自由的西方资产阶级民主政治思想，认为只有把权力、繁荣与稳定三者结合在一起，“能够造成最大限度的幸福、社会安全和政治稳定的制度才是最完美的政治制度”。[5] 根据这一考虑，他设计了一套介于传统的君主制和欧美共和制之间的政治体制。在他提出的玻利维亚宪法建议中，主张仿效美国的两院制设立由选举产生的众议院，仿效罗马帝国设立世袭的参议院即元老院，作为立法权的基础；再设立一个监察院；与之抗衡的是一位拥有很大权力的终身职的总统。司法权、选举权完全独立。宪法必须强制性地

---

① 《在安戈斯图拉委内瑞拉第二届国民议会开幕式上的演说》。见《玻利瓦尔选集》第1卷，第184页。

② 同上书，第179—180页。

③ 何塞·孔·伊欣斯：《玻利瓦尔的经济思想》，波哥大1982年版，第14页。

④ 《在安戈斯图拉委内瑞拉第二届国民议会开幕式上的演说》。见《玻利瓦尔选集》第1卷，第177页。

⑤ 同上书，第182页。

定期修改以适应形势的发展。根据新宪法建立的政府不是地方分权的联邦制政府,而是一个强有力的中央集权制的政府。玻利瓦尔认为,在他的这部新宪法草案中“汇集了关于稳定和自由、平等和秩序的全部保障”。①

玻利瓦尔的这些政治设想在当时和后世都遭到资产阶级民主派和自由派的尖锐批评,甚至有的马克思主义史学家也批评他晚年企图建立独裁制度。我们认为,某些批评未必是很恰当的。根据马克思主义的观点,在革命过程中,“任何临时性的国家机构都需要专政,并且需要强有力的专政”。“在任何一个尚未组织就绪的国家机构里,有决定意义的不是这种或那种原则,而是 salut public,社会安全。”②玻利瓦尔当时在这个问题上面对着理想与现实的深刻矛盾。他一方面要努力维护自己的民主共和信仰,反对任何帝国专制和拿破仑主义;另一方面又不得不加强中央集权制以压制混乱和分裂状态的发展。在内外交困的形势下,他对民主制愈来愈动摇,思想转向保守,最后终于设想出一套据他自己说是兼采君主政体、贵族政体和民主政体三者之长而成的混合政府体制。③ 但无论玻利瓦尔设想的方案多么完善,结果还是招架不住强大的新兴军阀和地方考迪罗势力的联合围攻而在政治上陷于失败。关于新生共和国初期所面临的极其复杂的形势和斗争,玻利瓦尔失败的原因和教训,仍有待于马克思主义者进行认真的探索和研究。

总的说来,玻利瓦尔在政治方面是失败多于成功。但他作为

---

① 《致何塞·安东尼奥·派斯将军》(1826 年 3 月 6 日)。见《玻利瓦尔选集》第 2 卷,第 578 页。

② 马克思:《危机和反革命》。《马克思恩格斯全集》第 5 卷,第 475 页。

③ 《西班牙美洲共和国的兴起:这些国家解放者的经历》,第 274 页。

共和制、民主制和宪政的伟大献身者的功绩,在世界历史上是不可磨灭的。

美洲国际合作和整体化思想的倡导者

玻利瓦尔不仅是一位伟大的军事家、政治思想家,而且是美洲联合与国际合作最热心的倡导者和推动者。由于他一生的大部分时间都在战场上度过,戎马倥偬,加之其他客观原因,他的逐步实现美洲大陆统一的崇高愿望未能实现。但他为此而提出的种种设想和所作的巨大努力,早已在西半球赢得了巨大的国际声誉。

近代国际合作的思想诞生于欧洲。18 世纪初,一些热心欧洲和平的人士提出了设立欧洲联盟或基督教共和国的设想。19 世纪初法国空想社会主义者圣西门著有《欧洲改造论》,提倡国际合作以维护世界和平。所有这些都不过是思想家们的空中楼阁。世界近代史上第一个在现实政治中影响重大的国际组织是 1815 年俄国沙皇亚历山大一世发起的“神圣同盟”和英、俄、普、奥“四国同盟”。这是反革命的欧洲统一的尝试,旨在维持拿破仑法国失败后欧洲的反革命秩序,镇压欧洲的革命运动,同时矛头也指向美洲殖民地的独立运动。玻利瓦尔的美洲统一思想,正是与欧洲的这种反革命的统一针锋相对,为捍卫美洲的自由独立而提出来的。以革命的、反殖民霸权的国际合作来反对反革命的、殖民霸权的国际合作,这就是玻利瓦尔美洲统一思想的精神实质。

玻利瓦尔的美洲团结、合作、统一思想的深厚根基,在于他对美洲独立国家的历史特点及其共同命运的深刻认识。他在著名的《牙买加来信》中,分析了新世界有共同的起源、共同的语言、习惯和宗教，但由于各国不同的气候、形势、对立的利益和相异的特点，又不可能建成一个统一的国家；并以惊人的准确性预言美洲将形成15个至17个独立国家。这些新国家有着共同的遭遇，在国际上孤立无援，因此只有团结才能驱逐西班牙人。① 在此以前，他在1814年写的《关于当前欧洲形势与美洲的关系的一些想法》一文中，就敏锐地观察和分析了欧洲复杂的国际形势，指出欧洲可能想重新奴役美洲，而拿破仑失败后欧洲的局势将取决于有能力控制海洋的英国。② 他一直想依靠英国来对抗"神圣同盟"。但当时英国，尤其是美国，出于各自的利己主义，只可能成为暂时的盟友。③弱者与强者结盟，弱者就可能会变成强者的仆从。因此，他认为，只有争取实现新独立的西班牙美洲各国的大联合，组成足以与欧洲抗衡的均势力量，才是不可摧毁的。只要把西班牙美洲的五大国墨西哥、秘鲁、智利、拉普拉塔、哥伦比亚联合起来，这本身就是壮丽的事业，就会震惊欧洲，世界上将没有力量能对抗这个真正团结的美洲。④

玻利瓦尔的这些基本思想贯穿在他的全部革命实践中。在委内瑞拉第一共和国失败后，他逃到新格拉纳达，呼吁那里的人民援助委内瑞拉，把委内瑞拉视为哥伦比亚独立的摇篮。⑤ 1814年第二共和国失败后，他争取到海地的援助才得以重新开始自己的斗

---

① 《牙买加来信》。见《玻利瓦尔选集》第1卷，第105—122页。

② 《关于当前欧洲形势与美洲的关系的一些想法》(1814年6月9日)。见《玻利瓦尔选集》第1卷，第76—80、78—79页。

③ 《致哥伦比亚副总统桑坦德》(1825年3月8日)。见《玻利瓦尔选集》第2卷，第479页。

④ 《致智利最高执政》(1822年1月8日)。见《玻利瓦尔选集》第1卷，第289页。

⑤ 《卡塔赫纳宣言》。同上书，第18—26页。

争。1818年，第三共和国刚刚在安戈斯图拉宣布建立，他就致信拉普拉塔，宣布“我们的座右铭是：南美的联合”，表达了将邀请他们结成一个政治实体的愿望。[①] 1819年在安戈斯图拉议会的演讲中，主张把新格拉纳达和委内瑞拉联合成一个伟大的国家——哥伦比亚。[②] 1821年卡拉博博大捷之后，他立即派人去秘鲁、智利、布宜诺斯艾利斯，后来又去墨西哥商谈缔结友好合作条约的事宜。在1826年1月西班牙殖民者最后被赶出秘鲁的巢穴之后，他立即着手准备在巴拿马召开全体西班牙美洲国家的代表会议，争取建立联盟，统一联盟各国的对外行动，使之成为共同防务的协调中心，同时使之成为各国之间争端的仲裁和调解机构。

玻利瓦尔在为出席巴拿马大会的代表发出的指示中，进一步阐述了他对于美洲国家的新的国际关系和建立美洲国际组织的设想。他的基本观点是：“一、新世界将由一批独立的国家组成，并由一部共同的法律处理它们之间的对外关系和赋予它们参加一个总的常设代表大会的权力；二、这些新国家的生存将获得新的保障；三、西班牙将遵从英国而媾和，神圣同盟将承认这些新生国家；四、这些国家各自保持对自己内部局势的控制，各国之间互不干预；五、各国之间将不分强国与弱国而一视同仁；六、通过这些真正的新秩序建立一种完善的平衡；七、任何一国遭受外敌侵犯或内部陷入混乱时，所有其他国家都将给以援助；八、消除种族与肤色不同产生的影响和作用；九、美洲将不再恐惧那大闹圣多明各岛的魔怪，也没有理由再害怕人数众多的当地土著；十、由于得到自由与

① 《致拉普拉塔河区域人民的宣言》(1818年6月27日)。见《玻利瓦尔选集》，第158—159页。

② 《在安戈斯图拉委内瑞拉第二届国民议会开幕式上的演说》。同上书，第197页。

和平的赐福，一项社会改革终将实现……”①

巴拿马大会于1826年6月召开，墨西哥、中美洲联邦、哥伦比亚、秘鲁的代表和英国与荷兰的观察员出席了会议。但大会并没有获得新独立的美洲国家热烈的响应和支持。由于当时这些国家还忙于内部严重的纷争，各邻国之间也存在着许多利益冲突，加之玻利瓦尔对英国的支持存在着不切实际的幻想等原因，争取美洲联合的第一次努力最后是失败了。从根本上来说，失败是由于当时还不具备实现这种大联合的历史条件。此后玻利瓦尔已没有时间和精力来实现自己的宏愿。但这一宏愿终究是符合美洲人民和世界人民的利益和愿望的，因此他深信，随着时间的推移，它终将会被各国人民所理解、接受并争取予以实现。玻利瓦尔曾这样自豪地写道：“100个世纪之后，当后人追溯我们公法的渊源和回顾这些确保了他们的命运的条约时，将怀着崇敬之情指出巴拿马地峡大会记录。在这些史料之中将会找到最早的联盟方案，而这种联盟标志了我们和全世界的关系的开端。”②

历史的发展已开始证实先驱者的预言。玻利瓦尔关于新兴的民族独立国家只有加强反殖民霸权的国际团结才能巩固自己独立的思想，关于独立的美洲的共同命运和一体化的思想，关于制定新的国际法的思想，关于未来的世界将建立在公正、自由和平等的基础上并在遥远的将来建成世界联邦的崇高理想等等，所有这些，今天不仅在美洲受到很高的评价，而且也受到第三世界和整个进步人类的重视。

---

① 《对巴拿马大会的意见》(1826年2月)。见《玻利瓦尔选集》第2卷，第561—562页。

② 《致西班牙美洲各国外交部长的公函》(1824年12月7日)。见《玻利瓦尔选集》第2卷，第458—459页。

*　　*　　*

玻利瓦尔是扎根在美洲土地上的世界巨人。他把欧洲资产阶级革命提出的争取民主自由的斗争、殖民地革命提出的争取民族独立和主权的斗争、美洲大陆革命提出的争取洲际团结的斗争集于自身的斗争之中。这样的人物是在他以前的欧洲和北美历史上所不曾产生过,也不可能产生的。圣马丁说得好,玻利瓦尔是"南美洲造就的最特殊的人物"。①

同历史上的一切伟大人物一样,玻利瓦尔也不是完美无缺的人,也有其阶级和历史的局限性。他毕竟是一个贵族气质的革命家。他的最大的悲剧也许是:他的抱负太大,超过了他的权力所可能达到的地方;他有些思想太激进,超出了当时社会所能接受的程度;他几乎把毕生精力用于解放战争,而对于巩固政权所做的事情相比之下却显得太少太匆促。每个伟大人物只能在其特定的历史舞台上扮演自己的角色。从这个意义上来说,他已经扮演得十分成功了。历史表明,19 世纪初的独立战争的胜利虽然是洲际性的,但独立运动本质上是民族主义的。作为外来的"解放者"帮助别的国家或地区的解放,是可以接受的;而作为外来的统治者去统治别的国家,则从来都是不受欢迎的。在 19 世纪初,拉美仍苦于资本主义发展之十分不足,长期的战争把这个半封建半奴隶制大陆的最深刻的矛盾全部暴露出来,考迪罗主义和传统的地方主义的联合势力终于击败了玻利瓦尔的理想主义。这一切表明:企图在拉丁美洲通过一次革命的大扫荡而实现社会改革,只是一种幻想;夺取政权只不过是万里长征走完了第一步。

玻利瓦尔把自己的一生献给了西班牙美洲的解放事业。他生

① 《西班牙美洲共和国的兴起:这些国家解放者的经历》,第 290 页。

于富贵而死于贫困，生于安乐而死于忧患。临终时他心神交瘁，孑然一身，一贫如洗。但是，他留下的勋业，他留下的思想，却永远高悬在厄瓜多尔的最高峰钦博腊索山巅，其中也包括他留给人们的抱恨终天的遗言：

> 同胞们，说起来令我羞愧，我们靠牺牲其他一切而获得的唯一好处不过是独立而已。但是，独立毕竟是敞开大门，使你们可以全力借助已取得的荣誉和自由的全部光辉，去重新夺取其他的一切。①

［本文原载《拉丁美洲丛刊》1983 年第 3 期］

① 《致哥伦比亚共和国制宪会议的咨文》。见《玻利瓦尔选集》第 2 卷，第 755 页。

编 后 记

本书系商务印书馆出版的《罗荣渠文集》的第二卷（第一卷为《现代化新论》，第三卷为《史学求索》，第四卷为《北大岁月》，第五卷为《美国历史通论》）。

1997年，中国社会科学出版社曾出版过罗荣渠先生著《美洲史论》一书。与社科版相比，本书在内容和篇目上有一些重大调整：一是将社科版中关于美国史、中美关系史的论文转入《美国历史通论》；二是增加了罗先生在北大历史学系开设拉美史的讲义——《拉丁美洲史大纲》。在此基础上，按照中国人发现美洲之谜、拉丁美洲史大纲、拉丁美洲史论这三大主题，对全书进行了重新编排。

作为"我国屈指可数的专门研究美国和美洲的史学家"（李慎之先生语），罗先生的学术贡献是有目共睹的。中国人发现美洲之谜，即中国与美洲的历史联系，是罗先生生前最为关注的重大历史课题，也是罗先生学术贡献最大的领域之一。这包括20世纪60年代初发表的《论所谓中国人发现美洲的问题》、80年代初发表的《扶桑国猜想与美洲的发现》和90年代初发表的《为什么不会有中国哥伦布？》等名篇。在这些视域广阔、理论深厚、论证扎实的学术力作中，罗先生立足于跨太平洋横向联系的历史考索，对所谓中国人"发现"美洲的假说加以强有力的证伪。

罗先生的研究表明：《梁书・诸夷传》关于扶桑国传说的真实性十分可疑，有关记载本身足以否定扶桑国即墨西哥的假说，但不足以确证扶桑国的具体所在。“如果把封建中国不去做、事实上也很难做、历史上莫须有的事情，强加给几个云游四海的和尚，把他们打扮成伟大的探险家，这不是缺乏对历史的严肃态度吗？”愈是远古，文明发展的相对独立性愈大。古代美洲文明是美洲人自己创造的，在哥伦布以前时期，与外部世界的联系是零星的、偶然的，既“不应把旧大陆文化传播方式全部硬套到美洲大陆”，也“没有必要把一切活动都扯到人民友好的文化交流上来”。《为什么不会有中国哥伦布？》从比较研究的视角指出：哥伦布和达·伽马的航行导向削弱贵族封建统治和勃发商业资本主义，而郑和航海终归导向强化大一统皇权主义和维护重农抑商的传统经济体制。15、16世纪之交的中国和西欧，并不在同一轨道上前进。“郑和航行不管向哪个方向，恐怕永远也难与哥伦布和达·伽马相碰撞的。”其道理就在于，从传统社会向现代社会的大转变是一个巨大的转轨，许多内外条件的凑合使西欧相对而言较易实现这一转轨，而中国则较难或很难实现这种自我转换。只有经历19世纪中叶的大失败，才成为激发中国转变发展趋向、走向现代世界的真正开端。《为什么不会有中国哥伦布？》为学界誉之为“比较中西文化的大手笔”、“通天彻地、考古论今的大文章”。

罗先生是我国当之无愧的拉丁美洲史学科的主要创始人。收入本书的《中国与拉丁美洲的历史联系》《论西蒙·玻利瓦尔的世界历史地位》等代表论文及作为在我国高校最早开设的拉丁美洲史课程的教材——《拉丁美洲史大纲》，凸显了罗先生的拉美史开拓者地位。

早在1962年，罗先生即在北大历史系首次开设拉丁美洲史。《拉丁美洲史大纲》就是应当时教学需要而编写的，曾在校内多次油印。这份《大纲》作为我国拉美史学科建设中的一份早期教材，哺育过几代学人，产生了广泛影响，有其重要的学术价值和资料价值。罗先生生前曾多次表示要重新写一部拉丁美洲史，但未能如愿。本《大纲》根据20世纪70年代初印发的同名教材整理而成，其中“古代墨西哥早期文化”和“委托监护制、征派劳役制、债役雇农制”两小节因原稿有缺失，由林被甸教授补充而成。

由于编辑工作的需要，特成立“《罗荣渠文集》编委会”，成员有林被甸、周颖如、罗荣泉、董正华、杨玉圣、牛大勇、尹保云、严立贤、王红生、巫永平。罗荣渠夫人周颖如女士和他的二弟罗荣泉先生提供了罗先生的日记、书信等多种遗稿，并直接参加了文稿的整理和编辑工作。编委会其他成员都是罗先生的学生，他们分别承担了各卷的编辑工作或参与了相关研究和讨论，由林被甸、周颖如统筹全书并总其成。

具体负责本卷编辑工作的是北京大学拉丁美洲研究中心主任林被甸教授、中国政法大学美国政治与法律研究中心主任杨玉圣教授。

非常感谢常绍民先生为本书出版所付出的巨大努力。同时，还要感谢中国社会科学出版社和曹宏举先生、陶文钊先生等为本书初版所给予的大力支持。

欢迎专家、读者对本书编辑工作中存在的问题批评、指正。

本书编委会

2008年8月18日